DE RIANCEY

LETTRES

D'UNE ÉTUDE BIOGRAPHIQUE SUR L'AUTEUR

PAR M. LAURENTIE

ET

SUIVIES DU RÉCIT DE SES DERNIERS JOURS

PARIS

VICTOR PALMÉ, LIBRAIRE-ÉDITEUR

RUE DE GRENELLE-SAINT-GERMAIN, 25

BRUXELLES	ROME
H. GOËMAERE, ÉDITEUR	LIBRAIRIE DE LA PROPAGANDE
Rue de la Montagne	Dirigée par le Chevalier ***
LYON	LONDRES
P.-N. JOSSERAND, ÉDITEUR	BURNS, OATES ET Cᵉ, ÉDITEURS
3, Place Bellecour	17, Portman Street

1870

HENRI DE RIANCEY

LETTRES

SUR ROME

110. — Paris. — Imprimerie CUSSET ET C*, rue Racine, 26.

HENRY DE RIANCEY

LETTRES

SUR ROME

PRÉCÉDÉES

D'UNE ÉTUDE BIOGRAPHIQUE SUR L'AUTEUR

PAR M. LAURENTIE

ET

SUIVIES DU RÉCIT DE SES DERNIERS JOURS

PARIS

VICTOR PALMÉ, LIBRAIRE-ÉDITEUR

RUE DE GRENELLE-SAINT-GERMAIN, 25

BRUXELLES	ROME
H. GOËMAËRE, ÉDITEUR	LIBRAIRIE DE LA PROPAGANDE
Rue de la Montagne	Dirigée par le Cheval er Marietti
LYON	LONDRES
P.-N. JOSSERAND, ÉDITEUR	BURNS, OATES ET C⁵, ÉDITEURS
3, Place Bellecour	17, Portman Street

1870

AU LECTEUR

Ces lettres de Rome, « Lettres d'un témoin, »
comme il les appelait lui-même, sont la dernière
œuvre de la vie de mon bien-aimé père; en les
réunissant aujourd'hui, j'accomplis l'un de ses
plus chers désirs.

Mais j'ai voulu que ce livre fût en même temps
un nouvel hommage à sa mémoire.

A ma prière, l'un de ses plus fidèles amis, qui,
depuis vingt ans, luttait si vaillamment avec lui,
a bien voulu étudier avec son cœur et avec son
talent la carrière politique de mon cher père.

a

Nul mieux que M. Laurentie ne l'a connu, nul ne
l'a plus aimé, nul ne pouvait parler de lui avec plus
d'affection, plus d'autorité.

Que ce vénéré maître permette donc que je lui
offre ici, et du fond de l'âme, l'hommage de ma
vive reconnaissance !

Tout brisé qu'il était par une inénarrable douleur, mon cœur réclamait comme un suprême
honneur, le droit de donner en quelques pages le
récit des derniers jours de celui que nous pleurons ; mais un prêtre était là... et je crus ne pouvoir mieux faire que d'accepter l'offre qu'il me fit
d'écrire lui-même cette touchante relation.

Partageant depuis quatre ans cette vie de famille à laquelle mon père aimait à consacrer le
temps que lui laissait son labeur quotidien, M. l'abbé
Jaugey avait appris à connaître de près ce chrétien à la foi vive et pratique, ce royaliste d'un
dévouement inébranlable. Pendant les longs jours
de ses souffrances, M. l'abbé Jaugey s'est tenu constamment au chevet du cher malade, lui prodi-
guant les pieux encouragements et les divines consolations ; à la dernière heure il bénit cette âme

d'élite qui s'en allait avec tant de calme de la terre au ciel.

On trouvera dans cette dernière partie de nombreux extraits de la correspondance toute intime que mon bien-aimé père entretint avec nous pendant son voyage à Rome : nous avons pensé qu'il fallait laisser voir toutes les impressions de ce cœur qui aima Dieu, son pays et sa famille !

Tel est ce livre. Puisse-t-il être accueilli par nos amis comme un pieux souvenir !

ADRIEN DE RIANCEY.

15 juillet 1870.

HENRY DE RIANCEY

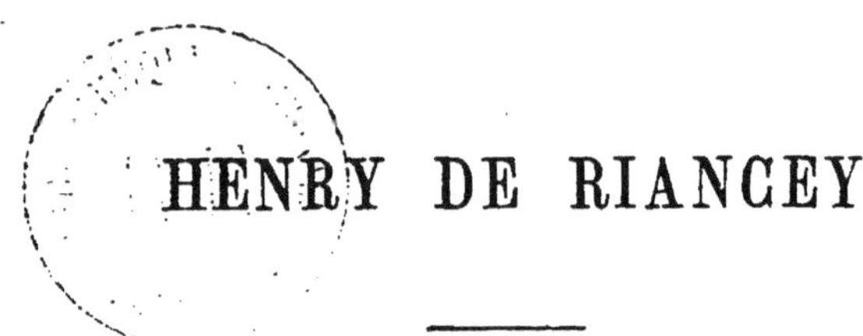

Le 10 mars 1870, j'écrivais dans le journal *l'U-nion* .

Je prends la plume, foudroyé par la douleur; notre admirable et saint ami, M. de Riancey, n'est plus !

Nous nous étions attachés ces derniers jours à des lueurs d'espérance, justifiées par la force chrétienne avec laquelle il supportait l'épreuve de la maladie, par la sérénité de sa résignation, par le calme de sa piété, par la lucidité de sa pensée et de sa parole, par les tendres prières, enfin, que tant d'âmes faisaient monter au ciel pour la conservation d'une vie si pure et si chère; hélas! tout nous a échappé en un moment.

Je n'ai pas d'expression pour notre douleur; j'en ai bien moins encore pour la douleur d'une famille incomparable, que Dieu frappe d'un coup si cruel et si prématuré. Que pouvons-nous donc, en cette heure désolée, sinon incliner nos têtes sous la main de la Providence qui met nos affections à des épreuves si douloureuses?

Aussi les lignes que je laisse échapper en ce moment de ma plume sont à peine un hommage rendu à ce fidèle ami, à ce frère d'armes de vingt ans, à ce guide laborieux des luttes où s'épuise la vie des défenseurs des saintes causes; elles ne sont et ne veulent être qu'un premier épanchement de notre tendresse et de notre affliction; l'heure viendra où, recueillant tout mon courage, j'essayerai de dire ce que ce noble ami nous a donné de saints exemples, et ce qu'il nous laisse de beaux et d'édifiants souvenirs.

Que quelques mots seulement disent à ceux qui nous lisent sous quelles émotions s'est achevée cette vie si admirablement remplie.

M. de Riancey, dès la première annonce du saint Concile du Vatican,
s'était résolu à se rendre à Rome pour être témoin de ce grand événement; c'était un besoin et aussi un devoir de sa foi, d'avoir à parler
de cet acte solennel de l'Église, comme s'il eût craint que d'autres ne
fussent exposés à en parler avec moins de sûreté et de discernement.

Nous le vîmes donc s'acheminer à la fin de novembre vers la Ville
éternelle. Ne puis-je pas dire qu'il y eut dans ses mots d'adieu je ne
sais quoi de secrètement douloureux que j'ai pu prendre depuis pour
une sorte de pressentiment? Toutefois, la tristesse de la séparation des
siens se tempérait par la pensée des consolations que pouvait se promettre sa piété. Une de ses joies fut de se détourner de sa route et
d'aller visiter l'exil, sorte de pèlerinage qui est aussi une religion. Et
c'est après ce devoir rempli qu'il se rendit à Rome.

Son voyage fut pénible, par un temps d'hiver rigoureux; accoutumé
à l'activité du travail, il ne se défia pas d'un climat nouveau et il reprit
à Rome toutes les habitudes de sa vie de Paris, assistant aux solennités, visitant la ville, se mêlant aux fêtes, je dis aux fêtes de la piété
catholique, se fatiguant, sans le soupçonner, à cette variété d'occupations, mêlées de joie, et y ajoutant le récit de ses impressions et de
ses jugements pour les lecteurs de *l'Union*, si pleins de sympathie
pour sa parole.

Je n'ai pas besoin de dire que sa plus douce émotion fut l'accueil
qu'il reçut du Saint-Père. Lui-même nous l'a dit et il nous a dit aussi
que cette bonté du Souverain Pontife, témoignée avec tant d'effusion,
embrassait à la fois tous les auxiliaires de ses combats pour l'Église.

Mais déjà sa forte nature était atteinte par l'excès de son activité.
Dès le 8 janvier des symptômes de *douleur rhumatismale* s'étaient
déclarés; ses habitudes de travail n'en furent pas suspendues; il ne
cessa point de tout voir, de tout entendre, hélas! et parfois de voir et
d'entendre ce qui devait le plus désoler ses affections connues; il continua de nous écrire, ne laissant soupçonner à personne son état de
souffrance, ne le révélant pas surtout aux êtres que son cœur aimait le
plus; jamais ne se vit une telle fermeté de courage.

Hélas! le moment vint où il dut s'avouer vaincu; il n'avait pas cessé
d'écrire à *l'Union*; mais des amis le forcèrent à reconnaître qu'il devait
quitter Rome, et il partit désolé, conduit par un compagnon de route,
mais toujours ferme dans son dessein de laisser ignorer son état à sa
famille et à nous tous. Et ainsi arriva-t-il, gardant sa forte raison et

sa vive intelligence, mais hors d'état de se mouvoir sans le secours d'autrui.

Comprend-on le coup de foudre qui allait tomber sur cette maisonnette de Passy, où d'avance retentissaient les cris de joie d'une famille avertie de l'arrivée? Je ne sais pas dire cette effroyable surprise; mais ce qu'il faut dire, c'est la sérénité du malade, qui calme l'affliction et répand l'espérance. A ce visage toujours égal, à cette parole toujours animée, à ces récits charmants, à ces épanchements d'amitié délicate, tous nous avons dû croire que l'épreuve serait passagère, et que le repos, et les soins, et la tendresse des prières n'allaient pas tarder à nous rendre cette santé précieuse à tant de titres.

Nos vœux ont été trompés, et nous n'avons plus qu'à nous tenir aux pieds de cette couche funèbre qui vient de voir la plus belle, la plus sainte, la plus consolante fin de vie que puisse envier une âme chrétienne.

M. de Riancey a senti venir la mort, et il l'a attendue avec la sérénité que donne la foi. Depuis son retour, que de fois il a voulu se fortifier par les saints remèdes de la piété catholique! Admirable consolation pour ceux qui survivent de sentir qu'une telle âme a passé avec calme de la terre au ciel!

D'autres consolations ne vont pas manquer à leur tendresse. M. de Riancey, se sentant près de toucher à la mort, a souhaité qu'une dernière bénédiction lui vînt du Saint-Père, qui l'avait béni à Rome plusieurs fois; cette grâce lui est venue à l'heure suprême. D'autre part, M. le comte de Chambord avait voulu être instruit jour par jour de l'état de son serviteur; à la même heure arrivait de Frohsdorf un télégramme lui portant un dernier adieu. Et ainsi s'en est allé de la vie ce chrétien, ce royaliste, emportant deux bénédictions, l'une qui monte au ciel comme un gage de vie nouvelle, l'autre qui reste à la terre comme un glorieux souvenir et un bon exemple.

Telle fut à la mort d'Henry de Riancey la première effusion de ma douleur. Mes regrets étaient les regrets des amis qui avaient vu de près comme moi celui que Dieu venait de nous ravir par un coup si soudain.

C'est une consolation pour ceux qui survivent de reprendre dans la vie de ceux qui ne sont plus les exemples qui les ont fait honorer et chérir : nul monument ne vaut cette gloire; et aussi l'hommage nouveau que mon amitié s'est promis de rendre à Henry de Riancey ne va être qu'un retour vers les souvenirs d'une vie trop tôt achevée, mais si remplie de vaillants travaux et de touchantes et saintes vertus et peut-être de nouveaux combats.

Henry de Riancey était né à Paris le 24 octobre 1816 (1). Alors se levaient sur la France des destinées nouvelles qui allaient vouloir de nouvelles vertus.

Henry, après les premières études commencées sous les auspices du foyer, fut mis au collége royal Henri IV, dont M. Auvray, un homme de bien, était proviseur. C'était le temps des grandes luttes autour de l'Université, et parfois le travail des opinions du dehors se faisait sentir dans l'intérieur des colléges pour y donner lieu à des dissidences

(1) Les notices biographiques portent : Henry-Léon Camusat de Riancey, d'une famille de Champagne, qui remonte aux croisades; son grand-père était officier d'artillerie; il fut secrétaire de la Réunion de la noblesse au bailliage de Troyes, en 1789; l'un des derniers chevaliers de Saint-Louis, nommés par le roi Louis XVI, il sortit de France, lorsque la révolution se changea en délire, et il s'en alla mourir avec sa foi de chevalier à l'armée héroïque du prince de Condé. Le père de notre Henry, Adrien de Riancey, occupa, en 1816, un emploi supérieur dans les finances; la fortune de la famille avait disparu; l'honneur devait lui rester.

qui alors prenaient aisément un caractère de passion. Henry, distingué par l'éclat de ses aptitudes comme écolier, se fit remarquer par l'énergie de sa foi comme chrétien; la raillerie voltairienne était entrée au collége; les écoliers s'étaient faits esprits forts, et la dispute philosophique dans les cours était parfois une bataille à coups de poings. La piété d'Henry n'eut pas à se défendre par des argumentations de cette sorte; l'expansion libre de sa foi lui valut le respect de ceux-là mêmes qui se prenaient pour des incrédules, et qui n'étaient que des étourdis.

Aussi bien ses brillants succès le protégeaient contre les railleurs. En rhétorique, il eut au grand concours de 1854 le premier prix de discours français. Le sujet proposé semblait avoir devancé de plus de trente ans les controverses du moment présent; c'était un discours qu'on supposait adressé par l'empereur Frédéric II en réponse au décret du concile de Lyon, qui l'avait excommunié, et il faut reconnaître que le jeune vainqueur, c'est lui-même qui me le racontait plus tard, avait mis dans son œuvre toute l'ardeur d'un jeune esprit qui veut faire la leçon au concile, au pape, à toute l'Église. Nous savons où va la verve en ces rencontres, et par malheur l'âge n'en corrige pas toujours les emportements.

Un cours chrétien de philosophie, suivi à l'institution privée de l'abbé Poiloup, couronna les études du brillant lauréat; ce fut une première rectification de quelques-uns des jugements universitaires qui avaient pu contredire sa foi, mais ne l'avaient point troublée.

Rien ne manquait aux joies de la famille; l'avenir du jeune lettré rendu pleinement catholique s'ouvrait comme une perspective d'éclat et de sérénité.

D'autres études furent aussitôt embrassées. Bachelier ès lettres en 1835, Henry de Riancey était en 1840 licencié en droit, et immédiatement il se mit à la pratique des choses du droit en entrant dans le cabinet de M. Philippe Dupin et recevant les conseils de M. Hennequin, deux noms dont le barreau garde avec respect le souvenir.

Mais le goût des travaux de l'esprit s'alliait en cette vive nature aux apprêts d'une profession technique, et cette double inspiration s'animait au feu d'une charité avide de dévouement et de bonne heure emportée par l'émulation des saintes œuvres.

Toute une génération de jeunes chrétiens semblait être sortie des ruines de 1850 pour donner l'exemple d'un travail de lutte contre les impiétés triomphantes. Alors un grand archevêque, Mgr de Quélen, fécondait de ses inspirations cette émulation et cette ferveur. Il se consolait et se vengeait des grands méfaits de la politique par le pardon et par la charité, et il appelait à soi la jeunesse comme un recours contre les maux d'une société ravagée par les impiétés. Il avait institué près de lui une académie dite *Académie de Saint-Hyacinthe,* sous la direction de M. l'abbé Dupanloup, nom réservé à une destinée de lutte et d'éclat. Henry fut des premiers appelés à cette jeune association dont l'entrée ne s'ouvrait qu'au talent et à la piété.

C'est ici le point de départ de l'affection qu'Henry de Riancey voua pour la vie à M. l'abbé Dupanloup, affection tendre et qui ne devait pas être sans épreuve. Une particularité digne d'être notée aux jours où nous sommes, c'est qu'Henry dut aux doctes conseils de celui qui devait être son ami après avoir été son guide le plein effacement des impressions qu'un enseignement incorrect avait déposées dans son jeune esprit. Il apprit en effet de M. Dupanloup à mieux juger des questions d'histoire et d'Église, dès lors faussées par l'enseignement et depuis voilées par l'ignorance ou perverties par la haine; et c'est d'Henry que j'ai su le secret d'une tendresse vouée à celui qui avait été l'utile conseiller de son jeune âge; tendresse touchante, parce qu'elle était de la gratitude; tendresse qui devait garder jusqu'à la dernière heure un caractère de respect filial, et dans la dissidence ne laisser de place qu'à la douleur et à la supplication, jamais à la plainte.

C'est aussi à ce moment que se découvre un

spectacle de piété fraternelle digne d'émouvoir toutes les âmes.

Henry avait un frère du nom de Charles, plus jeune de trois ans, nourri des mêmes pensées; deux cœurs, deux esprits, qui dès les premières années s'étaient accoutumés à étudier, à méditer, à aimer ensemble, à vivre enfin d'une même vie. Les premières révélations de cette communauté d'intelligence, d'affection et de travail s'adressèrent d'abord à de rares confidences; les deux frères avaient imaginé de se rendre compte à eux-mêmes de leurs premières impressions à leur entrée dans le monde, et ils avaient associé à leur œuvre d'examen, mêlée de morale et de poésie, un choix d'amis dignes d'eux; l'œuvre s'élaborait comme un essai de *Revue mensuelle*, sans souci de la publicité; elle avait un nom charmant; elle s'appelait L'ÉMERAUDE, *revue de la Jeunesse*. Heureux furent les témoins de ces effusions chrétiennes et naïves, où se découvraient deux vocations de lutte pour le bien, avec deux natures de talents consacrés au culte du vrai, l'un plus expansif, l'autre plus contenu, Henry plus alerte, Charles plus sobre, les deux se complétant par la variété des formes de l'expression dans l'unité de la pensée.

Il y a dans les huit numéros de cette *Émeraude*, cachées sous de modestes fleurs, des pages d'une pureté touchante, où se revèle toute une jeunesse de foi et de chasteté.

Mais bientôt, pour donner un aliment fécond à cette ardeur de travail, M. Dupanloup proposa aux deux frères d'entreprendre une œuvre plus grande, trop grande peut-être, un livre qui servit de développement à l'œuvre immortelle de Bossuet sur l'histoire universelle.

Ce fut une étonnante nouveauté de voir deux jeunes hommes se jeter vaillamment dans un tel dessein; *l'Histoire du monde* ne devait pas sortir achevée de ce premier jet, mais elle surprit et charma les érudits non moins que le public, et dès lors on put pressentir une œuvre qui plus tard serait digne d'une admiration sérieuse; nous la retrouverons tout à l'heure dans sa pleine reconstruction.

C'est au milieu des soins de cette entreprise (1841) que Dieu ouvrit devant Henry une perspective de bonheur en lui amenant une compagne digne de lui, Clémence Lefebvre des Vaux, fille du baron Lefebvre des Vaux, maréchal de camp, ancien commandant d'état-major de la première division militaire (1). Ce fut un de ces heureux mais trop rares exemples de mariage chrétien, où deux âmes s'unissent pour porter ensemble le poids de

(1) Le brave général était chevalier de Saint-Louis; il avait brisé son épée en 1830.

la vie, et restent embrassées par la foi et par l'amour, même après que la mort les a séparées. De nombreux enfants devaient naître de cette union bénie; quelques-uns avaient de bonne heure quitté la terre, devançant au ciel le jeune patriarche; d'autres restent pour être la force et la couronne de la sainte mère de famille.

Cependant Henry de Riancey suivit son penchant vers toutes les choses qui pouvaient lui donner de l'action sur une société troublée, et surtout vers les choses de la charité. De bonne heure on le voit mêlé aux saintes œuvres; il s'y jette avec un zèle d'apôtre, il y porte sa parole et ses écrits, il concourt à la fondation de toute association qui peut avoir prise sur les âmes; on le trouve à l'*Institut catholique*, au *cercle catholique*, à la *Société de Saint-Vincent de Paul;* partout où il s'agit de disputer les jeunes générations à l'action des exemples et des enseignements sceptiques. La Restauration avait vu naître en 1816 une ardeur analogue de lutte catholique; mais aussi elle avait vu la politique s'en épouvanter comme d'un péril; triste effet des aversions voltairiennes qui étaient devenues toute la raison des oppositions sous lesquelles devait tomber la monarchie. Le zèle chrétien de 1835 semble donc n'être qu'une reprise des saintes luttes de 1825 pour la liberté de l'Église et de ses œuvres, si ce n'est qu'il s'y mêla parfois quelques oublis des anciens exemples. Trop aisément on s'était imaginé que les œuvres de la Restauration, l'œuvre des hôpitaux, l'œuvre des petits Savoyards, l'œuvre des bons livres, et en dernier lieu l'œuvre pour la défense de l'Église, avaient été avant tout des œuvres de propagation politique ; et c'est cette erreur qui dès 1850 avait déterminé quelques-uns de ceux qui en avaient été les initiateurs à s'en éloigner désormais, pour ôter jusqu'au soupçon d'une pensée secondaire dans ce qui avait été et devait être une abnégation et un sacrifice.

Quoi qu'il en soit, une génération nouvelle de lutteurs se dressait dans la grande arène de la charité, et les œuvres de propagation et de défense reparaissaient rajeunies pour des combats et des besoins nouveaux.

C'est l'honneur principal d'Henry de Riancey d'avoir été des plus zélés et des plus intelligents dans cette lutte pour la Société et pour l'Église. Et cependant il ne délaissait pas les travaux de sa profession d'avocat, ni les travaux de cette autre vocation qui, dès la première heure, sembla pour lui préférée, de la vocation d'écrivain.

Des journaux spécialement consacrés aux intérêts catholiques avaient pris naissance, avec la pensée de dégager la défense de l'Église des griefs de parti ; pensée de direction qui devait, croyait-on, laisser à chaque écrivain la liberté de ses jugements, de ses souvenirs et de ses vœux. Ce fut une illusion peut-être, mais elle ne devait altérer en rien le sentiment du royaliste, allié dans le cœur d'Henry à la foi du catholique.

Ainsi donna-t-il son concours au journal *l'Union catholique*, et ensuite quelque temps au journal *l'Univers ;* et si des nuances d'opinion se firent jour dans cet essai de journalisme à côté des noms éclatants de Montalembert et de Veuillot, le caractère d'Henry sortit de l'épreuve entouré de l'affection et du respect de ceux-là mêmes dont il côtoya les opinions sans les subir.

Les luttes de l'écrivain ne devaient pas nuire à la profession de l'avocat. Il arriva même qu'il eut à défendre au palais les causes de liberté qu'il défendait au journal. Ainsi l'abbé Combalot, appelé devant la justice pour un écrit contre le monopole universitaire, fut défendu par Riancey, sinon avec succès, du moins avec honneur ; il n'était pas aisé, en ces jours de passion, d'avoir raison devant le juge ; avoir raison, c'était le plus souvent être condamné. L'abbé Combalot fut condamné et Henry de Riancey fut montré à la renommée, et chacun pressentit ce que serait son avenir, s'il lui était donné de suivre cette vocation du barreau, à laquelle ne se pliaient pas ses goûts préférés.

Riancey eut à défendre encore d'autres causes, et toujours des causes où dominait avant tout la liberté catholique. Il savait la pratique des lois civiles, il l'avait apprise à la grande école d'Hennequin et de Dupin ; mais tout le ramenait à l'application du droit politique ; de là sa prédilection pour les travaux de défense concertée de liberté publique, où sa parole était à l'aise comme sa plume.

C'est ainsi qu'il prit une part principale au comité des Pétitions pour la liberté d'enseignement établi sous la présidence du comte de Montalembert, dans les dernières années du gouvernement de juillet.

Ce fut alors un grand travail de protestation contre un système de monopole qui, fondé en dehors de la religion, faisait de l'enseignement public un apostolat de scepticisme. Tous les gens de bien prirent part à ce mouvement de réaction avec le clergé catholique, et cette revendication de la liberté ne fut pas sans effet sur la direction des idees publiques. L'aversion des partis de 1830 pour le clergé parut se changer en sympathie. On sut gré à l'Église de vouloir la liberté après qu'on ne lui avait pas pardonné d'attendre la liberté de la monarchie ancienne.

C'est en regard de ce travail de l'opinion catholique qu'une autre lutte se faisait pour le plein renversement de la monarchie nouvelle.

Les catholiques, les gens de bien, étaient absous d'avance de cette catastrophe, en ne prenant point de part aux actes de violence que les partis destructeurs mêlaient à l'action irrésistible des idées.

Henry de Riancey fut de ceux qui purent marcher la tête haute au milieu des ruines que laissait la révolution soudaine de février.

Le peuple ouvrier, devenu souverain, avait ouï le nom du jeune écrivain, du jeune avocat, partout mêlé aux œuvres qui avaient pour objet le bien du peuple. Souvent sa parole avait été entendue dans les réunions de Saint-François Xavier : sa voix y était aimée comme celle d'un frère ; elle y était révérée comme la voix d'un pasteur ; aussi fut-il désigné aux votes populaires par la gratitude et l'affection des travailleurs qu'il avait souvent évangélisés comme un missionnaire.

On le connaissait par ses discours et aussi par ses écrits. Il avait publié un petit journal, *l'Union populaire;* nul n'avait mieux approfondi les questions d'organisation ouvrière ; on le savait armé de sagesse pour la conciliation des intérêts et des droits des patrons et des travailleurs ; en ces questions difficiles, la charité était sa lumière, et le journal *l'Ami de la religion,* dont il fut quelque temps directeur, avait révélé tout ce qu'il y avait en son âme de bienveillance et d'équité.

Ce furent là ses titres de popularité ; nommé en 1849, dans la Sarthe, député à l'*Assemblée législative,* après les effroyables déchirements de 1848, il fut dans cette grande assemblée, que le Pape Pie IX appela « la plus grande réunion d'honnêtes gens qu'on eût pu voir, » un des vaillants gardiens des principes d'ordre et de liberté, vers lesquels se tournait et s'abritait avidement l'instinct national contre les théories barbares qui venaient de ravager la patrie.

Henry de Riancey prit son rang entre les meilleurs de ces défenseurs de la société; il parut à la tribune et dans les commissions avec l'autorité du jurisconsulte et de l'homme de bien, embrassant de préférence les questions qui touchaient à la liberté religieuse et au bien-être du peuple. Alors la question de l'*enseignement,* qu'il avait étudiée et discutée dans les œuvres préparatoires, passa de l'examen théorique à la délibération des législateurs. Une commission, instituée par M. de Falloux, ministre de l'instruction publique, avait posé les bases d'une grande innovation dans le monopole universitaire; Henry de Riancey avait pris part, comme publiciste, à ces apprêts de changement; il eut à les défendre comme législateur, et ses opinions, empreintes d'indépendance et de bon sens, furent une lumière pour ceux des députés qui ne voyaient pas sans défiance la liberté, si elle devait profiter à l'Église, tant l'idée du droit commun s'était effacée dans la pratique continue du privilége!

Le discours que M. de Riancey prononça à l'Assemblée législative, dans sa séance du 5 février 1850, mérite surtout de rester dans la mémoire publique pour la sûreté de la doctrine et pour l'élégance de l'exposition. Il faudrait le lire dans son ensemble; on y trouverait comme un résumé lumineux de tout ce qui avait été dit depuis quarante ans sur cette grande thèse de l'enseignement public, et l'improvisation du début, réponse à un discours en sens inverse que venait de prononcer un autre orateur, montrait ce qu'aurait été Riancey dans les assemblées délibérantes, si la politique lui avait laissé la liberté de sa vocation et l'exercice de son éloquence.

Je cite tout ce début avec les interruptions qui, loin de déconcerter l'orateur, donnaient de la vie à sa parole.

M. LE PRÉSIDENT. La parole est à M. de Riancey.

M. H. DE RIANCEY. Messieurs, je l'avoue, la douleur domine chez moi beaucoup trop tout autre sentiment, pour que je réponde à toute la première partie du discours prononcé par l'honorable préopinant; l'Église : Liberté et dévouement.

Tout à l'heure, Mgr l'Évêque de Langres répondait de son banc à l'honorable M. Arnaud : J'ai cru au péril, je ne l'ai pas craint. Non, l'Église ne craint pas le péril. Elle veille, elle défend la société divine et la société humaine; elle essaye de le conjurer, et, soyez-en sûrs, si, par malheur, les jours de combat revenaient, vous la trouveriez encore, s'interposant entre les combattants, et survivant à la lutte pour panser toutes les blessures.

Voilà ce que j'avais à dire d'abord à l'honorable M. Arnaud. Un mot de réponse encore à sa doctrine de séparation absolue entre l'Église et l'État, et à sa doctrine de liberté absolue et illimitée de l'enseignement.

Quant à la liberté absolue et illimitée de l'enseignement, il n'y a qu'un malheur, c'est qu'elle n'est pas dans la constitution.

Quant à la séparation de l'Église et de l'État, à l'homme politique, je me permettrai de faire observer que nous vivons sous le régime d'un acte solennel, d'un concordat passé entre le sacerdoce et l'empire. Pour que ce traité soit revisé, pour que ce contrat synallagmatique soit modifié, il faut le consentement des deux hautes et souveraines puissances qui l'ont contracté. Il n'appartient pas à une seule de le critiquer et de le rompre.

Et à l'homme de foi, au catholique fidèle, je demanderai la permission d'ajouter ces graves paroles émanées du chef suprême de la catholicité qui, après avoir parlé de ces hommes qui veulent la liberté effrénée, ajoute :

« Nous n'aurions rien à espérer de plus heureux pour la religion et le gouvernement du désir de ceux qui veulent que l'Eglise soit séparée de l'État et que la concorde mutuelle de l'empire et du sacerdoce soit rompue. cette concorde qui fut toujours si favorable et si salutaire aux intérêts de l'État.

Quelques voix à gauche : Qu'est-ce que cela?

M. DE RIANCEY. C'est une encyclique.

Maintenant, messieurs, permettez-moi de quitter le terrain de cette discussion avec l'honorable M. Arnaud et d'appeler votre attention et de la concentrer, si j'ose ainsi dire, sur le point principal du débat, sur l'article 1er, sur le conseil supérieur de l'instruction publique.

Messieurs, je vous demanderai la permission de vous dire d'abord à quel point de vue je me place pour examiner cette grande institution du conseil supérieur. J'ai tout à l'heure essayé de défendre les droits de l'Église, je n'ai pas la prétention de parler en son nom, ce n'est donc pas à son point de vue que je me place pour examiner cet article. Quant à l'Université et même à la philosophie, j'ai encore bien moins de droits; je juge simplement ici, et je vous demande de juger avec cet article 1er, ce conseil supérieur comme citoyen, comme père de famille, comme laïque.

Quelles sont, en fait d'instruction, les deux grandes préoccupations des familles dans ce temps et dans ce pays? Les unes, messieurs, regardent l'enseignement libre, privé; les autres regardent l'enseignement public.

Il est des familles qui ne sont pas, je le veux les plus nombreuses, mais qui ont une autorité plus vigilante, une résolution plus énergique, une volonté plus ferme. Pour ces familles, les établissements, les maisons d'éducation libres correspondant à leurs doctrines, en harmonie avec leurs croyances, sont la plus pressante de toutes les sollicitudes, pour elles, accomplir le devoir paternel dans toute son indépendance, faire élever leurs enfants par des maîtres de leur choix, dans leurs idées, dans leurs opinions politiques, c'est une affaire d'honneur, c'est une affaire de conscience, c'est une affaire de foi. Sur ce point, croyez-le bien, elles ne transigeront pas, elles n'hésiteront pas : l'avenir, l'esprit, le cœur, l'âme de leurs enfants sont en jeu, c'est un acte de piété paternelle.

Et ce n'est pas seulement dans ce qu'on appelle le parti catholique que je trouve cette invincible fermeté. Il y a des hommes de parti, il y a des penseurs qui agissent et qui estiment de la sorte. Je le déclare hautement, pour ma part, en présence d'une indifférence trop générale, je ne connais rien de plus digne d'estime, de plus digne de respect, que cette courageuse tendresse. Or c'est à ceux-là, c'est à cet ordre de familles qu'importe, avant tout, la liberté de l'enseignement, l'établissement des écoles libres.

Quant aux secondes, elles sont beaucoup plus multipliées, elles se laissent aller, permettez-moi de le dire, à une confiance et à une quiétude plus grande; elles sont moins capables de sacrifices et de détermination : elles partagent, d'ailleurs, à un plus haut degré cette habitude si française de s'en remettre volontiers à tout ce qui porte le cachet de l'État. Ces familles, messieurs, recherchent l'enseignement public. Non pas, sans doute, que ce soit, au fond, une préférence absolue, une préférence très-raisonnée, non, mais le collége, messieurs, c'est le vestibule obligé de toutes les carrières, de tous les emplois; le collége, c'est la première classe qui conduit aux professions libérales et aux places rétribuées; le collége, c'est ce qui trace la ligne de démarcation entre le fils du bourgeois et le fils du prolétaire, lequel ne s'élève pas au delà de l'école primaire.

D'ailleurs il y a peu de colléges privés, ils sont chers ou ce sont des maisons spéciales; il y a peu de petits séminaires, et, hier encore, ils étaient sous l'incapacité de donner les certificats d'études par lesquels on arrive à tous les emplois; de sorte que, partie par vanité, partie par économie, bien des familles recourent à l'enseignement public.

Voilà l'état des esprits en France relativement aux établissements de l'enseignement privé et de l'enseignement public.

Eh bien! pour nous législateurs, en présence de ce double fait, en présence de ce double vœu des familles, qu'est-ce que nous avons à faire?

Quant à la liberté, notre rôle est facile, la Constitution nous prescrit de la garantir. Elle la limite, je le sais et je le regrette, elle la limite dans de trop étroites conditions; mais au moins, dans cette sphère restreinte, le projet de loi lui a obéi complétement; il la garantit sous des obligations faciles à remplir, sous une surveillance qui a été sévèrement définie. Le projet garantit la liberté. L'honorable M. de Kerdrel l'a prouvé de manière à me dispenser d'entrer dans de grands détails; je me contenterai de résumer ceci, c'est que j'y trouve la liberté des écoles, la liberté des maîtres, la liberté des méthodes, la liberté de l'Église, et la liberté des associations enseignantes.

Voilà pour l'enseignement privé et celles des familles qui le préfèrent.

Quant à l'enseignement public, il faut bien le dire et le savoir, la Constitution est parfaitement muette; il n'y est pas dit un mot d'instruction publique ni d'Université; elle nous laisse complétement libres ou de détruire ou de conserver l'enseignement public qui a été donné jusqu'ici par l'Université. (Rumeurs.)

Si nous étions des théoriciens, ce serait une fort belle question à agiter que celle de la nécessité d'un enseignement public. M. Thiers vous disait, il y a peu de jours, que de très-grandes nations, d'illustres peuples savent s'en passer. Certes, chez ces nations, chez ces peuples, l'éducation n'est pourtant pas négligée, les sciences, les lettres y sont florissantes, l'activité actuelle n'y est ni épuisée ni ralentie. Le zèle des associations et des particuliers, l'émulation d'établissements antiques, de corporations indépendantes et jalouses de leur vieille renommée, suffisent largement aux légitimes exigences de l'éducation et de la famille.

J'avoue que, pour ma part, je me prends à envier pour mon pays cette puissance, cette fécondité de la science livrée à elle-même, ce dévouement qu'inspire la foi, cette intervention si énergique, si puissante des communes, des associations des familles qui tiennent à honneur de multiplier, d'entretenir tant et de si illustres écoles, ainsi que cela se passe aux États-Unis, en Allemagne et en Angleterre. Si je pouvais former un vœu, ce serait de voir ce bienfait se réaliser dans mon pays. Il faut bien cependant que je tienne compte des faits : ce n'est pas dans un temps et un pays comme le nôtre, avec les habitudes que je vous rappelais tout à l'heure, quand à peine les villes suffisent à entretenir quelques pauvres écoles, quand il faut imposer d'office plusieurs milliers de communes pour leur assurer une école primaire, quand la liberté n'est pas encore née sur le sol; ce n'est pas dans de telles conditions qu'on peut songer à contester l'existence d'un enseignement public; il serait insensé de vouloir tout d'un coup supprimer plus de 2,000 professeurs, 50,000 instituteurs, 200 colléges et 36,000 écoles.

Aussi, messieurs, les plus ardents parmi les adversaires de l'Université ne l'ont jamais demandé, et je défie de citer personne qui, par pur amour de la logique, ait eu cette manie d'Érostrate; nous voulons donc, nous devons donc conserver un enseignement public.

Mais en le conservant, ne vous le dissimulez pas, vous prenez une très-grave responsabilité; car enfin c'est vous qui lui ouvrez les ressources du budget; c'est vous qui êtes les garants de cet enseignement; c'est vous qui en répondrez aux yeux des familles comme dans le for de votre conscience.

Cette Université que vous pouviez anéantir, don vous sauvez le personnel, dont vous sauvez les établissements, dont vous sauvez le traitement et les honneurs, au risque même de rendre la concurrence très-difficile à la liberté, cette Université, elle a pu autrefois faire un État dans l'État; aujourd'hui elle ne peut plus nier, elle ne peut plus contester votre souveraineté; vous répondez d'elle; il faut qu'elle sente votre action; il faut que vous en rendiez compte au pays et à l'avenir.

Messieurs, vous conserverez une instruction officielle, je le reconnais; je m'y associe; et, pour cette partie, j'accepte complétement la transaction, mais à une condition, c'est que l'enseignement public sera élevé par vous, non pas seulement à son plus haut degré scientifique, mais surtout à sa plus haute puissance morale.

Quand il s'agit des opinions de l'âge mûr, on peut parfaitement discuter pour la liberté plus ou moins étendue de l'esprit et de la volonté; on peut faire de grandes et fort belles phrases sur le droit de tout croire et de ne rien croire. Mais quand il s'agit de l'éducation, il y a des lois essentielles que personne ne peut nier, que personne ne peut contester.

Messieurs, descendons dans le fond de notre conscience. Le père le plus sceptique sent alors tomber toutes ses résistances et toutes ses haines. Diderot faisait apprendre l'évangile à sa fille, et, quelle que soit la distance qui nous sépare, ici même, dans cette enceinte, si je me permettais de vous interroger, je suis sûr qu'il n'y a pas un homme qui ne me répondrait ceci : Que l'enseignement public doit être réglé par les plus austères préceptes de la vertu, de la morale et de la religion. (Très-bien. — Assentiment.) Mais, messieurs, c'est là même le vœu de notre Constitution. Pourquoi, au fond, la Constitution entoure-t-elle l'exercice de cette liberté d'enseigner de garanties si jalouses, de conditions qu'elle n'impose pas à la jouissance de tous les autres droits, de la liberté d'écrire, par exemple, de la liberté du suffrage, de la liberté même du culte?

Je veux, messieurs, qu'elle n'ait pas pris les moyens les meilleurs et les plus sûrs; mais, en réalité, n'est-ce pas parce qu'elle considère que c'est quelque chose de bien grand, de bien auguste que d'élever la jeunesse, et qu'on ne saurait y apporter trop de dévouement et trop de mérite?

Eh bien! c'est à ce vœu de la Constitution, c'est à ce cri des familles, que vous devez répondre en conservant l'enseignement public, en lui donnant toute l'élévation et la pureté dont il est susceptible.

Et après ces belles considérations, Riancey entrait dans l'examen de la loi, qu'il jugeait surtout au point de vue des besoins publics et de la sollicitude chrétienne des familles. Cette belle langue de la politique religieuse a depuis lors disparu des tribunes; les lois ne sont plus étudiées que dans l'économie matérielle de leurs dispositions; c'est le signe d'une grande altération des idées politiques, et cette remarque peut n'être pas inutile à l'appréciation du mouvement fortuné où la France de 1850 se laissait emporter si un coup soudain n'avait arrêté violemment la liberté et la droiture de ses instincts.

Quoi qu'il en soit, Riancey couronnait la dis-

cussion de la loi par des vues sur l'éducation nationale, où s'épanchait toute sa foi.

Messieurs, cette éducation, c'est l'éducation tout entière, ce n'est
pas celle de tel ou tel établissement; l'éducation nationale n'est pas
plus l'éducation des établissements publics que celle des établissements
libres. L'éducation nationale, messieurs, savez-vous ce qui la consti-
tue? C'est ce qui rendra cette éducation le plus conforme au génie de
notre nation, aux nobles traits de son caractère; ce qui donnera aux
jeunes générations l'amour du pays, le respect de ses institutions et
de ses lois : l'amour de la religion, qui est le seul frein des passions
et l'école du respect ; l'amour de la vertu, la conservation des mœurs,
sans laquelle toute société périt, et enfin, messieurs, c'est ce qui leur
inspirera le plus l'esprit national, c'est-à-dire le caractère propre de la
nation, sans orgueil démesuré de soi-même, sans mépris des autres,
prenant les qualités de son peuple, corrigeant ses défauts, étant de son
siècle sans renier son passé; en un mot, saisissant, pour le reproduire,
l'idéal de la France à toutes les époques et avec toutes ses gloires.
Voilà, messieurs, ce qui constituera une éducation vraiment nationale!

Voix nombreuses à droite : Très-bien! très-bien!

M. DE RIANCEY. Eh bien, ce privilége, je ne le reconnais à personne
isolément. Il ne peut appartenir au gouvernement. Non, messieurs, le
gouvernement ne peut pas mouler la jeunesse à son effigie ; cette image
est trop mobile, cette image est trop imparfaite. On sait d'ailleurs
comme le procédé a réussi à ceux des gouvernements qui ont voulu
l'essayer; on sait que les générations qu'ils ont élevées ont toujours
été sur eux en avance d'une révolution, et précisément de celle-là
même qui devait les renverser. (Très-bien!)

Ce n'est donc pas le gouvernement qui peut faire l'éducation nationale ; ce n'est pas vous, non plus, ce ne sont pas les assemblées. Permettez-moi de le dire, des assemblées plus grandes et plus puissantes
que celle où je parle se sont usées à ce travail; elles ont entassé des
plans, elles ont offert des prix, des récompenses pour les meilleurs
traités, pour la meilleure éducation, et les plans sont restés sans exé-
cution, les prix n'ont pas été gagnés, ils n'ont pas même été mérités.
Cette grande œuvre, elle est au-dessus de la force des assemblées, des

gouvernements; elle appartient à tous, elle appartient à la nation elle-même, dans la plénitude de sa liberté et dans la diversité aussi qui caractérise les divers enseignements de la jeunesse. (Très-bien ! très-bien !)

Messieurs, pour cette œuvre qui est l'œuvre de tous, n'est pas seulement l'œuvre d'un parti, d'un pouvoir, d'une assemblée, mais qui est l'œuvre de la France elle-même ; pour cette œuvre, il faut appeler les forces les plus actives, les puissances les plus hautes du corps social tout entier ; il faut que toutes les ressources soient employées. Ce n'est pas trop des trésors de l'État, de la sollicitude des familles, de la vigilance des magistrats, du dévouement de l'Église ; c'est au concours seul de toutes les forces sociales qu'il appartient de réaliser la vraie la grande éducation nationale.

Voilà pourquoi tous les éléments de prospérité intellectuelle, de force et de grandeur morale, ont été conviés à se combiner dans le conseil supérieur, qui est la clef de voûte de l'enseignement en France.

Eh bien ! sous ce rapport, permettez-moi de le dire, nous ne présumons pas trop de toutes ces puissances diverses que je viens d'énumérer, en affirmant, et nous l'espérons fermement, qu'elles y apporteront toute leur énergie. Déjà, vous l'avez entendu, et cette parole sera l'honneur de la vie parlementaire de Mgr l'évêque de Langres qui l'a prononcée : Oui, l'Église accepte cette charge, l'Église accepte ce fardeau, ce surcroît de fatigues, de périls même, qui lui est offert et pour lequel la société lui demande un nouveau dévouement. (Rumeurs à gauche.)

Je ne veux pas croire que cet exemple ne sera pas suivi par l'Université.

Oui, sans doute, et je ne le cache pas, c'est là pour l'Église une grande et redoutable expérience. Il y a des dangers, des périls, des obstacles, des difficultés. Sans doute, la loi n'est pas parfaite ; mais qui se flatte de faire de la perfection dans ce temps-ci ? Sans doute la loi n'est pas définitive, mais qu'est-ce qui est définitif dans les jours où nous vivons ? Votre constitution même, vous l'avez mesurée à quatre années !

Un membre à gauche : Comment cela ?

M. DE RIANCEY. Messieurs, la loi est une œuvre de transaction et de transition : elle est imparfaite comme les transactions, elle a des périls comme des transitions ; elle ne vaut guère mieux que notre temps; elle ne vaut guère mieux que notre pays ; elle ne vaut guère mieux que notre société, je le sais bien. Mais, au moins, elle a le courage de compter sur le bon vouloir, sur le zèle, sur l'abnégation, sur le patriotisme de tous. Elle échouera peut-être ; mais ce sera déjà, pour ceux qui la soutiennent, un assez bel honneur que d'avoir eu cette confiance, que d'avoir tenté cette épreuve : voilà pourquoi je vote pour le projet de loi. (Vives et nombreuses marques d'approbation à droite. — L'orateur reçoit au pied de la tribune les félicitations de plusieurs de ses collègues.)

Tel fut le langage de Riancey dans cette question de l'enseignement ; et l'applaudissement de l'assemblée attestait un grand travail de réaction chrétienne contre les opinions sceptiques qui désolaient les générations.

Mais ce retour manifeste ne se faisait pas sans un secret mélange de luttes d'ambition et de desseins d'usurpation politique. Ce n'est point le lieu de rappeler les trames cachées sous les dehors de gouvernement. En des conflits où paraît d'une part une assemblée retenue par ses propres lois, et d'autre part une personnalité résolue à subordonner les lois à la force et aux coups d'aventure, la défaite n'est pas douteuse et d'avance la victoire est connue. Le coup d'État du 2 décembre ne fut une surprise que pour les irréfléchis; mais ceux-là même qui, sans en avoir la confidence en nourrissaient le pressentiment, n'avaient pas espéré un succès si rapide. Henry de Riancey, avec sa droiture et sa foi, devait être parmi les vaincus; il s'en alla avec Berryer et tous les autres protester à la mairie du Xe arrondissement contre la violation de la souveraineté représentative du peuple; le peuple, comme il arrive, laissa passer ce cri de liberté, et il vit comme un spectacle de curiosité les députés prisonniers emmenés par des soldats, comme s'ils avaient eux-mêmes violé toutes les lois; quelques heures après tous ces criminels étaient à Vincennes, expiant l'honnêteté, l'aveuglement et aussi la quiétude de leurs bons desseins.

Après une captivité de quelques jours, ils allaien t trouver la France aux pieds d'un maître, et H. de Riancey n'eut plus qu'à reprendre ses travaux d'historien et d'avocat des causes vaincues : noble tâche, protestation de la conscience contre l'arbitraire et l'impunité des oppressions.

Alors quel spectacle que celui de l'Europe! tout est plein de nouveautés et de violences; tandis que la France des révolutions renouvelle son apprentissage du despotisme, la Russie sévit contre l'Église, la Pologne est martyre, la Suisse a ses proscriptions, la Syrie a ses désastres, l'Irlande a ses restes de calamité, l'Espagne se débat contre l'usurpation, l'Italie et l'Allemagne sentent les apprêts de grands renversements; partout des menaces de chute et des symptômes de ruine. Devant cet état du monde, le zèle catholique se ranime et la presse est un combat.

En ces rencontres quelque doute venait d'entrer dans les opinions du parti royaliste. La conduite n'était point incertaine en ce qui concernait la défense de l'ordre dans la société ; la voix auguste du comte de Chambord avait fait un saint devoir de cette défense ; mais allait-on prendre part à l'action politique des partis dans les choses du gouvernement, c'est le doute qui avait pu naître, et il jetait quelque difficulté dans la conduite de nos journaux ; et cela même amena la direction du journal *l'Union* à appeler à soi le concours de Henry de Riancey. Il y fallait de la résolution, il y fallait aussi du tempérament ; nous avions à concilier des vœux contraires, et Riancey, par sa sagesse et sa droiture, par son bon sens et sa bienveillance, parut réunir tout ce qui pouvait répondre à la pensée commune dans la variété même de ses expressions.

C'est ainsi que s'explique l'heureuse venue de H. de Riancey au milieu des écrivains vétérans qui l'avaient devancé dans les combats de la presse ; il nous apportait avec la jeunesse le savoir, avec l'ardeur la prudence, avec l'activité la modération ; et ainsi allait-il passer près de nous dix-huit ans de travail commun, — *grande spatium*, — grand espace de la vie, rempli d'effusions mutuelles d'affection et de confiance, sans qu'aucun nuage dût se lever jamais sur des travaux inspirés par la même foi. Ces années auront été les plus douces de mon vieux métier de journalisme ; elles ont eu leurs amertumes, mais adoucies sous la main de

Dieu, par une si pure et si délicate amitié. Je ne rappelle pas ce souvenir sans attendrissement; il est pour moi une consolation, il est pour Henry un hommage.

Comment faire à présent l'histoire de ces dix-huit ans de lutte concertée contre le mal social? La France catholique et royaliste ne saurait en perdre jamais la mémoire. Que de questions remuées! que de préventions attaquées! que d'erreurs dissipées! que de droits vengés! H. de Riancey était admirable à se jeter dans les mêlées politiques, armé, comme il était, d'instruction et de logique. Sa discussion était prompte, surtout à la réplique. Il n'allait guère de lui-même aux thèses générales; il préférait le combat contre les thèses spéciales des mauvais politiques et des esprits faux. Il y mettait de la vivacité, mais aussi de la courtoisie. Nous n'avons jamais su à l'*Union* le prix de la personnalité; aussi nous aimions la bienveillance de Riancey, et nous l'aimions encore, lorsqu'il la relevait par un peu de raillerie et par une pointe de persiflage.

On put voir dans une occasion que les journaux de Paris n'ont pas oubliée, qu'il eût pu se donner les allures de la malignité, s'il n'avait préféré le ton sérieux de la controverse. M. Paulin Lymairac avait eu dans le *Constitutionnel* une distraction malheureuse; emporté par la polémique, il voulait que l'*Union* ne le crût pas capable d'avoir changé

d'opinion en quelques points essentiels de politique. Riancey soutenait un dire contraire, et Lymairac, trop échauffé, jeta un défi tout à fait imprévu au milieu de la dispute ; il offrait cent mille
francs à qui le mettrait en contradiction avec lui-
même. C'était une grosse imprudence ; Riancey le
prit au mot, et dès le lendemain il étalait les opinions les plus contradictoires, tombées de la plume
de l'étourdi. Il y eut dans la presse une longue
risée ; les cent mille francs allaient-ils être comptés
par M. de Lymairac? Personne ne le crut, mais la
risée n'en fut que plus contagieuse ; elle dura trois
jours, et Riancey s'amusa de sa victoire en homme
de goût qui a peu de souci de l'argent, mais qui ne
dédaigne pas les succès de l'esprit.

Des pensées plus sérieuses occupaient la vie
d'Henry de Riancey. Tandis qu'il suivait dans
l'*Union* les questions de liberté politique, et qu'il
soumettait à l'examen de chaque jour les actes du
gouvernement, il donnait ses heures de calme au
renouvellement de cette grande *Histoire du monde*
entreprise dans le premier enthousiasme de sa
jeunesse. La maturité était venue et, d'autre part,
l'érudition historique avait partout élargi ses con-
quêtes. Riancey suivait avec amour ses décou-
vertes. Il y avait en cette heureuse nature une dis-
position singulière à s'assimiler tout ce qui se
rapportait à son dessein ; attentif à la recherche des
travaux contemporains, il la faisait entrer dans son

œuvre avec une dextérité ingénieuse, et ainsi les progrès des académies et des écoles servaient à son propre progrès, et l'*Histoire du monde* renouvelée allait justifier la faveur première qui l'avait accueillie et appeler des jugements où l'admiration ne serait point suspecte de complaisance.

Par malheur, ce frère, associé à toutes les pensées et à toutes les œuvres d'Henry, Charles venait d'être ravi à sa tendresse. Il y eut à Paris une grande émotion à la rupture de cette amitié fraternelle, dont l'exemple honorait les lettres catholiques. A ce moment se révélèrent bien des secrets cachés de vertu et de piété, et l'on aima partout à redire ce qu'avait été cette vie d'écrivain vouée à la sainteté domestique dans un temps, où les lettres semblent être une profession de frivolité, parfois de débauche et d'impiété (1).

(1) La vie de Charles est tout entière dans une méditation trouvée dans ses papiers; on la dirait tombée de la plume d'un philosophe caché dans une cellule de cénobite. Je ne la transcris pas sans émotion :

MÉDITATION SUR LA MORT.

« Je dois mourir : j'y pense bien peu quoique je pense à tout; je m'occupe trop du voyage et pas du tout du terme; on dirait que je n'y crois pas; je dois faire là-dessus un acte de foi.

« Quand mourrai-je? Je n'en sais rien. Demain peut-être? Je n'en sais rien. La mort viendra comme un voleur; dans longtemps peut-être? Oh! non; les années passent comme les jours, le temps fuit comme l'eau, la vie disparaît comme une ombre et après la vie c'est l'éternité!

« Comment mourrai-je? La mort est l'écho de la vie; que fais-je

Henry se remit donc tout de suite à l'œuvre, et il mit en tête de la nouvelle publication ces lignes touchantes :

« J'entreprends seul, disait-il, de publier de nouveau après plus de vingt années écoulées, l'œuvre laborieuse qui fut le début de notre jeunesse, alors que pleins d'ardeur et de témérité mais soutenus par un loyal désir du bien et par une foi vive, nous tentions, mon frère et moi, de nous consacrer à la propagation de la Vérité et au service de l'Église.

« Le vaillant compagnon, le guide éclairé, l'inspirateur et l'âme de ma vie, a été enlevé à cette intime et douce société trop tôt rompue, que rien ne remplace et qui n'a d'espérance que dans un monde meilleur.

« Vaincu par le travail, victime de son amour pour la justice, et frappé des coups qui l'ont si cruellement atteint, mon frère est allé

hélas ! hélas ! Mourrai-je d'un coup subit et sans réflexion dernière ? Mourrai-je affaibli par les années ou la maladie ? La mort sera-t-elle comme un souffle violent qui éteindra mon existence, ou bien, m'éteindrai-je comme une lampe qui manque d'aliment ? Je n'en sais rien ; mais je dois être prêt à tout et toujours en alerte comme le cavalier qui attend le son de la trompette.

« Comment voudrais-je mourir ? La mort est une porte nécessaire : qui que nous soyons, il faut bien passer par là. Mais ce passage peut être cruel en attendant qu'il vous amène des douleurs plus cruelles encore ; il peut être doux et comme éclairé par l'aurore du grand jour qui nous attend si nous avons marché vers la lumière. Nous ne pouvons suivre cette route sans la grâce, mais avec la grâce qui ne nous manque jamais, nous pouvons n'en pas dévier pourvu que nous combattions, que nous consentions à prier, que nous demandions surtout du cœur l'assistance de Marie que nous n'implorons souvent que du bout des lèvres quand nous nous recommandons à sa sollicitude pour ce temps et pour l'heure de la mort. »

CHARLES DE RIANCEY.

Année 1859.

recevoir près de Dieu, j'ose le croire, la récompense de ses vertus, de
son abnégation, de ses souffrances.

« Il m'a laissé, avec ses exemples, le legs de ses travaux interrompus.
Parmi ces travaux figure, commencée en commun, la préparation d'une
édition nouvelle de l'*Histoire du Monde*, préparation inachevée de sa
part, mais précieuse par sa rectitude et sa pureté.

« J'aurai donc le droit et la consolation de laisser nos deux noms
associés dans l'œuvre renouvelée comme ils l'étaient dans l'œuvre
primitive, comme nos deux âmes l'ont été durant notre passsage ici-
bas, comme elles le sont encore malgré les déchirements de la
mort (1). »

Ce langage émut bien des cœurs, et le livre portant à son frontispice de tels souvenirs, allait être
comme un monument où vivraient ces deux noms
de frères, unis par la piété et le talent.

Cette union, subsistante dans la mort, fut bénie
par le pape Pie IX dans le bref qu'il adressa à
H. de Riancey. Le cardinal Donnet et Mgr l'évêque d'Orléans la bénirent à leur tour en des lettres
pleines d'effusion.

« Nous avons pleinement approuvé, disait le
Saint-Père, le dessein que vous vous êtes proposé
en publiant cette *Histoire du monde* qu'une première fois vous aviez composée et produite, non
sans honneur, avec l'aide et le concours de votre
excellent frère. »

« Vous laissez, et je vous en bénis, disait de son
côté Mgr Donnet, vous laissez en tête du livre le nom
de ce frère que, moi aussi, je savais aimer et ap-

(1) Introduction à l'*Histoire du monde*, nouvelle édition.

précier; vous conservez avec soin dans le nouveau cadre les parties qui lui appartiennent plus
spécialement. »

« Il m'est difficile, disait enfin Mgr Dupanloup
avec de plus tendres effusions, de vous dire l'émotion qu'ont renouvelée en moi les souvenirs recueillis par ces premières paroles : cette noble
ambition, ce concert fraternel de deux jeunes
gens pleins de foi, de cœur et de talent, vouant
leur vie laïque, comme vous dites, « à la propagation de la vérité et au service de l'Église; » vos
premiers combats et vos premières œuvres dans
cette touchante unanimité et sous cette chrétienne
inspiration; et puis, un jour, tout cela brisé tout
à coup par une mort prématuré; vous cependant,
resté seul, persistant dans la voie et l'œuvre commune, et aujourd'hui encore présentant au public
l'œuvre collective de votre frère et de vous, mais
agrandie et transformée par vingt années d'expérience et d'études, ne voulant pas séparer de
votre nom le nom de votre frère. Eh bien! oui, il
y a là quelque chose qui touche et émeut profondément, et c'est un témoignage qu'il m'est aussi
doux de vous rendre à tous les deux qu'il vous est
glorieux de le mériter. Il y aura là un bel exemple
donné à la jeunesse de notre temps dans ces deux
existences véritablement fécondes, dans ces deux
estinées, dans ces deux cœur que notre recon-

naissance et notre affection ne sépareront jamais. »

Il était vrai ! C'était là une touchante fraternité de gloire ; et il était beau de voir la religion bénir le frère survivant pour le soin qu'il avait de reporter de tels hommages sur celui qui n'était plus.

Les voix profanes allaient avoir à leur tour à prononcer leurs jugements sur l'œuvre renouvelée. Je ne redirai pas ce que l'*Union* a écrit en diverses rencontres de ce grand travail ; en ce temps la justice est suspecte, si elle est mêlée d'affection et de respect. Triste temps où les jugements manquent d'autorité, parce que la passion semble inspirer le blâme comme la louange !

Voici du moins une parole qui veut échapper au soupçon de complaisance, et je la rappelle d'abord de préférence, parce qu'elle est exempte de faveur politique.

« Nous avons l'esprit trop libéral, disait en 1864 un critique élégant, M. de Mouy, pour ne pas saluer au passage les œuvres de nos adversaires politiques, lorsque leur mérite est grand, et les préventions aveugles nous sont inconnues. D'ailleurs, —et ceci m'amène directement à l'ouvrage important dont je dois vous parler cette semaine. nous aimons les livres des hommes vaillants, nous aimons les entreprises hardies qui témoignent d'un noble courage et d'une ferme persévérance. L'*Histoire du monde*, par MM. Charles et Henry de Riancey, est un de ces livres et une de ces entreprises. Commencée, terminée une première fois par deux frères dont le second surtout s'est fait, dans un camp qui n'est pas le nôtre, une renommée légitime de polémiste habile et sincère, l'*Histoire du monde*, remaniée, refaite de fond en comble, augmentée d'abondantes notes que la science contemporaine a inspirées, est publiée aujourd'hui comme une œuvre nouvelle, et c'est à ce point de vue que nous devons l'examiner.

« Notre temps, ajoutait le docte critique, abuse des monographies : le public les aime, mais peut-être n'est-ce pas la meilleure façon d'écrire l'histoire. Le malheur de cette méthode, c'est que le regard de l'écrivain, sans cesse fixé sur un seul homme, y aperçoit une foule de détails inutiles : l'esprit s'exagère bientôt l'importance d'un personnage ou d'un épisode, et la proportion des figures, l'exactitude des plans historiques se trouvent détruites par ce système. M. Henry de Riaucey (je dois le nommer seul, puisque son collaborateur n'est plus, et puisque lui seul est maintenant responsable d'une œuvre commune, où il a, du reste, la plus grande part), M. Henry de Riaucey a procédé à l'inverse et s'est élancé courageusement dans une œuvre d'une immense étendue. Ce n'est pas une époque, ce n'est pas un siècle, ce n'est pas un peuple, c'est le monde entier, depuis son origine légendaire jusqu'à nos jours, dont il expose les passions puissantes, les évolutions formidables, le progrès indéfini. »

Et après ces débuts de bienveillance, le critique impartial poursuivait l'examen de l'œuvre, examen où les réserves de jugement donnaient à l'approbation plus de saveur.

Que cet exemple ne soit pas mis en oubli, il honore l'indépendance des lettres; mais aussi fait-il contraste avec le parti pris de certaines écoles académiques, ingénieuses à choisir les œuvres qu'elles vouent au silence ou qu'elles désignent à la renommée, comme s'il dépendait des fantaisies de l'aversion ou de la faveur d'ôter ou de donner de la valeur aux choses de l'esprit, à celles surtout qui se proposent le bien des hommes plutôt que l'applaudissement, la vérité plutôt que la gloire.

Aimons toutefois à redire que d'autres suffrages ne manquèrent pas à Riancey. Il en est un que je rappelle avec joie, parce qu'avec l'empreinte du talent, il portait celle de l'affection, double hommage, qui le rend cher à mes souvenirs. Qui n'aime d'ailleurs à retrouver une belle page de M. Poujoulat? Écoutons l'historien, le critique et le moraliste.

« L'histoire du monde par MM. Henry et Charles de Riancey, œuvre d'une pensée élevée et d'une vigoureuse étude, révélait une vocation; c'était le goût des fortes investigations et des beaux travaux, et, par-dessus tout, le goût du bien, de la justice, et des divines choses. Une telle œuvre devait croître et monter à mesure que les deux jeunes auteurs devaient marcher eux-mêmes; un travail d'histoire n'est jamais fini, à plus forte raison un travail d'histoire universelle; on prête l'oreille, on prend note, on saisit ce qui avait échappé, on amasse chemin faisant, et l'on se sent supérieur à son œuvre première. Elle s'est agrandie par les pensées, les recherches et les matériaux nouveaux. Mais, ô fragilité de notre existence! pendant que nous songeons à élargir et à reconstruire, nous périssons et nous disparaissons.

« Ainsi a été emporté l'un des deux travailleurs; il est tombé avec les mains pleines de gerbes, mais tombé pour se relever auprès de Dieu, et celui qui restait a continué la tâche; c'était faire revivre celui qui ne se trouvait plus à ses côtés, c'était accepter le devoir dans sa pleine sévérité, c'était demeurer à la peine et à l'honneur. »

Et plus loin :

« La première édition de cet ouvrage se composait de quatre volumes; la seconde en forme dix : c'est donc une œuvre grandement refaite, une œuvre toute nouvelle. Le premier volume, précédé d'une touchante et noble introduction, nous fait assister à la création de l'univers et de l'homme, à la chute et à la promesse, à la corruption et au châtiment par le déluge, à la dispersion des races

et aux premiers empires, aux grands mouvements
de l'Asie, avec ses institutions et ses croyances, à
la formation des sociétés de l'Inde et de la Chine,
à la naissance et au développement du peuple de
Dieu, nation prophétique, aux établissements politiques et religieux de l'Égypte et de la Phénicie,
aux émigrations d'où est sorti le monde occidental,
d'où sont sortis nos propres ancêtres.

« Cet effrayant sommaire, qui répond à des
événements et à des époques où l'esprit se perd,
nous conduit à des récits et à des appréciations
d'un intérêt toujours renouvelé et d'une remarquable portée. Dans les périodes lointaines et
obscures qu'il déroule sous nos yeux, ce volume
ne s'inspire pas seulement des sources antiques et
des monuments échappés à la destruction ; il n'est
pas seulement un écho du passé, il est aussi un
écho du présent dans ce qu'il a pressenti, recher-
ché ou trouvé ; il est à la hauteur de tout et n'est
en retard sur rien. C'est comme le résultat de l'en-
quête du dix-neuvième siècle sur tant de problèmes
historiques et de points ténébreux, problèmes et
ténèbres qui donneront encore de l'occupation
aux âges futurs. M. de Riancey y mêle son propre
discernement, ses propres aperçus et les fortes
habitudes d'une intelligence accoutumée aux affaires humaines. Il aide son lecteur à se reconnaître
et lui ménage des points de repos. Il se montre
d'un bout à l'autre de l'école historique de la Pro-

vidence fondée par saint Augustin dans la Cité de Dieu et glorieusement représentée au milieu de nous par le discours sur l'histoire universelle. »

Ainsi s'exprimait M. Poujoulat, si bon juge des travaux de l'esprit et des grandes choses de l'histoire.

Et maintenant qu'ajouterais-je? A mon tour j'eus à dire mon avis de cette *Histoire du monde*, où je trouvais les mêmes pensées qui avaient inspiré les longues études de ma vie. Mais Riancey parlait en toute rencontre de celui qu'il appelait son *maître*, avec de telles effusions de bienveillance qu'il embarrassait le suffrage de celui qui n'était que son ami; là où mon jugement décernait l'éloge, mon cœur semblait obéir à la tendresse; et il est vrai du moins que nul ne jouissait mieux que moi des justes applaudissements que d'autres lui donnaient avec une plus grande apparence de liberté. Et maintenant qu'il n'est plus, hélas! et que ma justice est à l'aise, il me plairait de reprendre quelques-unes de mes louanges, inégales pourtant à mes regrets. Que tout se borne à noter dans son œuvre un mérite qui les vaut tous, le même qu'a loué M. Poujoulat, c'est-à-dire le soin qu'il eut d'en faire la manifestation de la Providence dans la conduite des peuples et dans la marche de l'humanité. Il reprenait en cela la pensée de Bossuet, mais en l'opposant à la théorie athée que Bossuet n'eût pas soupçonnée sans frémir d'horreur, et qui dans les révolutions des empires n'a vu de nos jours que les fantaisies de la force et les coups inévitables du fatalisme. C'est le charme chrétien du livre de Riancey, de trouver partout la main divine. Ainsi explique-t-il les révolutions des empires; ainsi jette-t-il de l'intérêt sur les drames de l'histoire. C'est l'inverse de la philosophie qui divinise les succès. La pitié de la sorte s'attache aux vaincus, et la victoire a ses flétrissures. Grand enseignement du christianisme, sans lequel les désastres de l'humanité sont des mystères, et l'histoire n'est qu'un récit de malheurs ou de crimes, jeu stérile du hasard, où n'entre pour rien l'intelligence ni la liberté.

Il me faudrait dire ici comment Riancey en poursuivant cette grande œuvre, *l'Histoire du monde*, put faire marcher de front tant d'autres œuvres; ce fut le secret d'une activité sans trêve et sans repos, mais peut-être aussi sans prudence.

J'essayai parfois de tempérer cette ardeur par le conseil; sollicitude vaine! Riancey ne cédait pas seulement à sa nature, il obéissait à sa conscience; il voyait un devoir austère dans ce qui aurait semblé chez un autre un besoin et une habitude.

Ajoutons que tout ne se bornait pas à des écrits. Il y avait en France, il y avait en Belgique des réunions où se débattait la grande cause de la liberté catholique dans le monde nouveau. Riancey y courait porter sa parole facile et lumineuse.

A la réunion de Bruxelles en 1864, il reçut des ovations, et le grand historien politique, Cantù, lui adressa de Brescia des félicitations qui étaient un applaudissement plus durable. « C'est vous, lui écrivait-il, parmi les laïques qui avez remporté le prix... Vous avez bien fait de montrer que nous ne renions aucune des libertés; que c'est par la liberté que nous espérons arriver à triompher. »

Que serait-ce s'il fallait indiquer toutes les réunions où paraissait Riancey, tantôt pour encourager des enfants, tantôt pour instruire des hommes, toujours pour semer l'édification et le conseil?

Et cependant chaque jour il était à la lutte dans l'*Union*, sans délaisser aucun des travaux qui se rapportaient à la défense des saintes causes qu'il avait embrassées.

Ses écrits, dans ces quinze ou vingt ans, furent infinis et toujours inspirés par le bien du peuple ou par la liberté de l'Église. Nous avons de lui une histoire de l'*Instruction publique* en deux volumes, un recueil des *Actes épiscopaux* pour la liberté de l'enseignement, un recueil des *Actes de Pie IX*, une biographie de Mgr Affre, l'illustre martyr, une *Vie des saints*, ornée de magnifiques lithochromies de M. Kellerhoven, une traduction des *Méditations* de la vie du Christ, de saint Bonaventure, des articles sur l'enseignement dans la *Revue du monde catholique*

et dans le *Correspondant*, une histoire du général
Coutard, résumé des époques de la République,
de l'Empire et de la Restauration, auxquelles appartient ce grand nom militaire, des brochures
sans nombre, et entre autres une admirable revue
de la grande Exposition de 1867, jugée au point
de vue de l'*ouvrier*, nouveauté singulière, inspirée
par le saint amour des classes laborieuses, et où
se révélait, avec la connaissance réfléchie des choses
techniques qui font la supériorité du travail, le
sentiment délicat des choses d'art qui en font l'ornement et la durée. Car Riancey était artiste ; Dieu
avait doué cette nature heureuse de ce qu'il faut
d'énergie pour défendre la vérité et de grâce pour
la faire aimer.

Entre ces productions, dont quelques unes semblent n'être que d'un jour, parce qu'elles se rap-
portent à des questions que le temps efface ou mo-
difie, il en est qui vivront parce qu'elles touchent
à des choses qui ne doivent pas périr. H. de Riancey avait été, comme nous, vivement ému par les
désastres de l'Italie, et sa plume avait été prompte
à la défense des souverains de Naples, de Toscane,
de Modène et de Parme, menacés ou déjà déposs-
sédés par l'invasion de barbares piémontais. On
le vit surtout s'attacher à la cause de la duchesse
de Parme, la plus sympathique aux cœurs français.
Il se fit, je ne dis pas l'avocat, mais le chevalier de
cette femme héroïque, dont le nom était un charme

et une poésie, dont la destinée était comme un drame antique, et il se rendit auprès d'elle pour recevoir de sa bouche les communications qui devaient servir à la défense des droits de son fils.

Ce fut l'objet de deux écrits qui appartiennent à l'histoire; et quand les jours de la justice se lèveront sur l'Europe, la raison publique s'étonnera qu'il y ait eu un temps où de tels accents de vérité soient allés mourir comme un vain bruit de paroles au seuil des palais des rois. Triste signe d'une époque sans chevalerie et sans courage! où les rois devaient tomber tour à tour, sans soupçonner que la cause de tant de chutes était en eux-mêmes, c'est-à-dire dans l'abandon qu'ils faisaient des droits que Dieu leur avait remis pour le bien des peuples.

Ce sera l'honneur de Riancey d'avoir été de ceux qui ont gardé la foi des vieux âges et n'ont pas désespéré de l'honneur des temps nouveaux. Il a défendu avec l'Église de Dieu les royautés de la vieille Europe, non sans reconnaitre les altérations qu'elles avaient subies sous l'action d'une philosophie athée et d'une politique égoïste et lâche. Nuls témoignages de gratitude ne lui ont manqué : la duchesse de Parme, la première, lui avait conféré la croix de Saint-Louis; le duc de Modène lui remit celle de l'Aigle-d'Este; à Gaëte, sous les débris de ses casemates, le roi François II lui conférait le titre de commandeur de François Ier ; le grand pape Pie IX lui envoya le collier de commandeur de son ordre, et enfin un roi sans sceptre, mais l'aîné de tous les rois, à défaut de titres de chevalerie, l'entoura d'estime, d'affection et de gratitude; nobles témoignages et glorieux souvenirs, mais qui n'ajoutent rien, osons le dire, à la gloire que Henry de Riancey devra surtout à l'exemple qu'il nous a laissé de vertus qui n'ont leur prix que dans le Ciel. Le monde a aimé l'écrivain, il a honoré le chevalier des rois et glorifié le combattant de l'Église; mais le chrétien édifiant, le père de famille exemplaire, l'homme des saints devoirs, l'homme de la vie cachée, le laïque à la fois aimable et austère, échappe aux honneurs que décerne l'admiration; sa pensée est plus haute, et plus haute aussi doit être la pensée de ceux qui l'ont aimé; car c'est au Ciel qu'elle le voit couronné d'une gloire que la terre ne donne pas et qui est la seule que doive envier la piété et la vertu.

Ici je m'arrête.

Chacun a su la fin de la vie de Riancey. Il nous avait quittés pour s'en aller jouir de ce grand événement du concile du Vatican, dont il espérait le renouvellement de l'Europe catholique.

Et nous-même nous espérions que sa plume nous ferait longtemps assister à ce drame, sur qui

se sont levés tant de nuages, mais dont le dénoûment sera divin.

Hélas! quelques lettres seulement étaient venues
au journal *l'Union*, préambule de récits qui auraient été solennels et touchants; mais la mort
n'en a pas rompu l'intérêt; et ces lettres réim-
primées seront, comment en douter? accueillies
et conservées par tous ceux à qui est chère la mémoire d'un homme de bien dont la vie s'est épuisée au service de la religion et à la défense de
l'Église.

URENTIE.

LETTRES DE ROME

— ∘∘⋅∘∘ —

I.

ROME A LA VEILLE DU CONCILE.

Rome, 6 décembre 1869.

Je n'ai pas la prétention de savoir quel sentiment éprouvèrent les compagnons d'Enée à la vue de ces rives désirées qu'ils saluaient de leurs cris de joie : *Italiam! Italiam!* mais je me persuade plus aisément que nos pères les Croisés durent ressentir, en apercevant les murs de Jérusalem, quelque impression analogue à celle dont j'ai été profondément saisi lorsqu'un matin, après une nuit détestable, les premiers rayons d'une pâle aurore de décembre ont fait sortir du brouillard, devant mes yeux avides, les coupoles de Rome et le dôme de Saint-Pierre.

Pèlerin pour la première fois vers cette Ville éternelle, patrie de nos âmes et à laquelle nous donnons tous les efforts de notre vie, l'obole de nos offrandes et

1

le sang de nos enfants, j'étais, — on me permettra ici
cet épanchement : nos lecteurs sont nos amis ; et, pour
ne pas être indigne d'eux, je leur dois exprimer ce qu'ils
auraient partagé à ma place, — j'étais sous le coup
d'une vive émotion.

J'allais vers l'Église rassemblée autour de son Chef ;
j'allais assister de loin, perdu dans la foule, mais présent à tout par l'obéissance et le dévouement, à ce grand
et merveilleux événement qui tient le monde en suspens
et en attente et qui répandra sur la terre des flots de
lumière et de paix !

Je venais de traverser une partie de cette Europe si
tristement condamnée par elle-même à l'affaiblissement,
à la décadence, à la dissolution ; j'avais la pensée et le
cœur tout remplis encore des stériles agitations, des
alarmes trop réelles, des malaises redoutables et des
périls certains qui désolent notre chère France, et j'em-
portais avec moi le spectacle douloureux de ce monde
moderne, si fier, et à bon droit, de ses progrès matériels, mais qui, livré sans frein au désordre intellectuel
et moral, se trouble, et, selon la forte expression de l'É-
criture, « chancelle comme un homme ivre. »

Avec quelle ardeur je me réfugiais au port de la Justice et de la Vérité ! Il me semblait que la croix qui domine le plus grand et le plus magnifique temple de l'u-
nivers était le phare du salut, et que déjà, avant même
d'être arrivé, j'entrais dans une atmosphère de calme,
de grandeur et de clarté.

Combien les calculs, les habiletés et les terreurs de la
politique humaine paraissent misérables quand on

touche, si j'ose ainsi dire, aux réalités si simples et si majestueuses de la politique divine !

Ce Concile œcuménique, auquel accouraient tous les évêques de la catholicité — j'en faisais la remarque à de vénérables prélats avec qui j'avais eu l'honneur de me rencontrer depuis Florence — ce Concile, qui doit s'ouvrir après-demain, par quelle incrédulité n'avait-il pas été accueilli ! Sa seule annonce n'était-elle pas un de ces défis suprèmes que l'Église seule peut jeter au nom de Celui qui tient le monde en sa main ?

Il y a deux ans, au moment même où la Révolution se croyait sûre d'un dernier attentat et d'un dernier triomphe, le Vicaire de Jésus-Christ, avec cette sérénité qui « commande à la mer et à la tempête, » avait convié, au rendez-vous du 8 décembre 1869, l'épiscopat répandu sur la surface du globe. Rome était choisie pour le saint et sacré Concile qui prendrait dans l'histoire le nom de premier du Vatican.

Et Rome alors était plus que jamais menacée ! Le Pontife-Roi, déjà dépouillé des quatre cinquièmes de ce domaine temporel, gage de son indépendance spirituelle, pouvait craindre de se voir enlever les débris de cette souveraineté, convoitée avec tant de rage. Pie IX était seul ; tous les États rivalisaient en quelque sorte d'indifférence ou d'hostilité à son égard ; l'épée de la France, cette épée qui, depuis Charlemagne, doit être au service du Saint-Siége, avait été éloignée.

Cum infirmor, tunc potens sum. Le Pape, plus puissant quand il semble plus faible, avait marché en avant, avec cette sécurité que donnent seules les promesses éternelles. La liberté de l'Église, liée si intimement à celle de sa souveraineté, devait traverser une épreuve solennelle. Il fallait que les rois et les peuples vissent comment l'exercice le plus éclatant de cette auguste et imprescriptible liberté se déploierait, malgré toutes les contradictions, en dépit de toutes les résistances et à travers tous les périls et tous les obstacles !

Et, chose merveilleuse ! à l'heure qu'il est, la presque totalité des évêques du monde a abordé la Ville éternelle, et Rome est plus tranquille et plus maîtresse d'elle-même ; Rome est plus à son Pape et à son Roi qu'à aucune époque de ses longues annales.

Le monde même, bien qu'en proie à de trop justes appréhensions, le monde est en paix. Il fait silence, bon gré mal gré, pour écouter la grande voix du Vatican ! Il sent bien, quoi qu'il en ait, que la parole inscrite au fronton de la salle du Concile est de celles qui ne passent pas : EUNTES, DOCETE OMNES GENTES. Les nations attendent, se taisent et écoutent.

Elles ne tarderont pas à entendre les enseignements divins.

Rome est vraiment magnifique à voir en ce moment : non-seulement la Rome des siècles, de qui il a été dit :

La veuve des Césars est Reine encor du monde ;

non-seulement la Rome chrétienne, la Rome des Papes, plus grande que celle des empereurs ; mais la Rome de Pie IX, qui est la merveille de notre temps ; mais la Rome du Concile, qui se surpasse elle-même.

C'est le mouvement sans tumulte ; c'est l'activité sans agitation ; c'est la plénitude de la vie dans la force du travail et dans le calme de l'ordre.

Le peuple romain a, en cela notamment, des instincts et une dignité singulière : il a la conscience des grandes choses qui s'accomplissent, et il s'y associe par son respect et sa tenue. Les foules sont dociles, attentives, sans curiosité indiscrète, pressées sans tumulte. L'action de la police est à peu près insensible ; on circule partout sans inconvénient et sans danger, avec une liberté qui semble prodigieuse à nous autres Français. L'ordre se fait tout seul ; la consigne est absente.

Avant-hier, j'ai pu parcourir les divers étages du Vatican sans qu'aucun garde interposât son *veto ;* je serais entré jusqu'à la résidence du Souverain Pontife, n'étant arrêté qu'au seuil même des appartements particuliers. Tout le reste est libre : « Ne sont-ce pas mes » enfants ? » se plaît à dire le Pape ; « ils sont chez eux » dans la maison de leur père. » Nos soldats le savaient bien, et ils en usaient avec un laisser-aller tout filial.

Tous les évêques de France qui peuvent faire le voyage, sont arrivés. Plusieurs assistaient hier à la messe chantée à Saint-Pierre par la musique de la chapelle Sixtine ; le public approchait jusqu'auprès de l'autel et des stalles, uniquement contenu par une légère barrière, le long de laquelle stationnaient de distance en distance les fidèles gardes suisses avec le pittoresque costume qu'a dessiné Michel-Ange, et qui s'accorde si bien avec la pompe de la cour pontificale et le cadre incomparable où se déploient les cérémonies.

Que vous dirai-je de Saint-Pierre, qui n'ait été dit mille fois? Souffrez seulement que je vous exprime mon humble impression : je n'ai pas été écrasé par la majesté du temple; j'ai été profondément dominé par un sentiment qui devient plus impérieux à mesure qu'il pénètre plus avant : c'est le sentiment du sublime dans la grandeur et dans l'harmonie.

Rome a le secret de « faire grand »; et sa grandeur n'est pas de celles qui stupéfient et qui abasourdissent, mais de celles qui élèvent et qui ravissent. Tout y est : la perfection, l'ensemble, la splendeur. C'est le beau au service du vrai.

Est-il besoin de vous dire quelles pensées m'assiégeaient devant la Confession de Saint-Pierre? Notre cause, notre patrie, notre foi; les épreuves du présent, les souvenirs du passé, les invincibles espérances de l'avenir; tout ce que nous servons, tout ce que nous aimons, tout ce qui absorbe le dévouement de nos jours et de nos veilles : j'ai tout porté sur la tombe glorieuse de celui qui est le type le plus consolant de la force divine dans la faiblesse humaine.

La porte du Concile s'ouvre à côté de cette tombe, et les Pères l'auront en vue dans leurs saintes délibérations.

Tout le bras droit de l'immense basilique a été transformé en salle conciliaire. La décoration est noble et assortie au style du temple; des tableaux représentent les grandes assemblées qui ont précédé celle de 1869. Le trône pontifical est au fond; des deux côtés du quadrilatère règnent les siéges des Pères. Jusqu'à la chapelle du Saint-Sacrement, les chapelles des deux nefs de droite servent d'annexes à la salle principale, et sont disposées pour le service intérieur de l'assemblée.

La porte qui donne sur la basilique restera ouverte, assure-t-on, et c'est par là seulement que l'auguste réunion pourra être vue du public fidèle. A l'intérieur, il n'y a qu'une petite tribune réservée aux princes et aux diplomates.

Le secret, et le secret sous serment, est la loi inviolable des délibérations. Soyez donc en garde contre toutes les indications que ne manqueront pas de propager les nouvellistes aux aguets. Rien ne sera connu que par la promulgation officielle : c'est de droit, c'est de convenance. Et il faudra bien que les curiosités impatientes en prennent leur parti.

Je vous disais que lorsqu'on entre à Rome on se sent dans le calme et la paix. C'est l'impression qui domine tout ici, et l'on en jouit avec un rare bonheur après les agitations, les dissidences et les dissentiments qui font ou qui ont fait ailleurs de pénibles et de douloureux éclats.

L'attitude que nous avons gardée a été, je puis vous l'assurer, hautement appréciée ici : c'est celle de la soumission et du respect; c'est celle de la conscience et du devoir.

L'Esprit d'en haut dictera les résolutions, et nous n'avons qu'à attendre avec confiance et obéir avec foi. Or, j'ai, pour mon humble part, la ferme certitude que les débats auxquels je fais allusion, n'auront en outre pour résultat que d'avoir, même aux yeux des incrédules et des indifférents, attesté, ce qui n'était en doute pour aucune âme chrétienne, la pleine liberté de discussion ; et, en définitive, ils feront ressortir, par leur issue, la plus belle unanimité morale qui se soit jamais vue, et qui est, vous le savez, la gloire et la force de l'Épiscopat uni à son Chef.

Le Pape se porte admirablement, et l'ouverture du Concile, premier succès de la grande entreprise qui achèvera d'immortaliser son règne, le remplit d'une douce joie et augmente ses forces. Vous avez vu la belle et sereine allocution qui était, pour ainsi dire, le salut de bienvenue adressé à l'Épiscopat. Les paroles de Pie IX ont remué tous les cœurs.

La population se prépare à célébrer la fête du 8 décembre avec cet entrain et cet éclat qu'elle sait y mettre. On parle d'illuminations générales ; nulle part, me dit-on, l'allégresse ne se témoigne avec plus d'expansion.

Mercredi aura donc lieu la cérémonie de l'ouverture du Concile.

Jeudi se fera, assure-t-on, l'élection des vingt-quatre Pères qui devront composer la Congrégation du Dogme.

Il y aura quatre Congrégations : celle du Dogme, celle de la Discipline, celle des Évêques et Réguliers, celle du Rit oriental.

On attache naturellement une grande importance à ces élections, à la première surtout.

Les Pères sont près de six cents, en y comprenant

les abbés et généraux d'ordres. C'est dire assez quelle signification auront les choix de la vénérable assemblée.

Telle m'apparaît, en une esquisse bien incomplète, mais que je tâche de rendre vraie, Rome à la veille du Concile.

II.

6 décembre au soir.

Je n'ai pu encore donner qu'un coup d'œil à Rome et à Saint-Pierre. Mais quel coup d'œil ! Le regard est presque ébloui. L'esprit demeure en suspens, se croit d'abord comme le jouet d'un rêve, et peu à peu entre dans les merveilles de la réalité.

Personne n'est étranger à Rome : on la connait par les livres, par les gravures, par les récits. Il semble qu'en la regardant pour la première fois on la reconnaisse. Mais, puis-je me permettre cette comparaison ? il en est de Rome comme d'un visage illustre et ami dont on n'a contemplé que le portrait, et qui, tout d'un coup, se présentant avec la parole et la vie, s'anime, parle à votre esprit et à votre cœur, et vous pénètre de charme et de vénération.

A chaque instant, les émotions vous attendent et vous saisissent, imprévues, touchantes ou grandioses. Quand vous êtes agenouillé devant la Confession de Saint-Pierre ; quand vous avez vénéré la statue du Prince des Apôtres, dont le bronze usé par les baisers des fidèles atteste la foi séculaire des générations ; quand vous avez salué la Chaire du Vicaire de Jésus-Christ, qui est établie sur le roc, qui a les paroles de l'infaillible Vérité, et contre laquelle ne sauraient prévaloir jamais toutes les puissances de l'enfer ; quand vous avez admiré la mosaïque de la Transfiguration, vous êtes tout d'un coup arrêté

par le mausolée de Jacques III et des derniers Stuarts.
Là presque toujours stationnent, le front baissé et la
douleur sur le visage, quelques-uns des derniers représentants de cette « loyauté » intrépide qui a bravé
les persécutions, l'exil et la mort, pour rester attachée
au Droit et à la Justice.

Certes, Saint-Pierre est un tombeau digne de la dynastie éteinte, et les vieux Rois dépouillés dorment noblement leur sommeil sous ces arcades où règne le Dieu
de toute justice et de toute miséricorde. Mais on ne
saurait se soustraire à une impression douloureuse en
songeant à la destinée cruelle qui a amené là les héritiers légitimes d'un trône envahi par la plus coupable
usurpation de famille.

En revanche, notre France, notre France royale, est
vivante partout. Je sortais, au hasard, de mon logis
hier matin, quand, au détour d'une rue, je me vois en
face d'un obélisque surmonté d'une belle fleur de lys de
bronze. De riches perrons se développent, et des escaliers circulaires dessinent leurs lignes entre-croisées aux
flancs d'une haute colline.

Je regarde, je lis des inscriptions. Louis XV, Louis XVIII
y figurent ; des globes portent leurs armes, des armes
qui ont brillé sous toutes les latitudes. C'est la Trinité
du Mont. Un peu plus loin l'Académie de France ; un
peu plus loin, cette merveille du Pincio, qui aurait si
bien dû inspirer les auteurs de nos tristes escaliers du
Trocadéro : ils auraient, en copiant d'autres Français,
construit en vue de Paris le plus magnifique amphithéâtre. Mais il aurait fallu le génie de l'art, du beau et du

grand, là où nous n'avons eu que des tours de force de terrassiers.

C'est la France encore qu'on rencontre à chaque pas sous l'aimable et franche figure de nos zouaves pontificaux. Rien de charmant et de martial comme ces jeunes gens, à l'air ouvert, à la démarche dégagée, à l'air fin et doux tout ensemble.

On est trop disposé, parmi nos adversaires, parmi les indifférents, et un peu parmi les amis, à considérer ces volontaires comme une troupe très-brave, toute prête à jeter son sang aux pieds du Souverain Pontife, mais pas assez rompue aux sévérités de la vie militaire. C'est la plus complète et la plus injuste erreur. Les zouaves sont des soldats, des soldats excellents, élevés à une école aussi dure, je devrais dire beaucoup plus dure que les meilleurs régiments d'Europe et de France.

Discipline, armement, instruction, corvées, sont organisés et exécutés avec la rigueur des corps d'élite. Je ne dis pas cela pour flatter les zouaves de toutes nations, et encore moins ceux de France; mais je le dis uniquement comme un témoin qui a vu et qui doit compte de la vérité.

Ajoutez-y la fleur, l'entrain de la jeunesse, l'affection pour des chefs dignes de la mission la plus haute que puisse ambitionner l'honneur; ajoutez-y la conscience du devoir, le dévouement au drapeau et la volonté d'être à la hauteur de l'estime de la catholicité entière, et vous aurez l'idée de ce que sont les zouaves et du bonheur avec lequel nos mains pressent les leurs !

———————

III.

Rome, 7 décembre 1869.

Rome est bien la capitale du monde ; et en ce moment,
ce qui est vrai en droit, l'est à la lettre. Toutes les nations, toutes les races, toutes les tribus y ont leurs représentants, et quels représentants !

Horace, dans son enthousiasme païen, exaltait la
gloire des Césars, énumérait, à côté des peuples vaincus,
les empires épouvantés et les barbares stupéfaits, dont
le Palatin voyait arriver les ambassadeurs. Qu'était-ce
auprès des pacifiques dominateurs qui viennent, au nom
de leurs troupeaux fidèles, se presser autour du trône
de leur Chef et de leur Père ? Ces ruines qui ont sur-
vécu à la chute de l'empire romain et qui semblent en
pleurer les grandeurs à jamais éteintes, ne doivent-elles
pas tressaillir à la vue de ces voyageurs apostoliques qui
arrivent de contrées bien autrement lointaines que celles des Parthes, des Sères et des Indiens ? Un nouveau
monde est né à la lumière : l'Atlantide, ce beau rêve de
Platon, est sortie des eaux mystérieuses où son génie
semblait l'avoir devinée. Voici l'extrême Orient, voici
l'Australie, voici les pasteurs qui accompagnent le no-
made sur ses chariots, instruisent le Lapon au milieu
des neiges que couvrent des nuits de six mois, évangé-
lisent le nègre dans les sables brûlants, et le sauvage
dans ses forêts inaccessibles.

On ne saurait se faire une idée du spectacle qu'offre une telle réunion, et non moins curieuse encore est la vue de ces prélats et de ces prêtres qui se croisent à chaque pas dans la ville, qui se rencontrent et se saluent dans les monuments, dans les temples, sur les places publiques.

Au Colisée, j'ai trouvé des évêques missionnaires venus de ces contrées où la férocité des vainqueurs du monde allait chercher les lions, les tigres et les panthères, dont on aperçoit encore les cages grillées de fer et qu'une atroce cruauté affamait pour les rendre plus âpres à déchirer les martyrs.

Quand j'ai vu ce cirque immense dont la terre est imprégnée si profondément du sang de millions de chrétiens, si paisible maintenant sous les herbes et la mousse qui revêtent les gradins où s'asseyaient les vestales, les sénateurs, les matrones et le peuple, avides de savourer les tortures et la mort ; quand j'ai vu ce cirque entourant désormais la croix de bois, symbole et trophée de la défaite du paganisme, et visitée par les héritiers des confesseurs qui renouvellent aux extrémités de la terre habitée les prodiges de leurs devanciers ; je me suis rappelé tout ensemble le cri du stoïcisme désespéré des gladiateurs, s'approchant de la loge impériale et disant : *Ave, Cæsar ! morituri te salutant* ; et l'appel suprême du grand Ignace ajournant les bourreaux couronnés à la justice divine : *Ave , Cæsar! morituri te judicabunt.* L'histoire de l'humanité et de la religion était là tout entière : les Césars étaient jugés par leurs victimes.

Ailleurs, frappant à la porte d'un séminaire, c'est un nègre qui vient m'ouvrir, revêtu de cet habit ecclésiastique, véritable livrée de l'affranchissement des esclaves.

Un carrosse passe ; il porte des Hongrois en riches costumes, le sabre au côté et le dolman à l'épaule : c'est l'équipage du primat de Hongrie. Voici des prélats espagnols, marchant avec la dignité calme et sévère de leur nation. Voici des Allemands, des Américains du Sud, des Américains du Nord, au milieu desquels apparaissent les vêtements à longs plis, les toques byzantines des prélats d'Orient.

L'évêque aux oreilles de qui retentissent encore les rauques accents des Iroquois ou des Cherokees, a pu être ce matin éveillé par les naïves mélodies des *pifferari*, qui célèbrent la prochaine naissance du Divin Enfant, et qui mêlent les sons de leurs rustiques instruments aux charmantes volées des cloches de toutes les églises.

Hier, dans le magnifique temple de Saint-Pierre, la plupart de ces vénérables prélats, que leur âge, leur science et leur caractère entourent de tant de respect, étaient rassemblés dans la fraternité du sanctuaire : c'était l'unité dans la diversité.

Aujourd'hui, répandus à travers la ville, ils laissent apparaître des différences plus accusées dans leurs costumes : c'est la diversité dans l'unité. Le peuple, qui les suit du regard, ne laisse jamais échapper des marques d'étonnement : on dirait qu'il met une délicatesse particulière à faire entendre qu'à Rome il n'y a pas d'étrangers. La capitale du monde chrétien n'a pas même des hôtes; elle n'a que des compatriotes. Rien ne lui semble étrange, et elle donne droit de cité à tous les usages.

Or, en cette cité-Reine, il y a un Roi qui y est tout-puissant par le droit et par l'amour : c'est le Pape, c'est Pie IX.

Au milieu d'une rue, on entend de loin un cavalier; il précède la voiture pontificale. Tout le monde sort des maisons, s'approche, se précipite, s'agenouille. Les cris de : *Vive le Pape-Roi!* éclatent. « Saint-Père, la bénédiction! » Et Pie IX, souriant de son sourire angélique, lève la main et bénit son peuple. Tout à l'heure je viens d'avoir inopinément cette joie et ce bonheur : c'était la première fois, et je ne cacherai pas que j'ai été remué jusqu'aux fibres les plus intimes de mon cœur.

Le Pape revenait de la Vigna-Pia; à la sortie du Vatican, dans sa promenade, au retour, il a été l'objet des plus douces et des plus vives manifestations. Rome est bien à lui! et en ce moment Rome, c'est le monde.

Demain, le Saint-Père, qui est au-dessus de toutes les fatigues, se rendra aux Saints-Apôtres pour donner le salut. Il y aura foule, et foule sans police, sans tumulte; foule empressée, avide, mais tendrement respectueuse : des enfants qui vénèrent leur père autant qu'ils l'aiment!

Un dernier trait qui achève le tableau : les millions d'étrangers attirés par le Concile, parlent toutes les langues. Ce devrait être la confusion : nullement. Il semble que l'unanimité des pensées facilite l'entente des langa-

ges eux-mêmes. Cette multitude est prévenante et ser-
viable : une bienveillance générale vient au secours de
tous et de chacun. On se comprend en dépit de la Tour
de Babel et au grand honneur de la charité et de l'unité
catholique.

———

IV.

Rome, 7 décembre 1869.

L'enthousiasme, dit-on souvent et avec raison, semble avoir déserté les capitales européennes. Il se réserve pour l'avenir, et, en attendant, il s'est réfugié à Rome. Aussi bien, en réalité, pourrait-il avoir de plus nobles inspirations que celles qu'il trouve dans cette ville, où le plus grand, et l'on pourrait presque dire le seul des Rois sur le trône, recueille à la fois l'admiration et l'amour, non-seulement de ses sujets, mais du monde entier?

La génération présente, que les révolutions ont si cruellement blasée et désenchantée, ne connaît guère que par tradition les élans de cette allégresse populaire qui saluait nos Rois, chaque fois qu'ils se montraient au milieu de la foule, heureuse de leur témoigner son dévouement et sa fidélité.

La vie des races comme l'auguste Maison de France était la vie de la nation elle-même. Née sur le sol de la patrie, ayant grandi avec elle, partageant ses périls et ses gloires, toujours à sa tête dans la bonne comme dans la mauvaise fortune, l'élevant par son génie, la soutenant par son abnégation, n'ayant d'intérêt, de patrimoine, d'affection que chez elle, la Royauté s'était tellement identifiée avec la France, que ses fêtes étaient ses fêtes et que ses douleurs étaient ses douleurs. Aussi le cri national, le cri du vainqueur qui enfonçait les bataillons ennemis, comme le cri du martyr de l'honneur qui sombrait avec son navire, c'était : « Vive le Roi ! »

Nos pères ont eu l'enthousiasme. Rien, nous est-il dit souvent, n'a été comparable à l'ivresse de joie causée par le retour des Bourbons, en 1814, ramenant avec eux l'autorité, la paix et la liberté.

Depuis, ces magnifiques entraînements de tout un peuple ne se voient plus. L'indifférence des esprits a glacé les émotions du cœur. La foi seule, la conviction seule se traduisent par de grandes manifestations.

Rome aujourd'hui a vu éclater ces sentiments généreux avec une puissance à laquelle l'auguste Pie IX l'a habituée, mais qui, m'assure-t-on, s'est déployée plus que jamais.

J'y étais et j'en ai été touché au delà de toute expression. Je me défie un peu de moi-même, et, voulant avant tout être vrai et sincère, je me mets en garde contre les séductions de ma propre allégresse. Eh bien ! après avoir vu et entendu, j'ai interrogé : c'est par centaines que les témoignages m'arrivent, au moment même où j'écris.

Depuis le Vatican et la place de Saint-Pierre, à travers toutes les rues de Rome jusqu'à l'église des Saints-Apôtres, le Pape a eu un triomphe merveilleux.

Et ce n'étaient pas seulement, comme on voudra le redire, les « étrangers » qui ont fait les frais de cette admirable ovation ; ce sont les Romains, c'est le peuple entier qui sortait des maisons, en habit de travail, ou qui, deux heures auparavant, s'échelonnait le long des

voies et des places publiques. Je l'ai vu, et tout le monde
l'a remarqué comme moi.

Notez que c'était pour une cérémonie comme il y en
a souvent dans la Ville éternelle, et que, malgré la
pompe ordinaire qui accompagne le souverain, il n'y
avait pas cet apparat que nous étalons pour une simple
revue.

La route que devait suivre le cortége avait été seulement parsemée de sable fin. Pas un gendarme, pas un
garde de police : à peine, une demi-heure avant le passage du Saint-Père et aux seuls abords de l'église, quelques dragons pour faire ranger les voitures ; libre cir-
culation partout ; nulle entrave mise au mouvement de
la population, qui s'accumulait peu à peu avec ce calme
parfait et avec cette courtoise docilité qui sont les carac-
tères distinctifs des foules romaines. Un piquet d'honneur
avec la musique militaire stationnait près du portail
pour rendre les honneurs, et laissait tellement approcher les assistants, que les voitures du Pape se sont frayé
un chemin elles-mêmes.

Quand les cloches qui sonnent au passage du Saint-
Père ont annoncé son approche, quand le *battistrate*
qui précède le carrosse pontifical a paru, alors ç'a été
une indicible explosion de vivats et d'acclamations; les
chapeaux, les mouchoirs s'agitaient; puis toute cette
multitude tombait à genoux et recevait avec vénération
la bénédiction du Père commun. On se relevait et les
cris recommençaient : « Evviva ! Vive le Pape-Roi !
Vive Pie IX ! Vive le Concile ! » Il en a été ainsi sur tout
le parcours, à l'aller et au retour de la cérémonie. L'é-

glise était envahie plusieurs heures à l'avance, et il a
fallu un temps considérable pour que la place et les
abords pussent se dégager.

Que si rien ne saurait dépeindre l'élan de cette immense foule, rien non plus ne saurait rendre l'ordre qui
y régnait. Je me suis trouvé tout près de la portière de
la voiture du Pape, approchant comme tout le monde
et sans être repoussé par personne ; les valets de pied
n'écartaient même pas les rangs, et c'est la multitude
qui, d'elle-même en s'agenouillant, a ouvert passage au
Saint-Père.

Le Pape était radieux : sa belle figure resplendissait
d'une douce joie et d'une sérénité angélique. Il mar-
chait d'un pas ferme et répandait ses bénédictions avec
une grâce toute royale.

Ce soir, la ville entière est illuminée : c'est le prélude
de la fête de demain.

V.

OUVERTURE DU CONCILE.

Rome, 8 décembre 1869.

Le Concile est ouvert! Cette grande entreprise, qui sera l'événement du siècle, est inaugurée sous les plus heureux auspices.

Je sors de Saint-Pierre. Il est trois heures et demie : j'y étais depuis sept heures. La cérémonie, commencée à huit heures, ne vient que de se terminer.

Mais quel spectacle! Non, rien au monde de plus magnifique, au physique comme au moral. Saint-Pierre pour encadrement, et, pour tableau, près de six cents évêques, réunis de toutes les contrées de la terre et groupés autour de leur Chef, du successeur de Pierre, du Vicaire de Jésus-Christ, de Pie IX !

Certes, la matinée ne prêtait pas à l'illusion : sortir à la nuit, par une pluie battante, dans une ville qui s'éveille; traverser ces rues et ces places à peine éclairées, et que la solennité seule des préparatifs de la fête rendait vivantes; aborder l'immense basilique dont les portes venaient de s'ouvrir, et qui n'était éclairée que par les cierges des nombreux autels où les prêtres se pressaient à l'envi pour offrir le saint Sacrifice; gagner la Confession du Prince des Apôtres, qu'illuminaient uniquement les lampes dont la flamme ne s'éteint pas, et

là attendre, attendre le jour, attendre les chants, attendre le cortége ; le tout au milieu d'une foule sans cesse
croissante, qui s'avançait à travers une demi-obscurité,
dans la majesté sombre des nefs énormes : c'était un prélude grave, et qui disposait plus à la méditation qu'à l'allégresse.

Devant moi, — car, selon les excellentes habitudes romaines, on laissait pénétrer partout ; — devant moi, de
l'autre côté d'une simple barrière en bois, qui allait être
enlevée, la salle du Concile, que peu à peu les lueurs du
matin faisaient sortir des ténèbres ; un autel disposé pour
la messe, le livre des Évangiles prêt pour le serment des
évêques, le trône du Pape, les siéges des Pères, les tribunes, fort peu nombreuses et déjà garnies de hauts
personnages ; au-dessus, les peintures, représentant les
Conciles et offrant à l'Église du dix-neuvième siècle les
modèles et les traditions des âges qu'elle a déjà glorieusement comptés ; au centre, un autre tableau, symbole
aussi et gage de divine assistance, la *Descente du Saint-
Esprit sur les Apôtres :* c'est là que va s'assembler ce
Congrès d'évêques qu'un autre Cynéas trouverait bien
plus imposant qu'un « Sénat de Rois; » c'est là que vont
délibérer ces « Pères » de la patrie chrétienne accourus
au signal de leur auguste Chef, des plages les plus lointaines de l'univers.

Quel est l'État qui puisse voir de telles assises? Quel
est le monarque, fût-il l'héritier de ces Césars dont toute
Rome redit encore, par ses ruines éloquentes, la puissance redoutable ; quel est le monarque qui puisse, sur
une simple invitation, grouper autour de lui des repré-

sentants de toutes les nations, des pasteurs de tous les peuples? Quelle est l'Assemblée qui puisse se flatter d'avoir à décider d'autant et de si sublimes questions, de rendre des décrets qui auront force et vigueur sous toutes les latitudes, et qui, entrant sans effort dans le domaine le plus intime des âmes, franchiront les retranchements impénétrables du cœur et lieront les consciences sans avoir besoin de l'appareil de la force et des terreurs du glaive?

Que dis-je? quelle est l'Assemblée qui, au lieu d'être réduite, comme les assemblées humaines, aux fictions de l'infaillibilité, ait la plénitude et la réalité de l'infaillibilité divine?

Eh bien! cette Assemblée, la voici! ce monarque, le voici! Je les touche, moi, comme le peuple immense qui n'en est pas séparé par la ligne de zouaves et de soldats formant la haie jusqu'à la porte de la salle; je touche les évêques, je m'incline devant leurs pas et je reçois la bénédiction de leur Chef.

Le canon du fort Saint-Ange tonne de minute en minute, les clairons retentissent, les troupes présentent les armes, les Suisses viennent paisiblement prendre la garde des issues du Concile; la Cour romaine est en marche. L'Épiscopat, qui s'est rassemblé dans la grande salle de la Cène, près de la *loggia* de la bénédiction, va chercher le Souverain Pontife au Vatican et se forme en une immense et splendide procession, que précèdent les députations de chaque collége de prélature.

Notre savant et zélé correspondant, de qui l'autorité est si bien établie, a donné et donnera encore les détails de ce cortége incomparable. Qu'il me soit permis de me borner ici à tâcher de crayonner l'effet d'ensemble.

La croix et les cierges qui indiquent la présence des Pères s'avancent lentement et s'arrêtent devant l'antique et vénérable statue de saint Pierre, qu'on a revêtue de ses ornements et de sa tiare d'or. Le Saint-Sacrement est exposé et reçoit du haut de l'autel majeur les adorations de chaque prélat qui passe pour aller prendre le chemin de la salle conciliaire. Le Pape vient enfin. Par vénération pour le Corps sacré de N.-S. Jésus-Christ, il n'est pas porté sur la *sedia*. Il s'agenouille et prie. Puis, tandis que les évêques occupent les siéges qui leur sont destinés sur les deux côtés de la salle, Pie IX se place sur son trône. Les évêques sont tous en chappes et en mitres blanches; le Pape a le diadème sacré en or.

Les chants ont commencé depuis l'entrée de la procession et se sont succédé à de courts intervalles: c'est la chapelle papale qui exécute les mélodies saintes. Est-il besoin de dire l'impression qu'elles produisent, adaptées à une telle cérémonie?

La voix du Saint-Père s'élève pour les oraisons. J'avais souvent entendu parler de la force étonnante, de la vibration magnifique, de l'harmonie puissante de cette auguste voix. Mon attente a été dépassée à plusieurs reprises. Non pas seulement quand le Pape donne sa bénédiction on l'entend dans tout Saint-Pierre : mais l'immense vaisseau retentit de ses accents quand il chante les prières de la liturgie; et, un peu plus tard, quand il a adressé son allocution, les tons, l'accent, l'éloquence grave, mesurée, pénétrante, arrivaient à toutes les oreilles, bien que les mots échappassent. Notez que le Pape portait la parole de son trône, au fond du bras droit de la basilique, et que je l'entendais de l'autre côté de la Confession. Avec l'âge de Pie IX, c'est une merveille qu'explique seule l'assistance de la Providence, si visible sur le grand et bien-aimé Chef de l'Église.

La force physique du Saint-Père, qui n'est surpassée que par sa force morale, n'est pas moins surprenante. En voici la preuve :

Après la procession, la messe; après la messe, un discours en latin, prononcé par un des Pères ; après le discours, les serments et les obédiences, qui ont tenu le Pape en « fonction » continuelle : ces cérémonies achevées, Pie IX se lève, et, de ce timbre de voix prodigieux, prononce une longue et grave allocution. Vous en aurez immédiatement le texte, si vous ne l'avez déjà. Elle a paru, autant qu'on en peut juger de loin, produire une impression profonde sur la vénérable Assemblée.

Rien n'égale l'aspect de ces rangs en amphithéâtre peu élevés où sont assis, dans leurs ornements éclatants de blancheur, tous les pasteurs de l'Église. Ces nobles têtes, que l'âge a, pour la plupart, couronnées de sa majesté, et qui brillent de l'éclat du savoir, de la doctrine et de la sainteté, s'inclinent légèrement sous leurs mitres blanches et prennent l'attitude de l'adhésion et du recueillement.

Elles s'abaissent quand le Pape bénit le monde. Rare et unique réunion d'hommes, qui, tous, dans l'ordre humain, seraient déjà une élite, qui, dans la chrétienté

ancienne, eût formé presque partout le premier corps des
États, le plus expérimenté, le plus savant et le plus politique; qui ont, de plus, le caractère et les priviléges d'une
institution divine, et qui reconnaissent pour chef le
Vicaire de Dieu même!

L'allocution terminée, les autres cérémonies de l'ouverture ont été accomplies. Le *Veni Creator*, les litanies,
les oraisons ont été chantés; et enfin l'hymne royal du
triomphe, le *Te Deum*, a été entonné par le Pape, et
alternativement répété avec un enthousiasme universel
par les évêques, par les fidèles et par le chœur.

Les larmes brillaient dans tous les yeux. Quelle n'a
pas dû être la joie de Pie IX, d'avoir ainsi accompli
l'ouverture de cette Assemblée, que désirait son cœur,
qu'attendait le monde entier, et qui réalisera la devise
que semble montrer du doigt, au-dessus de la porte
d'entrée, une belle peinture moderne représentant
Notre-Seigneur qui tient l'Évangile :

DOCETE OMNES GENTES : ECCE EGO VOBISCUM SUM OMNIBUS

DIEBUS USQUE AD CONSUMMATIONEM SÆCULI !

Les évêques, en proférant les « acclamations, » touchante coutume des premiers âges qui se perpétue
dans les conciles, appelaient de leurs vœux la réalisa-
tion des grands desseins et des immortelles promesses
de la Providence. Disons, à leur exemple, et du fond
de notre humilité et de notre confiance : FIAT !

C'est ce que répète Rome entière, écho de la ca-

tholicité; c'est ce qu'elle répète par les innombrables
fidèles, prêtres et laïques, qu'elle compte dans son enceinte et qui font d'elle le rendez-vous de l'humanité;
c'est ce qu'elle répète par ses joies populaires et par ses
belles et unanimes illuminations.

VI.

LE CONCILE ET SES TRAVAUX.

Rome, 11 décembre 1869.

Fervet opus : les travaux du Concile sont commencés, et déjà, comme un télégramme vous l'aura appris, ils ont été précédés d'une Constitution apostolique qui est un grand événement.

Avec cette calme sagesse qui envisage toutes les occurrences et pourvoit aux plus douloureuses possibilités, le Souverain Pontife a prévu le cas où Dieu le rappellerait pendant la durée du Concile.

Dans cette éventualité, qu'assurément la Providence daignera détourner, si elle exauce les plus ferventes prières de la catholicité, le Concile sera immédiatement suspendu. A la nouvelle officielle de la mort du Pape, il devra arrêter ses travaux et il ne pourra les reprendre que sur la convocation expresse du nouveau Pontife.

Sous aucun prétexte, le Concile ne devra s'ingérer dans l'élection du Pape, laquelle est exclusivement dévolue et réservée au sacré Collége des Cardinaux.

Cette Constitution a produit un effet considérable : on en admire la prudence, et l'on espère qu'elle n'aura pas à être appliquée. Dieu voudra que l'auguste Pie IX achève l'œuvre magnifique qu'il a inaugurée !

Quant aux travaux intérieurs du Concile, vous savez, par notre correspondance habituelle, quel en est le résultat. Ce ne sont encore que des travaux préliminaires, mais dont il n'est pas besoin de faire ressortir l'importance.

A côté se présentent, en dehors du Concile et entre les évêques, des travaux particuliers d'études, d'entretiens, de conférences, de controverses, sans autre caractère que la spontanéité et la liberté, mais qui sont un échange naturel et nécessaire de vues, de pensées, de contradictions même, ainsi qu'il convient entre de si graves et de si éminents personnages, chargés d'intérêts si considérables, venus des quatre points de l'horizon et désireux de mettre en commun leur savoir, leur expérience, les sentiments et les impressions qu'ils apportent chacun de leur patrie.

Les évêques sont des juges, et ils sont aussi des témoins. Ce témoignage de la croyance des fidèles qu'ils gouvernent est un des éléments des décisions qu'ils sont appelés à rendre, et il est bon, il est utile qu'ils puissent à l'avance se le donner mutuellement.

De plus, il est impossible que, entre tant de prélats, tous animés du zèle de la vérité, tous inspirés par la voix de leur conscience, il ne se produise pas des discussions et des débats, qui, en dehors des réunions officielles, mettent en présence les opinions diverses, qui finissent par se fondre dans l'unanimité des résolutions.

Rien n'établit mieux ce qui ne saurait faire doute pour aucun esprit chrétien ou seulement raisonnable,

mais ce que les indifférents et les ennemis repoussent
avec une mauvaise foi systématique, à savoir la pleine
indépendance dont jouissent tous les Pères dans l'examen des questions à résoudre. Les évêques, pour être
investis des grâces et de l'autorité attachées à leur ministère sacré, ne déposent pas leur caractère personnel;
et cette diversité de dons, d'ardeur ou de calme, de gravité ou de vivacité, est, pour qui la considère en s'élevant au-dessus des sollicitudes du moment, une des
grandes forces de l'Église.

Sans doute, au premier regard, et nous l'avons
éprouvé dès avant l'ouverture de la sainte Assemblée,
sans doute il y a, pour les simples fidèles, une invincible tristesse à l'aspect de certaines luttes ; et, ici
même, à en recueillir les échos continués, on ne peut
d'abord se défendre de quelque peine. Mais le calme
prend vite le dessus. Si parfois on voit éclater les élans
de cette fougue nationale que depuis des siècles les
Italiens ont appelée avec un sourire la *furia francese*,
au fond, c'est la sagesse qui domine. Jamais peut-être
la paix, la paix de Rome et de l'Église, ne ressortirent
avec plus de puissance.

Un prélat des plus éminents le disait devant moi,
en montrant d'un côté le recueil des décrets du Concile
de Trente et de l'autre les 15 ou 20 volumes in-folio
que ses historiens, ses défenseurs et ses détracteurs ont
accumulés sur ses annales intérieures et extérieures :
« Voyez ce petit livre : il tient tout entier dans la main ;
c'est la clarté et la vérité même. Eh bien ! pour le produire, considérez ce qu'il en a coûté de controverses ,

d'agitations, de combats! Ces énormes volumes en sont pleins. » Qu'on ne s'étonne donc, ou plutôt qu'on ne se scandalise pas des dissidences qui peuvent se produire. Outre le respect que commande le caractère des juges qui sont engagés dans les débats, les jugements rendus et dont l'Esprit-Saint garantit la sainte autorité, n'en paraîtront que plus vénérables. Les nuages dissipés rendent plus doux et plus fort l'éclat lumineux de l'astre du jour.

VII.

Rome, 15 décembre 1869.

Assurément, le Concile est la grande affaire de Rome, et rien n'occupe les esprits autant que les premiers résultats des travaux de cette grande Assemblée. Seulement, ici on est très-patient, très-calme, très-discret et très-respectueux.

La patience fait qu'on n'est pas, comme chez nous, en proie à cette avidité inquiète, à cette curiosité intempérante qui va au-devant de toutes les rumeurs, accueille tous les bruits et s'enivre de tous les commérages. Le calme fait qu'on prend avec une rare sérénité les agitations, les élans, les éclats mêmes qui ne peuvent manquer de se produire dans de vastes réunions, lesquelles, pas plus que l'Océan, ne sauraient se soustraire au flux et au reflux des souffles divers. La discrétion, qui n'empêche pas d'être au courant de tous les conflits d'idées, dicte une sage et prudente réserve dans les appréciations et les jugements. Le respect, enfin, domine tout et étend sur tout sa teinte de gravité et de paix.

Si, comme il est vrai, « l'Église catholique est la grande école du respect, » c'est bien d'ici que part le plus haut et le plus solennel enseignement de cette vertu sociale, si exilée ou si méconnue partout ailleurs.

C'est donc avec respect qu'on écoute et qu'on attend les décisions des Pères ; c'est avec respect qu'on en recevra les premières indications. Elles porteront d'abord sur des noms et sur des choix pour les grandes commissions du Concile.

Ces noms et ces choix auront par eux-mêmes une signification considérable. Pour les préparer, les évêques tiennent entre eux, et d'une façon tout à fait officieuse, de nombreuses conférences. Rien de plus naturel : quand on pense que le Concile a près de sept cent cinquante votants, qui se connaissent peu, de nation à nation, qui ne parlent point les mêmes idiomes, et qui, dans la prononciation de la langue sacrée, le latin, diffèrent assez pour avoir quelque difficulté à se comprendre de prime abord, on conçoit l'intérêt, l'utilité, la nécessité même de ces ententes préalables.

Qu'on le sache bien, d'ailleurs : tout ce qui tient à l'exercice de la légitime liberté des Pères, est ici parfaitement favorisé. Rome n'est pas moins le sanctuaire du droit que l'école du respect.

En attendant les nouvelles du Concile, Rome continue à porter son attention sur les affaires du monde. Il y a peu de pays, croyez-le, où l'on sache mieux ce qui se passe et où l'on juge de plus haut et avec plus d'impartialité les événements.

Notre situation en France est sainement appréciée, non sans alarmes, car on comprend mieux que partout ailleurs les ravages portés dans l'ordre moral et les redoutables périls qui en ressortent pour la société elle-même ; mais sans frayeur, parce qu'on a le sentiment et la confiance du triomphe définitif de la Justice. Que ce triomphe puisse être au prix de nouvelles et douloureuses expériences, dont le contre-coup retentirait ici même, on ne l'ignore pas ; mais on est habitué et préparé aux vicissitudes, et l'on se confie au bon sens et au courage des honnêtes gens, ainsi qu'à la miséricorde de la Providence, qui « a fait les nations guérissables. »

C'est aussi avec cette sécurité d'esprit que donne la vérité, qu'on envisage les incidents qui trahissent de plus en plus les éléments grandissants de la dissolution qui ruine la Péninsule. On a appris avec un sourire de pitié le *fiasco* du fameux « anti-concile » de Naples. S'être réuni pour une première séance dans une salle destinée aux représentations de Polichinelle, et le lendemain être dissous par la police piémontaise, pour avoir crié : *Vive la République française !* c'est le comble du ridicule. Ici l'on en hausse les épaules; et, si l'on a quelque regret, c'est que les « anti-conciliaires » n'aient pas eu le temps d'étaler, pour l'édification du monde, la folie de leurs théories et le scandale de leurs invectives : le contraste eût été si bien à l'avantage de Rome !

Au fond, on est convaincu que l'état de l'Italie, pas plus que celui de l'Europe, ne peut durer. On profite de l'espèce de trêve matérielle imposée ou acceptée dans les diverses contrées; on sait que ce sont des jours de grâce offerts encore par la Providence aux États civilisés pour qu'ils puissent voir la lumière que vont répandre les décrets de l'Église unie à son Chef auguste, et pour qu'ils puissent y conformer leurs volontés ; et l'on compte bien, aussitôt après, que le coup de crible sera donné et que les desseins de Dieu se manifesteront.

Puissent ces desseins, comme nous le croyons fermement, comporter le rétablissement des grandes lois du
Droit chrétien !

Rome n'oublie rien de ses traditions, et, en les per-
pétuant, elle les rajeunit et les approprie au temps avec
infiniment d'à-propos et de grâce. Hier, dans l'église des
Saints-Apôtres, se tenait une de ces « académies » où
les lettres et les arts sont conviés à prêter leurs hommages aux fêtes de la religion. L'élite de la société po-
lie de la ville et de l'étranger s'est plu à entendre de
nombreuses et courtes lectures, dans presque toutes les
langues, à l'honneur de la sainte Vierge, célébrée dans
son Immaculée Conception. On avait eu l'heureuse pensée de composer, avec les morceaux les plus connus des
maîtres, un oratorio qui rassemblait, en un poëme véritable, les grandeurs du Pontificat de Pie IX. Exécuté
avec une rare perfection, cet oratorio a eu le plus légitime succès.

Pie IX, dont le nom est dans toutes les bouches et
dans tous les cœurs, suffit à toutes les fonctions de sa
double souveraineté. Hier, le Saint-Père assistait à la
chapelle papale dans Saint-Pierre ; à trois heures, il
donnait une audience générale aux prêtres étrangers
présents à Rome, et les accueillait avec une bonté et une
affabilité toutes personnelles. Aujourd'hui, il va rendre
visite à S. M. l'impératrice d'Autriche et au grand-duc
de Toscane. Chacune de ces circonstances est pour le
bien-aimé Pontife l'occasion de nouveaux hommages :
il est bien réellement le Roi, le Pontife et le Père de la
catholicité !

VIII.

L'ARMÉE ROMAINE.

Rome, 15 décembre 1869.

Après Dieu, on peut le dire, c'est à l'armée romaine que nous devons la réunion du Concile.

Cette armée n'a pas seulement sauvé les débris du patrimoine de Saint-Pierre dans la glorieuse campagne de 1867 : elle n'a pas seulement gardé Rome au Pape et au monde ; elle a montré qu'elle faisait un rempart de ses phalanges, et, au besoin, de ses cadavres, à la liberté de l'Église assemblée sous l'égide de la souveraineté pontificale; et que, tout au moins, par sa résistance opiniâtre, elle laisserait le temps à l'Europe ou de courir à la délivrance du Saint-Siége et de l'Épiscopat, ou de se déshonorer à jamais en laissant passer, sur cette dernière réserve de la civilisation et de l'honneur, les hordes des envahisseurs.

Sans doute la France est derrière l'armée romaine. Dieu nous préserve d'oublier, même tout imparfaits qu'ils sont, les services rendus par notre patrie à la cause sainte dont elle devrait être la protectrice vengeresse ! Nous sommes reconnaissants et fiers d'avoir vu son épée décider à Mentana une victoire noblement gagnée par les héroïques et constants efforts des troupes pontificales.

Mais cet appui ne fait que mieux ressortir la valeur

personnelle de ces « soldats du Pape, » qui, là comme à Castelfidardo et à Ancône, ont mérité de prendre rang parmi les plus braves et les plus estimés.

D'ailleurs, l'armée romaine et en particulier nos jeunes et dévoués volontaires ont une puissance morale dont ce siècle peut s'honorer à bon droit. Ils ont relevé, devant la conscience humaine, la mission du glaive. Trop souvent, en effet, et presque partout, la force, même en son expression la plus noble, la force des armes n'était plus que l'instrument du caprice, de la tyrannie ou de la conquête. Au lieu d'être le « ministre de Dieu » pour la justice, la force était et elle est encore l'agent de l'ambition, de la cupidité et de la spoliation.

La relever de cet abaissement, la restituer au service de la justice, lui confier la défense de ce qu'il y a de plus vénérable ici-bas, lui demander le triomphe de l'autorité temporelle, gage de la souveraineté spirituelle, c'était lui rendre la vertu et l'honneur.

Tel a été, tel est le rôle de l'armée romaine : il n'en saurait avoir de plus grand dans l'ordre moral.

Aussi, devant son attitude, devant sa bravoure et devant les principes dont elle est le symbole, les politiques eux-mêmes se sont arrêtés dans leurs calculs et dans leurs habiletés. Ils se sont dit qu'il ne fallait pas se hasarder à mettre ou à laisser cette poignée de héros et de croisés aux prises, je ne dis pas avec le brigandage révolutionnaire, — elle en aurait trop facilement raison ! — mais avec les avidités de l'annexion.

Et, d'un tacite accord, sans négociations et sans entente, il s'est fait comme une trêve et une paix universelle autour de Rome, sanctuaire du Concile œcuménique. Nos soldats sont restés à Civita-Vecchia, et l'armée romaine veille aux portes du Vatican, qui lui doivent leur sécurité.

Ainsi que le disait si bien, en célébrant la journée de Mentana, un de ses plus illustres chefs, celui qui est de la race des « géants » et qui continue leurs traditions : « C'est à l'armée pontificale que Rome doit de pouvoir aujourd'hui ouvrir ses portes aux représentants du droit des gens dans l'univers, et que le successeur de cette longue suite de Papes doit de pouvoir librement proclamer, dans sa capitale, le plus grand événement d'un règne déjà si rempli... Dignes de nos antécédents, dignes du grand honneur qui nous est réservé de monter la garde à la porte du Concile, — et surtout, fidèles jusque dans la mort, — le dernier cri qui s'échappera de notre poitrine avec la dernière goutte de notre sang, sera toujours celui que nous répétons en cet anniversaire : Vive Pie IX Pontife et Roi (1)! »

Il était donc juste que cette brave armée eût l'avantage de déployer ses rangs devant l'Épiscopat, dont elle est comme la gardienne. Aussi, depuis l'ouverture du Concile, attendait-on avec impatience que l'inclémence singulière du temps permît la revue générale annoncée pour le lendemain de l'ouverture.

Aujourd'hui enfin, le soleil, vainqueur des nuages, a éclairé cette belle fête militaire.

Tous les corps de l'armée y étaient représentés. On

(1) Discours prononcé dans la salle du banquet offert à l'armée pontificale par le lieutenant-colonel baron de Charette.

sait qu'elle se compose du régiment des zouaves, comptant plus de 3,600 hommes dans ses quatre bataillons ; des carabiniers suisses, ayant de 1,800 à 2,000 hommes ; de la légion romaine, qu'on appelle parfois légion d'Antibes, du lieu de sa formation ; d'un régiment de ligne indigène, d'un bataillon de chasseurs indigènes, de l'artillerie et du génie ; de trois escadrons de dragons, du service des ambulances, et enfin du corps des *squadriglieri*.

Le développement de ces troupes était brillant, simple et ferme. La plupart des uniformes rappellent ceux de notre armée française : ainsi, la légion étrangère ressemble aux anciens régiments d'infanterie légère ; les carabiniers suisses ont une grande analogie avec nos chasseurs d'Afrique de la première formation ; la ligne imite la nôtre ; il en est de même pour l'artillerie, et, sauf de légères différences, pour les dragons et la gendarmerie.

Tous ces corps sont bien équipés ; ils ont bonne figure sous les armes.

L'artillerie, qui pourrait être plus nombreuse, est bien montée, grâce à de généreux dons de nos amis de France. Je ne me pardonnerais pas de refuser ici un écho au sentiment de reconnaissance avec lequel j'ai vu passer les batteries parmesanes, conservées par leurs artilleurs et conduites hors de la portée des usurpateurs piémontais et révolutionnaires, puis offertes si royalement, au nom de S. A. R. le duc Robert I", par son auguste mère.

Qui n'a présente à la pensée la belle parole, de-

meurée historique, adressée au brillant officier qui commande aujourd'hui : « Allez, allez servir un saint sous
la conduite d'un héros ! » Le colonel Caîmi était digne
d'une pareille mission. Le héros, notre La Moricière,
n'est plus ; le saint est et sera longtemps encore sur le
trône, et le fidèle serviteur a noblement répondu au
vœu de la petite-fille de saint Louis.

La légion romaine, sous le commandement du brave
colonel d'Argy, est d'une grande utilité militaire et
politique ; elle atteste combien les hommes d'État,
quels qu'ils soient, qui mènent les affaires de notre
pays, doivent porter de sollicitude à favoriser le maintien
des forces nécessaires à la défense du Saint-Siége. Il
serait à désirer que des dispositions plus efficaces ga-
rantissent son recrutement en France.

Les *squadriglieri* veulent une mention spéciale : ils
la méritent par leur courage, par leur dévouement au
Pape et par les services qu'ils rendent. Ce sont des
habitants de la campagne, qui, volontairement, sont
entrés dans les *squadriglieri*, compagnies locales, char-
gées de poursuivre le brigandage et de procurer la
sécurité des provinces. Ils ont admirablement mené
cette difficile et excellente entreprise. Vivant de la vie
des montagnes, connaissant parfaitement les bois, les
rochers et les retraites, ils ont accompli d'heureuses
expéditions ; et aujourd'hui, sur les frontières les plus
menacées, l'ordre et la paix règnent sans conteste. Ce
sont tous des hommes énergiques, hardis, vigoureusement taillés, ayant conscience de leur valeur et sachant
se faire respecter.

Leur uniforme est emprunté à leur costume national :
ils portent les culottes bleues, un gilet rouge assez
long et une veste plus courte en drap bleu avec des bou-
tons dorés, les longues guêtres et les chaussures de
peau rattachées avec des lanières de cuir sur la jambe,
le chapeau pointu à larges bords, orné sur le côté
d'une cocarde pontificale et ombragé d'une légère touffe
de plumes de coq. Ils paraissent bien armés, sont lestes
et dispos, et offrent un aspect à la fois martial et pittoresque.

Je ne dirai rien des zouaves : on me croirait suspect
de partialité, et certes, j'aurais mauvaise grâce de me
défendre de l'affectueuse sympathie que je leur porte et
que je partage avec tout ce qui a le cœur français et
chrétien.

Il me suffira de remarquer que ce beau régiment ma-
nœuvre comme le bataillon de Saint-Cyr, c'est-à-dire
comme l'élite de la première armée du monde. Ses
volontaires sont rompus à la discipline, jaloux de savoir
leur métier et n'y négligeant rien, et ils manient dans
la perfection leurs armes excellentes. Je ne suis qu'un
« pékin » — pardon du terme militaire ! — mais j'ai
des yeux et des oreilles ; je connais des moyennes de tir
et je sais des résultats de service qu'on peut proposer
en modèle et qui défient toute comparaison.

Les zouaves ont par-dessus tout l'honneur de leur
drapeau et de leur corps. L'Europe les regarde, et la
catholicité les applaudit : ils entendent se maintenir à
la hauteur de cette estime, et ils y réussissent. Comme
me le disait en France un des plus illustres hommes

d'État : « Ces jeunes gens rendent à notre temps et à notre société un immense service : ils prouvent qu'au milieu de nos défaillances et de nos abaissements on sait encore vivre et mourir pour une grande idée ! »

Telle m'est apparue l'armée romaine. Elle est digne de son rôle, et ce rôle est plus que jamais nécessaire.

D'un moment à l'autre, dans l'état actuel de l'Europe, elle peut être appelée, une fois de plus, à servir de rempart à la civilisation, à la liberté, à la foi chrétiennes. Il faut qu'elle se maintienne dans sa force et qu'elle accroisse sans cesse son expérience et sa pratique.

D'ailleurs, en admettant que l'intervalle de répit imposé à la Révolution et « au droit nouveau » puisse se prolonger, l'armée romaine doit demeurer comme une protestation vivante de la Justice, comme la solide école du bon Droit et de l'Honneur.

Aussi ne saurait-on insister trop vivement pour son recrutement, surtout parmi les volontaires.

Pour les zouaves, le grand, le suprême mobile, c'est le dévouement ; et, il faut bien l'entendre, non pas le dévouement d'un instant, le dévouement des crises suprêmes, — il ne manquera jamais de ces élans à l'heure du péril, — mais le dévouement réfléchi, modeste, quotidien ; le dévouement qui fait les « corvées du soldat » en attendant les gloires du champ de bataille ; le dévouement qui sait s'armer de patience et se rompre aux ennuis, aux fatigues, je dirais presque aux découragements du métier, en vue de se préparer et d'être prêt au moment décisif.

Nous nous adressons donc aux familles, et nous leur disons, aux riches comme aux moins aisées, aux habitants des villes comme aux habitants des campagnes : Pour peu que vous compreniez l'étendue du service qui consiste à sauvegarder l'indépendance du Père de vos âmes, envoyez vos fils à Rome. Qu'ils y aillent avec le sentiment de la foi et du devoir, c'est la condition essentielle et indispensable; qu'ils y aillent pour occuper leurs années de jeunesse, livrées trop souvent aux périls de l'oisiveté et de la mollesse, et pour étudier à cette école du soldat les moyens de servir plus tard leur pays. C'est un noviciat excellent pour la pratique future de la vie publique et privée.

De plus, il faut qu'on y songe : les volontaires sont bien l'armée du Pape; mais j'ose dire qu'ils sont autant l'armée de la catholicité. Aussi convient il — ce qui est déjà en partie et ce qui doit être davantage encore — que ces volontaires soient à la solde des chrétiens.

Beaucoup s'y trouvent par le fait : beaucoup sont entretenus par des générosités spéciales; et, dans ce but, nous avons souvent servi d'écho, notamment pour la France, aux appels de notre ami le baron Onffroy. Les Canadiens, au nombre de trois cents, ne coûtent rien au Trésor pontifical; la mère-patrie s'est chargée de leur soin.

En réalité, c'est bien pour nous que les volontaires gardent le seuil du Vatican; c'est notre Pape qu'ils défendent. Comment ne leur fournirions-nous pas de grand cœur les moyens de remplir leur mission sans augmenter les dépenses de l'État Romain?

Il y a en France, nous le savons, nombre de jeunes gens qui sacrifieraient utilement leur temps et n'en reviendraient « au pays » que plus considérés par cette abnégation libre. Si les pasteurs, dans le cercle de leur juste influence, voulaient s'adonner avec suite à cette œuvre, nos provinces fourniraient rapidement plus que le contingent nécessaire. C'est le choix, plus encore que le nombre, qu'il s'agit d'atteindre : l'un et l'autre seront acquis, nous en avons la confiance.

La journée a été splendide. La villa Borghèse formait le cadre magnifique de la fête. Dans le vaste cirque, si admirablement disposé, qui en occupe le fond, les troupes se sont groupées : la cavalerie, l'artillerie et les ambulances au milieu ; les régiments sur les différentes assises circulaires et sous les allées qui entourent l'amphithéâtre.

Les armes brillaient, les fanfares éclataient ; tour à tour chaque musique —elles sont excellentes — reprenait le bel « hymne à Pie IX » de notre compatriote Gounod, et l'harmonie de ce chant inspiré se répétait d'écho en écho. Le défilé a été superbe : le général Kanzler, digne chef de cette armée, qu'il a menée à la victoire, avait pris position devant l'orangerie de la villa. Sur les pentes du parc réservé étaient rassemblés un nombre considérable d'évêques. Chaque fois qu'un corps se présentait et que passait un drapeau, les vénébles prélats applaudissaient. Je ne serais pas un historien exact si je ne disais que le régiment des zouaves, dans sa tenue guerrière et avec sa discipline merveilleuse, a été l'objet de salves redoublées ; l'étendard troué à Mentana était salué avec respect et avec un juste orgueil.

Une foule énorme, où se mêlaient tous les rangs et où les somptueux équipages se rencontraient avec les flots des Romains et des étrangers, remplissait la place du Peuple, les rampes du Pincio, les allées de la villa Borghèse.

Au moment où j'écris, le soleil se couche derrière Saint-Pierre ; ses rayons dorent le dôme et l'entourent comme d'une gloire éblouissante. L'armée rentre, heureuse et fière d'avoir recueilli les témoignages de gratitude de ce Concile dont elle est la garde. Et, à voir la splendeur de ce jour qui finit, on redit la devise gravée sur l'obélisque de Sixte-Quint : *Fugite, partes adversæ ! Christus vincit, Christus regnat, Christus imperat !*

IX.

LE PAPE.

Rome, 17 décembre 1869.

A la vue de ces sept cents évêques inclinant leurs têtes vénérables sous la bénédiction du Chef auguste de l'Église, et le jour de l'ouverture du Concile, un prélat, dont le dévouement pour le Saint-Siége est connu du monde entier, s'écriait : « Jusqu'ici j'avais vu la Cour « pontificale; aujourd'hui je vois l'Église! » La parole était juste et profonde; et jamais, en même temps, on n'a mieux ressenti qu'en ce moment la vérité de ce bel axiome : *Ubi Petrus, ibi Ecclesia.* Pierre, vivant dans Pie IX, apparaît bien ici comme le centre, comme la tête, comme le « Patriarche universel, » comme le « Pasteur suprême, » comme le « Père des Pères : » ce sont les expressions des Conciles et de la tradition catholique.

Pie IX règne; il règne par l'autorité, par la douceur, par la magnanimité. Sa souveraineté s'étend sur l'Église, comme elle s'étend sur ses peuples, et se manifeste en traits continuels de sagesse, de grandeur et de générosité.

On ne saurait s'avancer dans Rome, — je dis dans les deux Romes, la Rome chrétienne et la Rome païenne, la Rome de la foi et la Rome des ruines, — sans y ren-

contrer à chaque pas les signes de celte Royauté bien-
faisante qui a des sollicitudes pour tous les besoins de
l'âme et du corps, et qui ouvre avec une égale largesse
les trésors de la doctrine, de la bienfaisance et de la
charité.

Sans doute la Providence accorde au Pontificat de
Pie IX une durée plus considérable qu'à beaucoup
d'autres; mais le temps ne vaut que par l'emploi qui en
est fait. Et pas un prince, pas un Pape, avec des ressources plus restreintes, au milieu de circonstances plus
contraires, à travers de plus douloureuses alternatives,
n'a autant exécuté pour la gloire de Dieu, l'honneur de
la chrétienté et le bien de ce petit État, si merveilleu-
sement arraché aux cupidités, aux ruses et aux violences.

Ce qu'il y a de particulièrement remarquable, ce
nous semble, c'est le caractère des œuvres accomplies
sur un sol qui tremble : la perpétuité. A Rome, tout ce
qu'on fait est marqué au coin de la solidité et de la
durée. On est habitué à défier les siècles : on en a tant
vu passer, et l'on est sûr d'en voir s'écouler tant d'autres
encore ! De là un calme, une sécurité incomparables.

On ne se presse pas ; rien n'est donné, comme chez
nous, à cette activité fiévreuse à qui ne suffisent ni les
jours ni les nuits, qui a peur du lendemain, parce qu'elle
n'y peut pas compter, et qui dévore les instants, sans
prendre garde que « le temps ne respecte que ce qu'il
fonde. » Ici, on construit, on établit, on élève sur le
roc, avec le sentiment de la « pérennité. » Or, c'est là
le cachet des œuvres de Pie IX, et rien ne fait un

contraste plus frappant avec la mobilité inquiète et tourmentée des entreprises contemporaines.

Dans l'ordre moral, ce signe est plus saillant encore. Pie IX travaille *ad perpetuam memoriam*, et tous ses actes sont de ceux qui doivent et qui savent durer. La conservation vraiment providentielle de sa belle et forte existence est en harmonie, même à l'extérieur, avec cette tranquille possession de la souveraineté. Il y a dans tout l'aspect de cet auguste vieillard, il y a quelque chose qui n'est pas de la terre et où se reflètent la confiance et le calme qui viennent d'en haut.

Sa taille droite, son pas ferme, sa démarche assurée, son attitude empreinte d'une majesté que tempère la plus délicate et la plus paternelle bienveillance, commandent le respect, tout en attirant la plus filiale affection. C'est un Roi, et c'est un Père; et, j'oserai le dire, plus Père encore que Roi.

Ses sujets lui sont profondément dévoués; ils sont fiers et glorieux de leur Roi, et, ce qui vaut mieux, ils l'aiment et l'aiment, passez-moi l'expression, ils l'aiment tendrement. La preuve n'en est pas seulement dans les marques de vénération qu'ils lui prodiguent chaque fois qu'ils le voient dans les fêtes, dans les cérémonies, dans les rues; c'est au foyer domestique, c'est dans la vie publique et privée, c'est dans les réunions, dans les entretiens, que le nom vénéré de *Pio Nono* revient sans cesse, avec les témoignages les plus spontanés et les moins équivoques. « Il est si bon, le Saint-Père! il est « si grand! c'est un saint! » Voilà ce qu'on entend partout, et la vérité est encore au-dessus de l'hommage.

Pour nous, Français et catholiques, l'impression que produit le Pape ne saurait se rendre. J'ai eu le bonheur d'être admis près de Sa Sainteté en audience particulière, hier matin ; c'était une rare et enviable faveur, et dont vous ressentirez tout le prix comme moi. Je mentirais à mon sang et à la vérité, si je n'avouais pas l'émotion dont j'étais pénétré.

Nous autres, pauvres défenseurs intraitables de la Royauté et de l'Église, nous ne pouvons pas approcher de ces majestés sacrées, entourées surtout de la double auréole de la dignité et de l'adversité, sans éprouver un frémissement de vénération qui nous remue depuis les pieds jusqu'à la tête, et qui nous arrache invinciblement des larmes.

Offrir à Pie IX le tribut de notre vie entière, lui faire hommage de l'œuvre que nos amis consacrent avec nous à son service et à la cause de la justice et de l'honneur, recevoir de sa bouche auguste les plus précieux encouragements et de sa main paternelle une bénédiction spéciale, c'est le comble de la joie. Cette joie, je l'ai eue ; je la partage avec vous, en vous la transmettant, et, devant Dieu comme devant les hommes, je sens que nous sommes trop récompensés.

Mais ce que je ne puis dire, c'est la grâce infinie avec laquelle le Saint-Père a daigné écouter tout ce que je me permettais de lui exposer ; c'est l'affabilité si douce et si exquise de ses paroles ; c'est ce mélange incomparable de bonté et d'élévation qui distingue son langage. Des appréciations rapides et décisives, appuyées sur des citations de textes admirables de l'Écriture ; une fermeté

puissante dans les allusions aux principes ; une charité
et une miséricorde extrêmes pour les maux et les folies
de ce temps ; une espérance inébranlable, qui est supé-
rieure à toutes les épreuves et qui rayonne de l'appui
de Dieu, sur qui elle se repose : voilà ce que je ne saurais peindre.

Bien moins encore pourrais-je reproduire les beaux
traits de ce visage éclairé par un sourire angélique, et
ces yeux qu'illumine une flamme doucement voilée d'ordinaire, mais qui éclate soudain quand la pensée et le
regard s'élèvent vers le Ciel.

Lorsqu'on a vu Pie IX ainsi, on en a, de ce souvenir, pour la vie entière. C'est une allégresse devant laquelle disparaissent toutes les tribulations de notre rude
métier. On n'a qu'une pensée, qu'un désir : se dévouer
plus encore pour un tel Roi et pour un tel Pasteur !

Laissez-moi donc faire ici et par avance écho à votre
gratitude, en répétant ce que chacun de vous dira dans
son cœur :

Honneur, louanges et actions de grâces au grand Pape
qui gouverne l'Église et qui prie pour le monde ! Vive le
Pontife-Roi !

X.

Rome, 19 décembre 1869.

Voir le Pape, l'approcher, lui adresser la parole et recevoir directement sa bénédiction, c'est naturellement le vœu le plus cher de la foule énorme d'étrangers et d'Italiens qu'attire sans cesse le Concile. Aussi, dans la condescendance de sa bonté, le Saint-Père se multiplie pour contenter ces pieux désirs. Aujourd'hui encore, Pie IX a admis à une audience publique près de six cents personnes.

Je sors de cette réception et voudrais vous la dépeindre ; dussiez-vous me trouver un peu en proie à l'enthousiasme, je ne m'en défends pas : car j'ai des témoins, et par centaines, qui affirmeraient au besoin que je rends à peine la réalité, que je l'atténue plutôt que de l'exagérer.

Les nations diverses avaient fourni leur contingent : j'ai remarqué des Espagnols, des Belges, des Allemands, des Hollandais, des Portugais, des Anglais, un officier de la garde écossaise entre autres, des Suédois, des Russes. Les Français y étaient en grand nombre, la plupart laïques. Les dames étaient admises.

L'audience était donnée dans la vaste galerie des Cartes géographiques, et l'on y arrivait en traversant ces magnifiques salles qu'a immortalisées le pinceau du premier des maîtres.

Quand Pie IX a paru, accompagné seulement de quelques camériers et précédé de quelques laquais en livrée de soie rouge, il y a eu un mouvement spontané de respect et d'admiration dans cette foule rangée des deux côtés de la salle. Successivement on s'est mis à genoux, et le Saint-Père a passé, s'arrêtant à chaque pas, pour entendre les noms des personnes qui lui étaient présentées, pour écouter leurs prières ou leur adresser un de ces mots charmants, enjoués, délicats ou élevés, dont il est prodigue.

C'était à qui s'inclinerait devant cette douce et sereine majesté ; c'était à qui baiserait cette main auguste qu'il abandonne avec tant de grâce. On entendait le murmure des vœux, des hommages et des prières, et de temps à autre la voix harmonieuse du Souverain Pontife, compatissant à toutes les demandes et versant à flots les consolations et les bénédictions.

Le Saint-Père, dont la patience ne se lasse pas, a mis plus d'une heure à parcourir les deux rangs ; puis il est arrivé au milieu de la salle, et montant sur le trône qui lui était préparé, il a permis que toute l'assistance se groupât autour de lui.

Une dame s'est avancée, et, dans le beau et sonore langage de l'Italie, a adressé au Saint-Père quelques mots éloquents, qui se terminaient par une profession de dévouement et de vénération.

Le Pape, étendant son regard sur toute l'assemblée, aurait voulu s'exprimer en italien ; mais, par une exquise bienveillance pour les nombreux Français qui étaient présents, il a dit qu'il parlerait en français, quoique l'usage de cette langue lui fût plus « difficile. » Voici, autant qu'on peut se la rappeler, un aperçu de sa rapide mais pénétrante allocution.

« Nous allons, mes enfants, avoir bientôt la belle fête de la Nativité de Notre-Seigneur ; nous allons célébrer la naissance de ce Dieu qui, en descendant ici-bas, a pris toutes les misères humaines, toutes, excepté le péché, et qui nous a ainsi donné la plus grande leçon d'humilité. Il nous a appris à vaincre et à rejeter l'orgueil, la superbe. C'est l'orgueil qui est la. cause des maux les plus cruels dont souffrent les familles et les nations ; si nous avons des malheurs, ils viennent pour la plupart de l'orgueil ; les ambitions, les cupidités, les vices, c'est l'orgueil qui les conseille ; les révolutions, c'est l'orgueil qui les inspire et qui les consomme. Ah! mes enfants, exilez l'orgueil de vos pensez, de vos esprits, de vos familles ; exilez-le, s'il est possible, de toute votre vie : car Dieu résiste aux superbes, et il console, il exalte les humbles. Que l'humilité vous accompagne toujours et qu'elle vous soutienne au moment suprême. »

Ici, le Pape a été saisi d'une très-vive émotion ; ses yeux se sont remplis de larmes ; il a levé les bras au ciel et il a continué : « A ce moment qui attend tout homme, *oportet enim mori*, à ce moment où il vous faudra consigner vos âmes à Dieu, ah! que l'humilité vous suive et qu'elle vous porte à la bienheureuse éternité!

« Mes enfants, voilà le souvenir que j'ai voulu vous laisser en ce jour. Maintenant, je vous bénis : je bénis vos personnes ; je bénis vos patries, vos familles, vos amis, tout ce qui vous intéresse ! *Benedictio Dei omni-*

potentis, Patris, et Filii, et Spiritus sancti, descendat super vos et maneat semper ! »

Tout le monde s'était précipité à genoux ; l'émotion du Saint-Père avait gagné les cœurs. Comment résister à l'onction profonde de ses paroles, à ces accents si touchants, à cette dignité si majestueuse et si simple ? L'âme de Pie IX était passée sur ses lèvres : on lui ré - pondait par des larmes.

Quand le Saint-Père est descendu du trône, une immense acclamation l'a salué, et toute la foule lui a fait cortége jusqu'à l'entrée de la salle, le pressant de ses hommages et l'entourant de ses cris de joie.

Voilà par quelles douces fatigues le Pape se délasse des autres fatigues, qu'il supporte avec une vigueur vraiment extraordinaire.

Le télégraphe vous a donné la liste de la « Commis- sion du dogme, » la première grande Commission que les Pères aient eu à élire. Sans amoindrir l'importance des deux autres, celles des *Judices excusationum* et des *Judices querelarum*, on comprend combien celle du dogme, *de Fide*, l'emporte par la gravité des matières qui seront soumises à son examen, pour être en - suite présentées à la discussion et à la décision du Con- cile.

Il n'y a donc rien que de très-naturel dans les mouvements préparatoires qui ont dû nécessairement précéder la séance de l'élection. Il était essentiel que les évêques s'entendissent, autant que possible, par avance pour éclairer leur vote. De là des réunions diverses, des conférences, des formations de listes ; en un mot tout le

travail qui, dans une assemblée de près de 750 membres,
est un devoir autant qu'un droit.

Le scrutin a été dépouillé, et vous en avez les résultats. Ils sont, comme on s'y attendait, frappés au coin
de la sagesse, de la modération et de la justice. Permettez-moi de remarquer seulement l'honneur si mérité
qui est fait aux Églises de France par la nomination de
Mgr l'Évêque de Poitiers et de Mgr l'Archevêque de Cam-
brai. Arriver des premiers sur une telle liste, c'est
obtenir une marque de respect et de confiance dont il n'est
pas besoin de mettre en relief toute la signification.
Personne assurément n'en est plus digne que NN. SS. Pie
et Régnier; mais l'éclat que ce choix répand sur les
pieux et savants prélats réjaillit sur notre Épiscopat tout
entier, et notre patrie prend sa part de cette gloire.

Le nom des autres membres de la commission dit
assez en quelle sainte et juste vénération ils sont auprès
de leurs collègues. Cette première opération du Concile
a produit ici et produira dans le monde catholique une
grande et légitime satisfaction. Elle est le gage dont
aucun chrétien ne doutait, mais qu'il était bon de donner dès l'abord aux indifférents et aux ennemis, de la
fermeté et de la sagesse qui président ensemble à l'œuvre
de l'auguste assemblée.

Les autres votes pour les commissions se poursuivront
prochainement.

La salle du Concile, admirablement choisie comme
emplacement, laisse malheureusement à désirer comme
sonorité pour les voix et comme facilité pour les discussions. On a songé à remédier à ces inconvénients, qui

tiennent à la hauteur de la voûte de Saint-Pierre. Les travaux qu'on entreprend parviendront-ils au but? Nous ne savons; mais on se préoccupe à bon droit de cette situation, et l'on emploie, pour y pourvoir, tous les soins possibles.

Les dépenses d'une aussi grande assemblée, et surtout l'hospitalité que le Saint-Père offre généreusement aux Évêques à qui leurs ressources ne permettent pas de se défrayer, imposent à la catholicité des devoirs qu'elle aura à cœur d'accomplir. Déjà des sommes considérables ont été offertes et apportées par les Évêques de divers diocèses. Il faut en ajouter d'autres : aussi nos souscriptions doivent elles s'augmenter de jour en jour. C'est bien le moins que les nations catholiques contribuent aux frais d'une assemblée réunie dans l'intérêt de l'Église universelle, et dont l'Église entière doit recueillir les fruits.

Parmi les meilleures et les plus précieuses sympathies que *l'Union* rencontre ici, et dont je suis vivement touché pour la cause que nous servons, je ne me pardonnerais point de ne pas vous signaler celles de l'excellent journal l'*Osservatore romano*. Nous l'avons salué, vous vous le rappelez, à son apparition, il y a neuf ans, dans des circonstances graves et à la veille de vicissitudes qui devaient être si cruelles à la justice et au bon droit. Il est sur la brèche depuis ces jours d'épreuves, et il y reste avec la fermeté, la gravité et la confiance qui conviennent au drapeau sous lequel il combat et à la citadelle qu'il défend.

C'est publiquement que je tiens à offrir à l'*Osservatore*

et à son savant et courageux directeur, e marquis de
Baviera , l'expression de la gratitude que nous lui devons.

Quand, de toutes parts, les sectateurs des mauvaises
doctrines s'unissent et s'entendent dans leurs attaques
furieuses contre la société civile autant que contre la
société religieuse , c'est une obligation étroite pour les
champions des principes conservateurs de tout ordre et
de toute équité, de se rapprocher de plus en plus et
d'opposer aux efforts concertés de la Révolution la véritable « ligue du Bien public. »

Déjà, entre beaucoup de feuilles catholiques et monar-
chiques des diverses nations, cet accord s'est heureusement établi. En face des audaces croissantes de la guerre
sociale qui menace de descendre de la sphère des idées
dans les tumultes de la rue, la résistance doit s'organiser avec une nouvelle vigueur.

A ce point de vue de la communauté de convictions
qui nous rassemble, non moins qu'à celui de l'estime
mutuelle et de l'affection réciproque, nous nous félicitons
de la fraternité d'armes qui est établie entre l'*Osservatore* et l'*Union*.

XI.

Rome, 21 décembre 1869.

Une inexprimable douleur vient de frapper à la fois deux des familles les plus illustres par leur dévouement au Saint-Siége ; et Rome, la ville des souvenirs, en est dans la désolation. La jeune et charmante comtesse François de Maistre, née de La Moricière, a succombé, hier soir, à une fièvre qui ne pardonne pas. Mariée il y a six mois à peine, elle était venue partager ici la vie d'abnégation à laquelle le capitaine de Maistre s'est consacré en servant de son épée la sainte cause que son aïeul a défendue de sa plume et de son génie. Nos amis se rappellent combien cette union, si noblement assortie, se présentait sous les plus heureux auspices. Un tel bonheur n'aura été qu'un éclair !

Malgré les soins les plus touchants, Mme de Maistre n'a pu résister au mal, dont les progrès rapides ont déjoué toutes les espérances. Son infortunée mère, Mme de La Moricière, cette héroïne réservée à toutes les douleurs après avoir possédé toutes les gloires, est arrivée uniquement pour recevoir le dernier soupir de sa chère enfant.

Mme de Maistre est morte comme on meurt dans sa famille, comme est mort son illustre père, les lèvres sur le crucifix. Il y a peu de jours, elle avait reçu les derniers sacrements, et Mgr de Mérode, qui avait passé la nuit entière à lui prodiguer les paroles et les conso-

lations de la foi, avait pu le matin lui apporter la bénédiction du Saint-Père.

C'est avec une vive affliction que le cœur paternel
de Sa Sainteté s'était associé aux angoisses d'une maison
où le Saint-Siége compte de si fidèles serviteurs.
Pie IX aura assurément ce matin porté à l'autel la pensée de celle qui n'est plus.

On ne se figure pas, ou plutôt on se figure aisément
la sympathie profonde et douloureuse dont Rome entière
entourait la jeune mourante et qu'elle reporte sur les
les siens. Cette maladie et cette mort faisaient l'entretien
de tous et il n'était sorte de témoignages de compassion
qui ne fussent prodiguées à la famille désolée. Des prières
s'élevaient de toutes parts et mêlaient dans leur élan ces
deux beaux noms environnés d'une si pure auréole : de
Maistre, de La Moricière.

A l'heure qu'il est, ce sont, nous en avons la confiance, ce sont les anges qui les répètent au Ciel. Selon
la magnifique parole de l'Église, l'archange Michel, le
porte-drapeau de Dieu, *signifer Michaël*, aura « présenté » cette belle âme au Père des miséricordes et l'aura
rapprochée de celle de son jeune frère, moissonné en sa
fleur, et de celle de son père, enseveli dans sa gloire.
Puis il daignera obtenir pour ceux qui restent ici-bas
dans le deuil et dans l'exil l'énergie suprême qui seule
peut faire supporter la vie présente en vue des espérances immortelles.

Rome, 23 décembre 1869.

Les obsèques de la comtesse François de Maistre ont eu lieu ce matin dans la belle église du Gesù en vertu d'un rescrit spécial du Souverain Pontife, qui témoignait ainsi combien son cœur paternel s'associe à la douleur de ses serviteurs. La famille de Maistre a déjà deux de ses membres qui reposent dans ce sanctuaire vénéré.

L'affluence était énorme et offrait un dernier gage des sympathies si vives et si unanimes qu'a inspirées un tel deuil. Presque tous les Évêques français et belges assistaient à la cérémonie; et si quelques-uns n'ont pu s'y rendre, c'est que le temps matériel a manqué pour les prévenir de l'heure et du lieu.

Mgr de Mérode officiait pontificalement; les chœurs si graves et si habiles du Gesù répétaient les mélodies sacrées. LL. AA. II. et RR. le grand-duc et la grande-duchesse de Toscane étaient présentes. La noblesse romaine avait tenu à être là tout entière, et une noble princesse avait pris l'initiative de réunir toutes les jeunes patriciennes. L'armée pontificale y avait envoyé tous ses chefs, et le régiment des zouaves s'était spontanément rassemblé autour de la pompe funèbre. Pas un des Français de passage à Rome n'aurait voulu manquer à ce rendez-vous d'une douleur si française et si chrétienne; que l'on eût connu ou non la fille du héros de Castelfidardo, on se faisait un devoir de venir prier pour elle.

Les enterrements sont particulièrement touchants à Rome. La veille, à la tombée de la nuit, les restes mortels sont portés à la lueur des torches, et à travers la

ville silencieuse et émue, jusqu'à l'église où doit se célébrer le service. Ce cortége, qu'accompagnent des con-
fréries et qui passe au milieu du respect et de l'attendrissement, produit une grande impression. La cérémonie
des funérailles a lieu le lendemain.

Aujourd'hui, on peut dire que l'Épiscopat, la Cour et
la Ville entières concouraient avec l'armée à rendre
un public hommage à la piété, à la vertu, à la grâce de
cette jeune et charmante femme, trop tôt ravie à l'amour
des siens et à la mission de dévouement dont elle parta-
geait les sacrifices.

Une bouche auguste se plaisait à célébrer la foi « angélique » de cette modeste et ferme chrétienne, si digne
de sa race, si digne de cette famille aux mœurs antiques dans laquelle elle était entrée et dont elle faisait
l'ornement. Les jugements de Dieu sont impénétrables ;
mais si le ciel paraît envier à la terre ses plus belles
âmes et s'il les revendique, quels généreux exemples et
quels intarissables regrets il nous laisse en retour !

XII.

A LA VEILLE DE NOEL.

Rome, 24 décembre 1869.

A Rome, et en ce moment surtout, quand on veut voir, et d'une manière qui ne soit pas trop superficielle, les hommes, les choses et les faits, on se sent souvent vaincu par la rapidité du temps, par l'intérêt des événements, par l'imprévu et la grandeur des spectacles.

Le moyen, en effet, non-seulement de contempler, mais de décrire tout ce qui mériterait l'attention et qui demeure dans le souvenir, lorsque, à côté des monuments du passé et des splendeurs de la foi, on est encore et à chaque instant saisi et captivé par les incidents qui ressortent de la tenue même du Concile et de la présence, dans la Ville-Reine, de l'Épiscopat et de l'élite du clergé répandu ordinairement sur toute la terre habitée?

Qu'il me soit donc permis de réserver mes impressions et mes études sur ce qui peut attendre, et d'écrire, comme je vis, au jour le jour.

On ne saurait se figurer, en effet, combien ici, au milieu du calme profond qui y règne, qui apaise les dissidences et réunit les âmes dans le service et le zèle de la vérité, combien la vie est occupée, pleine de mouvement, d'activité et de variété. Ce dont on souffre le plus, c'est de ne pouvoir tout suivre et tout entendre, quelque empressement qu'on y mette.

Quand je dis tout entendre, je me hâte d'ajouter tout
ce qui se peut entendre, même ne dût-on pas le répéter.
Outre le secret qui est imposé sur les travaux intérieurs
du Concile, et qui est parfaitement gardé, il y a la discrétion et le respect qui interdisent ou qui devraient in-
terdire le colportage de rumeurs ou de nouvelles, la
plupart du temps complétement fausses, ou, tout au
moins, fortement altérées. Vous ne vous imaginez pas
le pitoyable effet que produisent ici, lorsqu'ils y revien-
nent, ces récits accueillis par une impardonnable légè-
reté, créés ou envenimés par la passion, et qui mérite-
raient souvent d'être démentis, si on n'aimait mieux en
faire justice par le dédain. Prémunissez-vous donc contre
tous ces « commérages, » je répète le mot. Ne croyez à
rien de ces prétendues irritations, de ces protestations,
de ces divisions, de ces mécontentements dont l'inimitié
contre l'Église chercherait seule à profiter et qu'elle
invente quand elle ne peut pas les exploiter.

Assurément, en dehors du Concile et de ses réunions,
il s'opère plus que jamais un travail d'entente, de
concert, de discussions même, qui sert, si j'ose m'exprimer ainsi, de préparation extérieure aux études et
aux débats, soit des commissions, soit des séances générales. Il s'ensuit d'abord que les Pères se connaissent
mieux entre eux, se groupent plus aisément et se rap-
prochent par leurs tendances et leurs opinions. Les choix
sont rendus plus faciles, les nuances se fondent, les
éléments de décisions se condensent; et, comme il arrive entre hommes d'élite animés tous d'une grande
droiture, les sommités des questions apparaissent, et

les points saillants sur lesquels devront porter les résolutions concentrent les méditations de tous. C'est ce
qui peut faciliter et même avancer le mieux l'œuvre
commune du Concile.

Qu'il y ait des observations soumises, des *desiderata*
signalés ; qu'on ait, par exemple, exprimé de respec-
tueuses réclamations contre les défauts matériels de la
salle ou qu'on ait appelé l'attention sur quelques lacunes ou quelques modifications des règlements intérieurs : cela est naturel et ne prouve d'une part qu'une
juste liberté, et de l'autre que le désir de l'amélioration, désir parfaitement légitime et accepté comme
tel dans la mesure du possible.

Maintenant, et malgré l'exactitude et le soin de tous
et de chacun, il faut du temps. Il en faut pour les votes :
plus de sept cents personnes qui doivent donner des bul-
letins de vingt-quatre noms écrits et fermés ; des listes
pareilles à dépouiller et les résultats à calculer. Tout
cela n'est pas l'affaire de quelques instants.

Quatre commissions, dont deux de la plus haute
importance, sont choisies, et le télégraphe a dû vous
porter aujourd'hui même les noms de la seconde. Il y en
a encore deux à élire. Ce sera l'affaire de réunions aussi
prochaines que le permettront les fêtes de Noël. En réalité, peu d'assemblées, et aussi graves, pourraient pro-
céder plus vite, et ce n'est pas à nos parlements qu'il
serait permis de faire des comparaisons.

D'ailleurs, parmi les Pères, dans la Cour romaine et
de la part du Saint-Siége, il n'y a qu'un désir, celui de
voir les travaux, tout en conservant la maturité néces-

saire, avancer aussi rapidement que le comportent la grandeur des intérêts engagés, l'indépendance de la discussion et l'autorité des décrets.

Dans l'intervalle forcé des réunions, le Saint-Père et les Évêques suffisent, non sans déployer une extrême activité, à d'autres fonctions et à d'autres ministères.

Hier, malgré la pluie battante entremêlée d'orage, de grêle et de tonnerre, qui nous est revenue et qui semble ne plus vouloir nous quitter, le Pape est allé assister aux obsèques de S. Ém. le Cardinal Pentini, mort ces jours derniers. La cérémonie a eu lieu en pompe solennelle à Santa-Maria-in-Campitelli. Le Cardinal défunt passait, à tort ou à raison, pour n'avoir pas toujours donné, par ses tendances, satisfaction à Pie IX : raison de plus pour que la générosité d'âme du Souverain Pontife se témoignât par de suprêmes honneurs. La population, qui est très au courant de tout, a été vivement sensible à cette délicatesse du Saint-Père, et elle le lui a prouvé par les plus chaleureuses acclamations, à sa sortie de l'église.

Tous ces jours-ci sont consacrés aux touchantes solennités de Noël ; ce sont excellemment les *buone feste*.

Voulez-vous savoir de quelles préparations elles ont été précédées? Rien qu'à la *Chiesa nuova*, pour ne parler que des prédications françaises, Mgr l'Évêque de Tulle, avec les prodiges de son imagination et les profondeurs de sa science, avec les lueurs fulgurantes de sa parole, inégale et tourmentée, mais radieuse ; Mgr l'Évêque d'Hébron, avec cette fermeté, cette douceur, cette élégance et cette onction qui rappellent si bien saint François de Sales, ont charmé et ravi un immense auditoire.

Viendront ensuite, à Sant-Andrea-delie-Fratte, les exercices d'un *Ottavario* qui se prolongera jusqu'au 17 janvier, et pendant lequel, tous les soirs, un Cardinal donnera la bénédiction, et tous les matins un Évêque prononcera le sermon. Et quels Évêques ! Mgr de Poitiers, Mgr de Tulle, Mgr de la Rochelle, Mgr d'Hébron, pour notre langue ; Mgr de Westminster, Mgr de Baltimore, Mgr de Richmond, Mgr de Kerry, pour l'anglais ; Mgr de Mondovi et Mgr de Saluces, pour l'italien.

Aujourd'hui, l'insigne relique du *santo Præsepe*, la crèche même où reposa le Verbe fait chair, est exposée à Sainte-Marie-Majeure ; ce soir, les vêpres solennelles à Saint-Pierre par le Souverain Pontife, et demain l'office de la Nativité.

Quel spectacle que celui de l'Épiscopat tout entier, assistant, autour de l'autel du premier temple du monde, aux mystères sacrés célébrés par le Chef de l'Église !

Toutes nos pensées se reportent vers la France, qui, elle aussi, redit dans sa foi le vieux cri dont si long-temps elle a fait l'accent privilégié de ses allégresses nationales : Noël ! Noël !

———

Rome, 24 décembre 1869.

Vous m'excuserez de l'intérêt particulier que je porte à l'une des plus utiles et des meilleures preuves que l'armée romaine ait données de sa solidité et de son instruction : je veux parler du camp tenu l'année dernière à

Rocca di Papa, là même où Annibal avait posé ses
tentes en vue du Capitole. Le temps et la saison avaient
déployé des rigueurs inattendues, qui n'avaient fait que
mieux ressortir l'entrain et le courage des troupes. On
a voulu, et à bon droit, conserver un souvenir de ce
camp ; et j'ai là, sous les yeux, les photographies que
l'habileté bien connue de MM. Alessandri, les seuls
photographes qui aient des portraits authentiques du
Pape, ont consacrées à la reproduction des vues et des
travaux de tous, notamment du régiment des zouaves.
Peu de recueils sont plus intéressants. C'est la vie militaire prise sur le fait : constructions, exercices, décorations, tout y est. On juge, comme si on y avait assisté,
des manœuvres, de l'installation, de l'industrie et du
goût martial qui ont présidé à tout. Celles de nos familles qui avaient des représentants à Rocca di Papa, et
elles sont nombreuses, se plairont à les rechercher et à
les retrouver dans ces photographies, et l'« album du
camp » aura sa place privilégiée dans les archives de la
croisade du xix° siècle.

XIII.

NOËL ET LE CONCILE.

Rome, 26 décembre 1869.

De quoi parler au lendemain de Noël et quand on est à Rome, si ce n'est des fêtes magnifiques par lesquelles la Ville sainte célèbre la naissance de l'Enfant-Dieu ?

C'est en effet ici la fête des familles, la fête du peuple, la fête de l'État comme la fête de l'Église ; et hier, on doit le dire à la lettre, c'était la fête du Concile : car l'Église entière, représentée par tous ses Pasteurs, était réunie autour de son auguste Chef, pour rendre plus majestueuses encore les solennités romaines.

Je ne me permettrai pas de recommencer, après tant d'autres, les descriptions des premières vêpres, le 24 décembre, à Saint-Pierre, de la nuit de Noël à Sainte-Marie-Majeure, au Gesù, et dans tant d'autres églises ; moins encore essayerai-je de reproduire la messe pontificale sous le baldaquin qui surmonte le tombeau des Apôtres. Je n'y réussirais pas ; et ces rites si grands, si harmonieux, dans lesquels la sublimité religieuse est si admirablement traduite par la pompe et la splendeur du dehors, sont connus de tout le monde.

Seulement, si j'en juge par les milliers de témoins qui, étant de Rome ou de l'étranger, ont vu souvent se répéter devant leurs yeux ces scènes incomparables, le spectacle est toujours nouveau et l'impression est toujours vive. C'est ce qui arrive à tout ce qui est grand par soi-même, à tout ce dont la gloire et la beauté sont intimes et rayonnent du dedans au dehors, de l'invisible au visible : *Gloria et pulchritudo ab intus*. Qu'est-ce donc pour un pèlerin de la dernière heure, comme je le suis?

Non, il n'est pas possible de se soustraire au sentiment qui envahit l'esprit et le cœur, quand, au milieu de la foule respectueuse ouvrant ses rangs, à peine contenus par les zouaves, par la garde palatine et par les Suisses, apparaît, au son des fanfares et au chant de l'antienne historique *Ecce Sacerdos magnus*, le *Pape*, le successeur de saint Pierre, le Vicaire de Notre-Seigneur Jésus-Christ, porté comme entre le ciel et la terre, et s'avançant assis sur la *sedia*, glissant, pour ainsi dire, au-dessus d'un flot immense de têtes qui s'inclinent sous sa bénédiction !

Avant-hier, Pie IX avait la mitre épiscopale; hier, la tiare étincelante de pierreries. Des deux côtés ondulaient légèrement les *flabelli*, les deux riches éventails de plumes blanches et noires qui accompagnent le trône; de plus, hier, un dais magnifique d'étoffe d'argent et d'or, souple et se drapant de lui-même, ombrageait le Pontife. La Cour papale resplendissait dans ses costumes variés, tous dessinés avec ampleur et majesté, et dont les formes sont en si parfait accord avec l'ensemble et les décorations du temple.

Les vêpres ont été chantées par les chantres de la Sixtine : ces chœurs sans orchestre, placés dans une petite tribune près de l'autel de la Confession, ont une puissance et un charme que mes oreilles de barbare ont goûtés avec délices. Comment notre musique religieuse ne s'inspire-t-elle pas de ces compositions si larges, si simples et si savantes?

A l'issue de l'office, le Pape a été porté au bas de l'église, et, dans une salle disposée à cet effet, il a reçu les vœux du Sacré-Collége et les hommages de l'Épiscopat, à l'occasion des *buone feste*. Noël, par un touchant usage, est considéré comme le commencement de l'année nouvelle, et les souhaits se mêlent aux prières. La présence des Pères du Concile donnait à la présentation de ces vœux un éclat et une signification extraordinaires. Toute la catholicité félicitait et fêtait son suprême « Hiérarque. »

Les Evêques avaient suivi le cortége, et rien n'égale cette longue procession de Prélats en mitres et en chapes blanches, les uns courbés sous le fardeau des années, de l'expérience et du savoir, les autres entourés des clartés de l'éloquence et de la charité, ceux-ci marqués du sceau du martyre, ceux-là victorieux ou victimes de la persécution la plus perfide, la persécution des légistes, *persecutio advocatorum*, comme dit une vieille et vénérable prophétie.

La piété, la doctrine, la sagesse, la vertu, le talent, et, par-dessus tout, le zèle et l'amour de la vérité, venaient, en leur personne, saluer, chez l'auguste Pie **IX**, l'autorité, la bonté et la sainteté.

Le **Pape** était radieux; et hier matin, cette douce allégresse se témoignait visiblement sur ses beaux traits.

L'office a été merveilleux : les Évêques y assistaient par centaines ; au milieu des ornements blancs de nos Prélats d'Occident se détachaient les riches vêtements chaudement colorés des Orientaux ; les tiares et les couronnes de plusieurs de ces Pontifes de l'Asie brillaient du plus riche éclat. La « magistrature » romaine, le sénat et les conservateurs, avec leurs robes de drap d'or et leurs petits pages, qui semblent détachés d'un tableau de Raphaël ; les gardes nobles en grand uniforme ; les officiers suisses, avec ces cuirasses damasquinées et ces cottes de maille qu'on croirait empruntées à l'*armeria real* de Madrid ; les camériers, les massiers et les porteurs, pareils à ceux de Léon X ; la Cour enfin et les Cardinaux venaient de passer. Le Pape descend près de l'autel.

J'avais eu l'heureuse fortune, acquise par une longue attente, de me trouver, à quelques pas de là, non loin des crédences où étaient déposés les ornements pontificaux et les vases sacrés qui devaient servir à la messe. Cinq calices étaient préparés avec leurs accessoires. C'est de l'orfévrerie de Benvenuto Cellini, le chef-d'œuvre du premier maître de cet art qui doit tant à l'Église. Un seul calice est moderne, don magnifique de la cinquantaine sacerdotale de Pie IX ; il est littéralement couvert de diamants, qui ressortent au milieu d'émaux d'un dessin admirable.

La chasuble que va revêtir le Pape est un présent des catholiques de Lyon. Vous en avez vu dans nos colonnes une description qui est au-dessous de la vérité. La fabrique de notre première ville industrielle s'est surpassée ;

la matière — il y a pour près de douze mille francs d'or et d'argent — disparaît devant l'art. La délicatesse des ornements, tous travaillés à l'aiguille, l'à-propos des sujets, Notre-Seigneur Jésus-Christ enseignant, les noms de tous les Conciles généraux, les symboles de l'Eucharistie et du Sacré-Cœur, les armes du Pape et de la cité qui mérite de s'appeler la « Rome des Gaules, » font de cette chasuble et de la chape qui y est jointe un monument du goût et du talent de notre siècle.

La veille, le Saint-Père avait accueilli le comité des souscripteurs et l'architecte à qui est dû le dessin, M. Fauchet, leur avait témoigné toute sa satisfaction et leur avait promis qu'il se servirait de leur beau cadeau le jour de Noël. En même temps, une bénédiction spéciale était adressée par Mgr Charbonnel, au nom du Pape, à S. Ém. le Cardinal de Bonald, gravement malade, à son diocèse et aux donateurs lyonnais.

On a dit souvent combien Pie IX est touchant à l'autel ; on ne l'exprimera jamais assez. Sa voix merveilleuse articule les chants sacrés avec une puissance, une onction singulières ; il procède à toutes les cérémonies avec une aisance, un recueillement et une force prodigieuse à son âge.

Deux moments surtout pénètrent l'âme : celui de la consécration, quand, levant les mains et les yeux au ciel, le Pape montre l'hostie du salut, et que, du haut de la coupole, tandis que les troupes portent les armes, et que le peuple, le clergé, les Évêques sont prosternés, les fanfares de la garde noble descendent comme une effluve d'harmonie et que la prière monte dans les nuages d'encens.

L'autre instant est celui de la communion, lorsque l'Eucharistie est portée au Pape, qui la reçoit agenouillé sur son trône. La piété et l'humilité l'enveloppent et le couvrent pour ainsi dire comme d'un voile : le ciel est sur la terre.

Le Pape remonte à l'autel. Là, je l'ai vu : son visage rayonnait de bonheur, et un sourire angélique l'illuminait pendant qu'il récitait les dernières oraisons. Tout le monde autour de moi a fait la même remarque.

C'est sous cette impression qu'a été reçue la bénédiction solennelle, et que chacun s'est retiré avec ce calme que les foules ne connaissent qu'ici.

Je parlais tout à l'heure de la fanfare des gardes-nobles. Croirait-on que six ou huit trompettes, des « trompettes d'argent, » comme on dit, suffisent, en répétant un air qui date de plusieurs siècles, à produire un effet que n'atteindraient pas ailleurs les meilleures musiques militaires de nos régiments de cavalerie? Il y a, dans Saint-Pierre, des calculs d'ensemble et des prodiges d'harmonie qui sont le *nec plus ultra* du génie et de la science au service de la Religion.

Pendant la messe, un Prélat portait au côté droit de l'autel l'épée et le chapeau, le *stocco* et le *berettone*, que le Pape bénit chaque année et qui attendent le prince auquel un service signalé, une victoire au profit de la chrétienté, mériteront cet honneur, unique dans le monde. Hélas! au grand malheur de notre temps et à la honte de notre civilisation, voilà bien des années que les Sourains Pontifes n'ont pas eu à décerner ces insignes !

Quand donc les royautés et les nations auront-elles assez la conscience du devoir, le sentiment de la justice et le culte de l'honneur, pour comprendre, selon une magnifique parole dont le retentissement a été grand ici, que le rétablissement « du droit chrétien » est l'unique base de la régénération de l'Europe et de la paix des sociétés?

Ah ! je vous assure que ces pensées me poursuivaient, non-seulement à Saint-Pierre, mais au pied de l'humble crèche exposée à Sainte-Marie-Majeure. A contempler ces restes vénérables du bois grossier de cette mangeoire de l'étable de Bethléem, enchassée aujourd'hui dans l'or et les pierreries, et où a voulu reposer, pauvre enfant entouré de haillons, le Verbe fait chair pour la rédemption du monde, je me demandais si la civilisation chrétienne sortie de ce berceau tarderait longtemps encore à se retremper aux sources de force et de grâce que peut seul lui ouvrir le Maître de la voie, de la vérité et de la vie.

Sainte-Marie-Majeure, la première basilique dédiée l'année d'après le Concile d'Éphèse à la Maternité divine de la sainte Vierge, Sainte-Marie-Majeure étincelait de mille feux. On ne sait pas, parmi nous, décorer et éclairer de la sorte une nef énorme ; il est vrai que tout ici facilite l'éclat et la splendeur, et que le peuple entier est de la fête.

Les Romains sont vraiment aimables dans la vivacité, la simplicité et la sincérité de leurs joies de Noël. Le canon annonce *il Natale* comme la grande allégresse populaire. Pas de foyer qui ne se réjouisse et qui ne se mette en frais de festins, de cadeaux et de réunions. Il y a partout de petites boutiques d'objets pieux représentant les personnages de la crèche ; les pâtisseries et les confiseries déploient leurs séductions artistiques ; les marchandes d'oranges et de fruits étalent avec une profusion et un art dignes des anciens temps leurs produits savoureux, qui, le soir, se rehaussent de la lumière des torches.

Les églises ne désemplissent point. A Saint-Pierre on entend les « pastorales », recueils de chants et de «noëls» antiques qui se font entendre aux Matines. A Sainte-Marie-Majeure, à trois heures du matin, on a le chant de ces mêmes Matines, après qu'on a eu à Saint-Louis-des-Français, au Gesù, dans une foule de communautés, la messe de minuit.

En prenant sa part de ces émotions, l'étranger, vous le lui pardonnerez bien, ne peut s'empêcher de porter son souvenir vers la patrie absente, et de sentir monter du cœur aux paupières quelques regrets de sa solitude et quelques vœux ardents pour son pays, pour sa cause et pour les siens!

P.-S. — Je suis assez heureux pour pouvoir vous envoyer une analyse des paroles prononcées par le Saint-Père, en réponse aux félicitations du Sacré-Collége et des Évêques. Le Cardinal Patrizzi avait été l'interprète de ses vénérables collègues et de l'Épiscopat.

L'allocution de Pie IX a été, comme toujours en pareille circonstance, pleine d'à-propos, de force, d'onction, de cette onction qui sort du cœur et qui remue le cœur des auditeurs. Il serait difficile de reproduire dans ses propres termes cet admirable langage. Le Saint-Père parlait en italien. Voici, du moins autant qu'il est donné de le savoir, l'ordre et la suite des idées :

Le Saint-Père a commencé par remercier le Cardinal Patrizzi des vœux qu'il venait d'exprimer, et qui, à raison du Concile, avaient plus de solennité que jamais; puis, rappelant cette parole d'un prophète : *Dedit vobis doctorem justitiæ* (Joël, II, 23), le Pape, dont la voix s'animait graduellement, a continué à peu près en ces termes : « C'est ainsi que le prophète annonçait à la terre le Messie, le Sauveur : Il viendra vous enseigner la justice ; il sera, parmi les hommes, le Docteur, le Maître de la justice... Et, en effet, il n'a pas fait autre chose sur la terre : il s'est montré le Maître, le Docteur de la justice, en enseignant aux hommes la voie, la vérité, la vie ; en éclairant les aveugles, en guérissant les sourds, en redressant les boiteux, en manifestant à tous le seul et unique chemin qui conduit à Dieu...

« Or, telle est notre mission ici-bas : faire connaître au monde la vérité, la justice !

« Le monde est malade, bien malade... Le matérialisme, l'indifférence, l'athéisme pratique, ont desséché les âmes : les vérités les plus claires ont été obscurcies, les droits les plus sacrés ont été méconnus. L'homme ennemi, le prince des ténèbres, le père du mensonge, a répandu des nuages sur les notions les plus élémentaires du juste et de l'injuste... Quand le mal est grand, il faut des remèdes solennels... Voilà pourquoi Nous avons réuni

ce Concile! A Nous de guérir le monde : Nous seuls le
pouvons! A Nous de rétablir la vérité dans ses droits :
soyons, comme Notre divin Maître, les docteurs de la justice : c'est Notre devoir à tous, à Moi comme à vous, frères bien-aimés! A Moi : ah! sans doute. Je ne suis que
le Vicaire très-indigne de Jésus-Christ! mais, enfin, Je
suis son Vicaire, et, comme tel, Je ne puis parler que les
paroles de la vérité et de la justice! A vous aussi : car, si
vous êtes venus si nombreux et de si loin autour de Nous,
c'est afin de rendre, de concert avec Nous, témoignage
à la justice et à l'éternelle vérité. Ah! laissez-Moi vous le
dire, Frères bien-aimés, soyons unis dans la vérité et
dans la charité.

« Laissons de côté toutes les recherches personnelles,
toutes les susceptibilités mesquines... Soyons humbles!
Notre-Seigneur s'est fait humble jusqu'à la mort, et à la
mort de la croix! L'humilité fait la force, elle conduit à
la vérité, elle maintient dans la charité. Nous avons tous
nos misères, hélas!... Moi-même Je sens les miennes plus
que personne. Mais si, à l'exemple du divin Maître, nous
nous établissons solidement dans l'humilité, nous serons
forts et puissants pour faire l'œuvre de Dieu! Ne nous
occupons pas de rechercher les applaudissements des
hommes. Je l'ai dit autrefois, et Je le répète : C'est un
vain bruit qu'emporte le vent. Mais ce qui est solide, ce
qui demeure, c'est l'humilité, c'est la charité, c'est la vérité, c'est la justice. Voilà ce que nous devons annoncer
au monde par nos paroles et nos exemples. Frères bien-
aimés, soyons donc unis pour le service de Dieu. Que
l'Esprit de Notre-Seigneur descende sur nous! En ce

moment, tant de prières montent au Ciel pour nous !...
O Esprit de Dieu ! descendez en nous, pour Nous éclairer, Nous fortifier, Nous bénir ! Venez apprendre au monde, par Notre bouche, la vérité et la justice ! Guérissez ses plaies; ayez pitié de ses défaillances; lavez ses souillures : *Lava quod est sordidum, riga quod est aridum, sana quod est saucium !* Il a dévié de la bonne route; il a marché dans les sentiers de la perdition, loin de l'amour de Notre-Seigneur ! Relevez-le, redressez-le, réchauffez-le ! *Flecte quod est rigidum, fove quod est frigidum, rege quod est devium !* Mais surtout, Esprit de Dieu, bénissez vos fidèles, ceux qui sont à vous, ces Cardinaux, ces Évêques, ce peuple chrétien ! Donnez-Nous vos lumières, votre force, votre grâce ! Soyez avec Nous maintenant dans la lutte ; soyez avec Nous dans la vie; soyez avec Nous dans la mort, afin qu'en vous et par vous, Nous arrivions aux joies de l'éternité ! »

Telle est, en substance, cette magnifique allocution, dont nous n'avons reproduit ici qu'une froide et bien pâle analyse. Pendant que le Saint-Père parlait, tous étaient suspendus à ses lèvres; il parlait, du reste, non-seulement de la voix, mais du geste, de l'œil, du cœur. — Les âmes étaient émues, bien des larmes coulaient silencieusement; et quand, en finissant, il leva les mains au Ciel pour bénir, il semblait que c'était la bénédiction même de Notre-Seigneur qui descendait, par les mains de son Vicaire, sur tous les fronts inclinés !

XIV.

LE PAPE ET LE CONCILE.

Rome, 28 décembre 1869.

J'avais bien raison de vous dire que l'armée romaine a droit à toutes les sympathies que lui témoigne l'Épiscopat et que lui offrent les catholiques de toutes les nations ; j'avais bien raison de vous dire qu'elle est nécessaire au maintien des débris de la souveraineté pontificale, à la sécurité du Concile et à la liberté de l'Église.

Hier matin, le Pape lui-même a voulu rendre cette justice à ses braves défenseurs. C'était fête pour Pie IX, et doublement fête, à cause de Noël et de la Saint-Jean. Le Saint-Père a reçu tous les officiers de la garnison, que lui présentait le ministre de la guerre ; parmi eux figuraient des volontaires romains, qui appartiennent tous à la noblesse. Voici le sens et presque la teneur des paroles par lesquelles Sa Sainteté a répondu aux félicitations et aux vœux de l'armée :

Le brave général Kanzler avait exprimé au Saint-Père le bonheur qu'il éprouvait d'avoir vu exaucer les vœux dont il avait été l'interprète au commencement de l'année qui vient de s'écouler. Sa Sainteté, au milieu de l'Europe agitée et travaillée par les pernicieux efforts de la Révolution et de l'incrédulité, a pu réunir les Évêques de l'univers catholique et inaugurer l'œuvre insigne du Concile, destinée à donner au monde la lumière et la paix. En ce jour heureux, le plus vif désir est que Sa Sainteté accomplisse cette grande entreprise et contemple le triomphe de l'Église, pour laquelle Elle a tant souffert et auquel Elle s'est vouée avec tant de succès. Que Sa Sainteté daigne accueillir l'expression de ces vœux, ainsi que l'assurance de la fidélité à toute épreuve et du filial et respectueux attachement de sa petite armée; et qu'Elle veuille la bénir, cette petite armée si justement fière de sa noble mission et heureuse de posséder dans ses rangs les citoyens romains accourus dans des temps difficiles à la défense du Saint-Siége, et désireux de se distinguer dans l'accomplissement d'un si noble dessein. »

Le Saint-Père a commencé par remercier le général des vœux exprimés au nom de l'armée et témoigner de sa satisfaction pour le zèle qu'elle met à faire son devoir avec honneur. « Sans doute, il peut y avoir quelques imperfections; mais que sont ces légers défauts dans une réunion de 15,000 hommes? Ils n'altèrent en rien la renommée de discipline et de fermeté de tous les corps formés de l'élite de la jeunesse, accourue de tous les points de l'univers. Qu'elle reste donc unie, cette armée, pour défendre un trône faible en soi, mais grand par les principes qu'il représente, par l'autorité qu'il exerce sur le catholicisme, lequel embrasse le monde.

« On se plaît parfois à dire que le Pape ne doit pas avoir d'armée, parce que Jésus-Christ n'était pas Roi et qu'il n'avait pas de troupes; saint Pierre non plus.

Quand, au jardin de Gethsémani, les garibaldiens d'alors voulurent saisir le Sauveur, et demandèrent : Où est le Roi des Juifs? Jésus-Christ répondit : C'est moi, je le suis. Et au titre de la croix du Calvaire, son nom de Roi fut inscrit dans toutes les langues, afin qu'il fût lu de toutes les nations. De plus, à la parole de Notre-Seigneur, ses ennemis tombèrent foudroyés et ils ne se relevèrent que quand il le leur permit. Il avait donc le pouvoir d'écraser ceux qui l'attaquaient ; et, s'il ne le voulut pas, ce fut uniquement parce qu'il était résolu à accomplir son sacrifice. D'ailleurs n'avait-il pas aussi, comme il le dit, des légions d'anges que son Père lui enverrait par milliers, s'il les demandait?

« Quant à Pierre, il avait, lui, un pouvoir que Je n'ai pas : ceux qui lui mentaient étaient aussitôt frappés de mort.

« Voilà pourquoi, à Nous, il faut une petite armée. Soyez donc glorieux, vous, de servir une aussi sainte cause.

« Je vois avec plaisir parmi les officiers des citoyens romains ; ce sont de courageux volontaires qui sont venus, à leur grand honneur, défendre le Droit et leur Prince. Je suis charmé aussi de voir avec eux des catholiques de toutes les nations.

« Restez donc unis, et que Dieu vous donne le courage nécessaire pour la guerre. La guerre, elle n'est pas probable en ce moment. Mais vous avez à combattre contre les embûches, contre les épreuves, contre les traverses de tout genre. Il faut de l'énergie, de l'abnégation. Je les demande à Dieu, afin que vous continuiez, ainsi que vous l'avez toujours fait, à pratiquer votre devoir et à servir avec honneur.

« Que Dieu bénisse l'armée; qu'il bénisse tous ceux qui s'y intéressent et qui ont tant fait pour elle... *Benedictio Dei...* »

Ces paroles de souveraine satisfaction auront un juste retentissement dans la catholicité. Elles sont pour l'armée romaine la plus belle récompense.

Aujourd'hui une nouvelle réunion générale du Concile se tient à Saint-Pierre. La séance a pour objet la nomination d'une des dernières commissions.

Bien que les difficultés matérielles et inhérentes au grand nombre de l'assemblée aient imposé aux travaux plus de retard qu'on ne le croyait, le temps n'est pas perdu et il va être plus complétement employé encore.

Les impatiences qui, j'en suis sûr, sont vives en France, ont bien un peu ici leur contre-coup. Elles ne sont pas raisonnables. Que l'on veuille songer d'abord que les parlements laïques mettent infiniment plus de délais dans leur formation, dans leurs vérifications, dans leurs examens préparatoires, et qu'aucun ne se compose de plus de 760 votants.

Qu'on réfléchisse ensuite à la nécessité de permettre à des personnages de nationalités, de langues et de coutumes totalement différentes, de se grouper, de se concerter et de s'entendre surtout pour des scrutins dont l'importance est de la plus haute signification. On verra que, avec les cérémonies et les pompes de l'Avent et de Noël, le Concile a eu beaucoup à faire et n'a pas à se reprocher d'avoir manqué de zèle et d'activité.

Ces délais, du reste, profitent à l'élaboration préalable des questions les plus graves. Le choc des opinions s'amortit dans des entretiens préliminaires; la gravité, la sagesse, la doctrine, exercent peu à peu leur salutaire empire.

Il n'y a guère que les nouvellistes de profession qui aient à se récrier, et franchement nous n'avons point à les plaindre. Ne se figuraient-ils pas que le Concile allait être comme nos Chambres, avec une salle des Pas-Perdus, où se colportent les rumeurs les plus hasardées et où l'invraisemblance trouve toujours quelque chroniqueur aux aguets pour la recueillir et l'exagérer encore? Quant au fond même des délibérations, ne savaient-ils pas que le *secret* est de précepte rigoureux et que les Pères gardent ce secret avec la fidélité d'une conscience sacerdotale? Ils en sont donc réduits à servir d'échos à des récits trop souvent controuvés ou exagérés et qui n'ont aucune valeur.

Ils oublient, du reste, quel est le véritable esprit qui règne à Rome. On y comprend les différences d'opinion; on peut déplorer certaines doctrines ou certaines démarches sur lesquelles nous avons nous-même respectueusement exprimé nos regrets. Mais on garde une extrême mesure dans l'expression, on blâme les invectives et les violences de polémique, on rend justice à la droiture des intentions, et l'on a au plus haut degré l'estime et la reconnaissance pour les grands services rendus. On se souvient de tout ce qui est dû aux défenseurs intrépides du pouvoir temporel, aux « sentinelles vigilantes » qui ont, de tout temps et dans les circonstances

les plus critiques, sonné l'alarme et détourné le péril, et
l'on sait parfaitement combien, quelles que soient les dissidences qui ont pu se produire avant ou qui se produi-
raient pendant le Concile, une fois la doctrine de l'Église
proclamée, ce sera de la part de tous une émulation gé-
néreuse à accepter, à propager et à venger au besoin
les décrets rendus avec l'assistance de l'Esprit-Saint.

Voilà ce que les écouteurs aux portes ignorent ou fei-
gnent d'ignorer. Veuillez vous le rappeler chaque fois
que leurs doléances ou leurs inventions passeront sous
vos yeux. Le piquant de la chronique y perd : tant pis
pour la chronique! Elle n'est pas de mise en des affaires
aussi graves que les affaires de l'Église.

Aujourd'hui, après le vote, on assure que des propo-
sitions diverses seront présentées sur des points de détail ou d'organisation. Les travaux des commissions
marcheront ensuite avec régularité, et il serait possible
que la seconde session générale, à laquelle on s'attend,
et qui aurait lieu vers l'Épiphanie, pût voir proclamer
déjà quelques décrets. Vous les aurez aussitôt qu'on
pourra les connaître authentiquement.

C'est demain mercredi qu'aura lieu le baptême de la
princesse à laquelle la Reine de Naples a récemment
donné le jour. La joie causée par cette naissance eût été
plus vive si la Providence avait permis que Marie-Sophie
eût un fils ; mais c'est le gage heureux d'un bienfait plus
grand qui, sans doute, ne se fera pas attendre ; et,
ainsi que le disaient nos pères aux premières couches
de la Dauphine qui devait être Marie-Antoinette, « les
roses viennent avant les lis. »

La Reine a vaillamment supporté les épreuves de la maternité, et l'état excellent où elle se trouve, est du meilleur augure. Je ne vous ai pas dit encore, et je ne le dirai jamais assez, quelle est la juste renommée de ccurage, de bonté et de grandeur qui entoure l'héroïne de Gaëte. Je prononçais tout à l'heure le nom auguste et vénéré de notre Marie-Antoinette : comme la Reine, Marie-Sophie a eu à souffrir des atteintes les plus odieuses et les plus perfides de la calomnie. C'est le sort des hautes vertus et des âmes fières. Comme la haine ne peut attaquer de front leur gloire, elle cherche à la miner sourdement par le venin du mensonge. Mais l'éclat de la vérité et l'indignation des consciences honnêtes prennent des revanches victorieuses, et la noble figure qu'on avait essayé d'obscurcir de ces lâches vapeurs ressort plus brillante et plus pure.

Vous avez su et vous avez répété de quels témoignages d'allégresse et de fidélité la grossesse de Marie-Sophie avait été le signal de la part des Napolitains, non-seulement de ceux que la proscription ou l'honneur ont exilés de leur patrie, mais de toutes les populations des diverses provinces. Les Deux-Siciles sont représentées au palais Farnèse par des adresses, par des présents, par des députations. Si les grands ont multiplié des dons d'une rare magnificence ; si, par exemple, dans la layette de la jeune princesse on remarque des objets d'une perfection et d'une richesse dignes du trône ; si on admire le berceau royal, ou bien la rivière de diamants qui forme un collier autour d'un des vêtements offerts à l'auguste mère, les offrandes populaires ne sont pas moins précieuses dans leur simplicité naïve. Ce qui frappe surtout, c'est le dévouement résigné et confiant de ces pauvres serviteurs qui stationnent souvent en face du palais, heureux d'apercevoir de temps à autre le souverain chéri auquel ils ont voué leur vie.

Ah! quand on reporte sa pensée sur les maux que souffre la Péninsule, quand on songe à cette unité factice et tyrannique qui agonise entre la banqueroute et l'anarchie; et quand on compare la liberté, la paix et la prospérité qui lui ont été enlevées par la révolution et par l'usurpation; quand on peut juger de quels talents, de quelle magnanimité, de quel amour du bien sont doués les princes qui rapporteraient à ces nationalités opprimées l'indépendance, la justice et le droit, on se prend à la fois d'un regret profond de voir tant de biens repoussés ou ajournés, et d'une espérance invincible pour le triomphe des principes qui seuls peuvent sauver et régénérer la société moderne! *Faxit Deus!*

XV.

LE BAPTÊME ROYAL AU PALAIS FARNÈSE.

Rome, 29 décembre 1869.

Je sors du palais Farnèse, et je crois vraiment qu'on peut dire sans exagération : Naples n'est plus dans Naples ; elle est toute à Rome aujourd'hui.

Il est douteux en effet que, même au milieu de sa capitale, François II se fût vu entouré d'une foule plus nombreuse et représentant mieux, non-seulement l'élite, mais tous les rangs de la nation dont il est le légitime souverain.

Assurément des pompes plus magnifiques auraient pu briller à Naples autour du berceau royal. Mais d'abord la jeune princesse aurait-elle pu espérer d'avoir devant Dieu et à son entrée dans la vie chrétienne de plus augustes parrains? le Saint-Père, le premier et le plus grand des monarques d'ici-bas, le Vicaire même de Notre-Seigneur Jésus-Christ, et chez lequel la couronne de la souffrance et du malheur héroïquement supportés s'ajoute à la majesté de la tiare et à l'auréole de la sainteté; l'impératrice d'Autriche, celle qui a occupé le trône des Habsbourg et qui avait pour sœur cette grande et pieuse Reine que les peuples, devançant en quelque sorte le jugement de l'Église, se plaisent à proclamer « la Sainte ».

De plus, et malgré la réserve pleine de dignité que le Roi garde dans son exil, la fête de ce matin était réellement la fête de son peuple tout entier. François II en a reçu les preuves les plus touchantes.

La naissance de la princesse a été dans le royaume une allégresse universelle, et c'est par centaines que depuis deux ou trois jours affluaient à Rome les personnages les plus éminents. En même temps tous les trains amenaient des députations choisies par chaque province et que le gouvernement piémontais laissait passer, faute de pouvoir s'opposer à un mouvement qui était l'expression du sentiment populaire.

Dès midi, les vastes salons de ce palais Farnèse, qui est une des merveilles de Rome et qui a peu de rivaux en Europe, se remplissaient d'une assistance énorme, presque exclusivement composée de Napolitains. A peine le sénateur de Rome et quelques princes romains avaient-ils été invités. Le Roi, qui, comme tous les Bourbons, identifie sa famille à son pays, avait désiré n'être environné, à de très-rares exceptions près, que de ses sujets et de ses serviteurs.

La fleur de la noblesse des Deux-Siciles était là, plus empressée encore à se rendre à cette cour de l'exil qu'elle ne l'eût été à se montrer sous les lambris de la royauté dans sa splendeur. La science, les lettres, les armes, avaient envoyé des hommes dont la réputation a dépassé les bornes de l'Italie. Par une délicatesse digne de son grand cœur, le Roi avait fait demander aux Évêques de la monarchie présents à Rome de s'abstenir de paraître à la cérémonie : il ne fallait pas qu'une marque de religieuse fidélité pût exciter contre l'Épiscopat de Naples les passions déjà si violentes de l'unitarisme et de la Révolution. En revanche, quatorze Cardinaux étaient venus rendre hommage à la majesté du droit et du malheur.

Ce qu'on remarquait avec une satisfaction particulière, c'était le nombre de jeunes gens mêlés aux défenseurs blanchis dans le service de la monarchie. Après un exil déjà si long et au milieu des entraînements et des séductions qui ne sont pas ménagées, la présence et la confiance de cette génération qui naît à peine à la vie publique, sont du plus favorable augure. La tradition se perpétue, et le dévouement héréditaire offre à la Couronne des phalanges renouvelées.

Tout l'espoir et tout l'avenir sont là.

Le Saint-Père était représenté par le Cardinal Antonelli; l'Impératrice Marie-Anne, la marraine, était représentée par S. M. l'Impératrice d'Autriche, brillante de beauté, de grâce, d'élégance et de dignité. Le cortége des princes se composait de S. M. le Roi des Deux-Siciles, de LL. AA. RR. le Duc et la Duchesse de Parme, de LL. AA. II. et RR. le grand-duc et la grande-duchesse de Toscane, de LL. AA. RR. le comte et la comtesse de Caserte, le comte et la comtesse de Girgenti, le duc et la duchesse d'Alençon, le duc de Bari et la princesse Maria Immacolata, le comte et la comtesse de Trapani, le prince leur fils et les deux princesses leurs filles, le prince de Hohenzollern.

L'autel se dressait dans la salle ornée des magnifiques peintures de Salviati.

La jeune princesse a été apportée sur les bras de la duchesse de San Cesario. C'était un touchant honneur pour l'illustre et courageuse grande-maîtresse du palais, elle dont le nom est inséparablement uni à celui de l'héroïne de Gaëte et qui a mérité de recevoir la médaille de ce siége à jamais mémorable; c'était un touchant honneur pour elle que de tenir devant les fonts sacrés l'enfant royal dont la naissance vient jeter un éclair de bonheur sur les infortunes qu'elle a si noblement partagées.

S. Em. le Cardinal Patrizi a procédé aux cérémonies et imposé à la jeune princesse les noms de Christina-Pia-Maria-Anna-Elisabetha-Natalina-Ephisa. On remarquait avec intérêt, près des fonts baptismaux, la nourrice napolitaine dans le magnifique costume des femmes de son pays : elle est des montagnes d'Avellino. Ces vêtements nationaux avaient un charme et une haute signification au milieu des parures éclatantes des grandes dames et des insignes des personnages de la cour.

La princesse avait sur elle la magnifique robe de baptême, en dentelle blanche, don de trois cents dames napolitaines, chef-d'œuvre de goût et gage de fidélité.

Après la cérémonie, le cortége s'est reformé. L'Impératrice, le Roi, les Princes et Princesses se sont rendus dans les salons. La nouvelle chrétienne a été portée à son auguste mère, dont l'émotion était profonde. La Reine, les larmes aux yeux, a chargé la duchesse de San Cesario de remercier tous les fidèles Napolitains qui avaient donné, en cette circonstance, la preuve d'un dévouement qui survit au temps, aux épreuves et aux persécutions. L'émotion de la Reine était si forte, que la duchesse a dû se retirer pour ne pas en prolonger la durée.

Et, en réalité, rien n'honore un peuple et ne touche le cœur des souverains comme ces témoignages d'une constance au-dessus de tous les périls, de toutes les perfidies et de toutes les souffrances.

Le Roi était rayonnant de bonheur. Après dix années de proscription et au milieu des joies de la paternité, retrouver près de lui les serviteurs qui ont été les compagnons de ses infortunes; voir une génération nouvelle qui s'élève dans le culte du droit et du devoir; recueillir les vœux d'un peuple entier qui aspire à redevenir libre et à reconquérir sa nationalité et sa dynastie: quelle consolation, et surtout quelle espérance !

Voilà donc enfin une aurore de prospérité qui se lève sur la Maison de Bourbon et sur le royaume de Naples ! C'est le présage d'un jour plus beau encore; c'est le signe d'un triomphe prochain du bon Droit et de la Justice (1).

(1) Les joies et les espérances qu'excitaient, tant dans la Royale Maison des Deux-Siciles que dans les fidèles provinces napolitaines, cette heureuse naissance, ne devaient point, hélas! être de longue durée. Dans les premiers jours de mars, une nouvelle et cruelle épreuve frappait les hôtes augustes du palais Farnèse : Dieu appelait à lui la jeune princesse, objet de tant d'amour.

(A. de R.)

XVI.

1869 et 1870 (1)

Rome, 1er janvier 1870.

Comment, aujourd'hui, en pensant à la chère patrie absente, comment ne pas adresser d'ici un adieu à l'année qui s'en va et un salut de bienvenue à l'année qui commence?

Chez nous, 1869 finit pauvrement et tristement, comme elle a vécu, expirant entre le froid et la neige, nous dit-on, et le laborieux enfantement d'un ministère qui sera mort-né s'il parvient à la lumière.

Après avoir oscillé entre mille écueils et les avoir touchés tous, le navire déjà désemparé qui porte les destinées de la France menace d'échouer entre des difficultés et des misères, et de laisser son équipage en proie aux hasards de l'imprévu et à la marée montante du désordre.

Une majorité sans doctrines, à laquelle on demande des idées qu'elle n'a pas et une cohésion dont elle est incapable; un premier ministre qui pourrait à peine trouver des collègues et qui, certainement, ne trouvera ni un programme ni un parti; des institutions mal assurées, flottant entre le régime qui n'est plus et un régime qui n'est pas encore; une incroyable stérilité d'honneur et

---

(1) La composition du ministère du 2 janvier n'était point connue à Rome à la date de cette lettre, et elle ne pouvait pas l'être. Au reste, cette phase nouvelle de la politique ne modifiait que très-faiblement les justes appréciations qu'elle fait de la situation.   (A. de R.)

une absence presque complète de desseins et de résolutions; une dissolution imminente du Corps législatif et
la perspective d'élections générales infiniment plus ac-
centuées que les dernières, qui l'ont été déjà si vivement
qu'elles ont entraîné une véritable révolution; tout cela
en face des défaillances du dedans, de l'isolement et de
la défiance au dehors : tel est le legs déplorable que recueille 1870.

Que deviendra un si malencontreux héritage? Et n'y
a-t-il pas à craindre que l'héritière ne rende pire encore
une situation qu'elle n'est guère de force à améliorer?

Ah! je vous assure que, voyant d'ici avec une certaine élévation les petites choses, les petits hommes, les
petits intérêts qui se disputent le monde, on ne peut se
défendre d'un sentiment de honte, de pitié et d'alarmes!

Et pourtant si la France voulait!.. si l'Europe voulait!..
Les maux sont énormes et la décadence est profonde;
mais le remède est là : il est dans ce « droit chrétien »
que rappelait naguère une voix si pure et si patriotique;
il est dans les principes sur lesquels repose toute société
humaine et auxquels il faut revenir sous peine de périr;
il est, chez nous, dans l'alliance de l'autorité vraie avec
les libertés publiques, telles que les comporte une nation
civilisée et formée par quatorze siècles de monarchie et
de catholicisme.

Royauté et Foi! Comme, ici, l'on sent bien la force de
ces deux grandes puissances de la terre et du ciel!

Laissez-moi vous montrer le contraste. A Rome, l'année 1869 a fini dans les actions de grâces, et l'année
1870 s'inaugure dans la confiance et dans la joie.

Hier, à quatre heures, la ville était tout en fête ; le
Pape allait chanter le *Te Deum* au *Gesù*. Un temps magnifique favorisait cette cérémonie ; les rues étaient en-
combrées ; sur le parcours du cortége pontifical toutes
les fenêtres étaient ornées de draperies, de tapis et de
tentures ; les balcons des palais et les fenêtres des maisons étaient remplis. Dès avant deux heures la vaste
église était comble. Peu à peu, dans l'étroit espace réservé, tous les princes et toutes les princesses présents
à Rome arrivaient. Quelle magnifique couronne de rois
et de souverains attendant les prières et la bénédiction
de celui qui est le Vicaire du Roi des rois ! L'Impératrice d'Autriche, le Roi des Deux-Siciles, le Duc et la
Duchesse de Parme, le grand-duc et la grande-duchesse
de Toscane, toute la famille royale de Naples, étaient
aux pieds de l'autel, représentant le Droit et la Justice
autour de l'invincible et auguste défenseur de la Vérité.

Je ne décrirai pas les magnificences du *Gesù* : elles
sont historiques. Qu'il me suffise de dire que le temple,
où le marbre des colonnes le dispute en éclat à l'or
même, resplendissait de mille feux. L'autel et le mono-
gramme de Notre Seigneur semblaient entourés de guir-
landes de diamants.

De longues acclamations ont annoncé de l'extérieur l'arrivée du Saint-Père. Après le *Te Deum*, admirablement
chanté, la foule, qui s'était entassée sur la place et qui
rivalisait avec celle qui sortait de l'église, a accueilli
Pie IX par une ovation plus triomphale encore que
celle dont j'avais été le témoin aux Saints-Apôtres. J'ai
même trouvé, et c'était le sentiment que j'ai rencontré

partout, que les cris et l'enthousiasme du 31 décembre
avaient quelque chose de plus affectueux : comme si
l'immense multitude voulait témoigner ses vœux de
nouvel an avec un redoublement de respect, et, disons le
mot, — il est italien et exprime au vrai la pensée populaire, — de *divozione* pour le Pontife et pour le Père.

Et ce que je ne saurais trop marquer, c'est la sincérité, la spontanéité, le laisser aller de ces explosions de
vivats ; c'est la vénération libre et volontaire avec laquelle s'agenouille un peuple entier où les Romains
sont en majorité, quels que soient le nombre et l'empressement de ces « étrangers, » tous en ce moment
citoyens de la patrie commune des âmes.

Ce matin, le canon du fort Saint-Ange annonce
l'année nouvelle : une aurore radieuse avec un froid de
bon augure dore les coupoles de Saint-Pierre, et de
légers nuages rosés se détachent sur l'azur naissant.
Rome s'éveille dans la paix et l'allégresse : elle est fière
et heureuse de son Pontife et de son Monarque ; son
Roi a droit d'être heureux et fier d'elle !

Le Concile augmente encore les heureuses perspec-
tives de 1870. Il a commencé ses travaux avec la gravité et la majesté qu'on en attendait. Déjà des débats
considérables ont été entamés. Le secret est de rigueur ;
mais il est tempéré par le nom et par l'éloge des orateurs
déjà entendus. Bien plus encore que dans nos procès à
huis clos, il est impossible de dire sur quoi ont porté
les débats ; mais ce que la renommée accueille, c'est
l'effet produit par l'éloquence et la puissance de la discussion. Il n'y a qu'une voix pour signaler les princi-

paux Pères qui se sont fait entendre ; on parle notamment de Mgr Strossmayer, Évêque de Bosnie. Les commissions sont en grande activité.

La Reine de Naples et la jeune Princesse continuent à être en excellente santé. Hier soir, S. A. R. le comte de Trapani avait réuni, dans une belle et brillante soirée, les princes et princesses qui avaient assisté au baptême, et les Napolitains qui étaient venus avec tant d'empressement et de fidélité pour cette cérémonie nationale. C'était la suite et le complément des réjouissances, telles que le permet l'exil. S. M. François II a honoré la réunion de sa présence ; ses traits respiraient le bonheur, et ses paroles témoignaient combien son noble cœur était touché de toutes les marques de dévouement et d'attachement que lui offre son peuple entier, et notamment l'élite de la jeunesse, véritable espérance de l'avenir. Il est impossible de montrer plus de grâce et de bonté que ne l'ont fait LL. AA. RR. le comte et la comtesse de Trapani pour les hôtes qu'ils avaient invités, et qui ont emporté de cette fin d'année le plus agréable souvenir.

Donc, ici, 1870 s'ouvre sous les plus favorables auspices ! Puisse la France, comme tout le monde catholique, en recueillir sa par

XVII.

LE CONCILE ET SES TRAVAUX.

Rome, 3 janvier 1870.

Le temps des principales fêtes est passé. Nous aurons encore l'Épiphanie avec la pompe religieuse de sa solennité et avec les joies populaires de la « Befana. » Certes, ce sera une consolante perspective que de considérer, non plus comme au temps des Mages, les premières des nations représentées auprès du berceau du Sauveur, mais, autour de ce même berceau, les Pasteurs du monde entier, venant apporter l'or de la foi, l'encens de la prière, la myrrhe des souffrances de toutes les parties de la terre habitée. Là encore le Concile ajoutera à l'éclat et à l'enseignement de la fête.

Les Pères profitent du temps qui est plus libre pour accélérer leurs travaux, et je puis vous assurer qu'il y a bien peu de parlements ou d'assemblées délibérantes qui déploient autant de zèle. Ainsi, indépendamment des réunions de commissions, il y a presque tous les jours des séances générales, qui ne durent pas moins de cinq heures. Aujourd'hui, après la messe, à neuf heures et demie, les débats ont commencé et n'ont pas fini avant deux heures et demie. Comme dans les deux dernières réunions, cinq orateurs au moins ont été entendus. Vous voyez que les opinions ont parfaitement le loisir de se développer. Les dispositions nouvelles prises dans la salle du Concile permettent maintenant à la voix de parvenir aisément aux vénérables auditeurs.

Quant à la liberté des orateurs, ai-je besoin de vous redire qu'elle est absolue? C'est la justice que les esprits les plus prévenus sont bien obligés aujourd'hui de rendre à l'illustre assemblée, au témoignage de tous ses membres. L'un d'eux, et son autorité est considérable, s'est exprimé, sous ce rapport et publiquement, de la façon la plus catégorique, ayant pu lui-même en faire l'expérience et en gardant pour ses collègues et pour le Concile une vive et légitime gratitude.

En même temps que l'indépendance est assurée aux discussions, l'esprit de paix et de charité anime de plus en plus les premiers Pasteurs. A échanger leurs pensées, soit en particulier, soit dans les séances, ils prennent, si l'on peut ainsi parler, plus de respect mutuel pour des sentiments dictés par la conscience, plus de désir de se rapprocher et de s'unir dans la vérité. C'est une émulation d'égards et de vénération, c'est une confiance réciproque dans la droiture de tous, c'est une recherche du juste et du vrai qui prépare admirablement les voies aux décisions définitives.

Il faut que l'opinion publique le sache : la vérité fait son chemin dans la paix et dans la concorde. Les catholiques y comptaient; il leur est doux et consolant d'avoir à invoquer à l'appui de leur conviction le témoignage des faits.

Le télégraphe vous a donné les noms des Pères qui composent la troisième grande commission, celle des Ordres réguliers. Vous avez vu que, presque au premier rang, figurent deux Évêques français, Mgr l'Évêque de Strasbourg et Mgr l'Archevêque de Rennes. Ces deux noms avaient été, dit-on, présentés par une réunion générale de l'Épiscopat de notre pays, à laquelle auraient pris part soixante-seize Prélats. C'est encore une marque de confiance que le Concile donne à nos Pasteurs. Nous avons droit d'en être fiers et devoir d'en être reconnaissants.

Dans la réunion de ce matin, on a eu notification de la nomination par le Saint-Père de LL. ÉÉm. le Cardinal Bilio et le Cardinal Caterini comme présidents, l'un de la commission *de Fide*, l'autre de la commission *de Disciplina*. Une Bulle confère à S. Ém. le Cardinal de Angelis la charge de l'un des présidents des sessions générales en l'absence du Pape. Cet éminent prince de l'Église remplace le regretté Cardinal de Reisach.

C'est un confesseur de la foi. Vous avez applaudi à son incomparable courage en face des persécutions du gouvernement piémontais; vous avez salué sa fermeté lorsque le ministère de Victor-Emmanuel l'a tenu prisonnier à Turin et l'a réduit au « domicile forcé, » *domicilio coatto*, dans la maison de la Mission. La science et la piété du Cardinal, ses vastes connaissances, son talent, qui a eu à se déployer dans diverses nonciatures importantes, le désignaient au choix du Souverain Pontife, et le Concile s'est associé à l'honneur que justifiait une vertu aussi universellement appréciée.

Les Pères ont eu à rendre hommage à un autre confesseur, l'Évêque de Foggia, qui avait été jeté en prison par les Piémontais, et qui vient de succomber aux suites de ces violences.

Quelle assemblée que celle où figurent tant de personnages qui non-seulement soutiennent et revendiquent les droits et la liberté de l'Église, mais, qui peuvent montrer les traces des maux qu'ils ont soufferts pour ces droits et pour cette liberté!

Le Saint-Père continue à jouir de son excellente santé : il supporte d'une manière étonnante ses nombreuses fatigues. Aujourd'hui, il a reçu les félicitations des souverains et des princes présents à Rome. Le Roi de Naples et la famille royale, le Duc et la Duchesse de Parme lui ont présenté leurs vœux.

Il a donné aussi plusieurs audiences particulières. Laissez-moi vous citer un trait de l'une d'elles. Elle était accordée à un ancien officier de la garde royale, M. de S..., décoré en 1823 pour fait de guerre. Le Saint-Père, l'ayant appris, a demandé à l'officier, d'abord s'il avait connu Charles-Albert, le « grenadier français, » et s'est plu ensuite à rappeler que S. A. R. Mgr le Duc d'Angoulême avait été le dernier prince à qui aient été décernés l'épée et le chapeau, le *stocco* et le *berettone*, qui sont bénits à la messe du jour de Noël. Ce souvenir — on n'oublie rien à Rome! — aura beaucoup de prix pour notre brave armée, qui a su si bien maintenir en Espagne comme partout l'honneur héréditaire de notre drapeau.

Demain, il y aura une nouvelle réunion du Concile ; ses séances deviendront de plus en plus fréquentes. On parle toujours d'une session générale et publique pour l'Épiphanie, où les Évêques prononceraient la profession de foi de Pie IV.

Vous le voyez : le Concile marche dans sa force, sa sagesse et sa liberté.

XVIII.

L'ÉPIPHANIE ET LA SECONDE SESSION GÉNÉRALE DU CONCILE.

Rome, 6 janvier 1870.

La seconde session générale du premier Concile du Vatican vient de se terminer. Il est deux heures et demie: la cérémonie avait commencé à neuf heures et demie. On ne saurait comprendre que par une assistance spéciale de la Providence la force avec laquelle le Saint-Père supporte de telles fatigues. Plusieurs Évêques, dont l'âge est moins avancé que le sien, en éprouvent des échecs. Ce matin, pendant la séance, un de nos plus vénérables Prélats, l'Évêque de Meaux, s'est senti pris d'une sorte de faiblesse. Il a été immédiatement secouru; on lui a fait respirer des sels; il est sorti quelques instants, et, se trouvant mieux, a tenu à revenir dans la salle, où il a pu demeurer jusqu'à la fin.

La fête, du reste, était magnifique. Aux splendeurs accoutumées de Saint-Pierre s'ajoutait l'intérêt particulier de la profession de foi de tout l'Épiscopat. Vous aurez par notre correspondant, si vous ne les avez déjà, les détails de la cérémonie. Laissez-moi insister sur ce qu'elle a eu de particulièrement majestueux et émouvant.

Pendant la messe d'abord, le *Credo* a été chanté par tous les Évêques. Vous ne sauriez vous figurer l'impression que produisent ces voix venues de tous les coins de l'horizon, exercées à l'enseignement, à l'éloquence, à la défense de Dieu et à la prédication du salut, et répétant ensemble le Symbole de cette même foi qui éclaire le monde entier. L'impression gagne à mesure que se développent les paroles, et elle avait quelque chose de plus solennel encore quand on est arrivé à la confession de la croyance en l'Esprit-Saint, qui plane visiblement sur l'assemblée.

Après la messe, on a entonné les Litanies des saints. A entendre tous ces noms glorieux de l'Église du ciel invoqués par l'Église de la terre, la pensée rappelait, pour ainsi dire, sur chaque siége, les docteurs, les martyrs, les confesseurs qui les ont illustrés. On revoyait, dans le souvenir du passé et dans la gloire de la communion des saints, ces apôtres et ces fondateurs qui protégent de leur intercession les successeurs que la suite des siècles leur a donnés, et leur auréole projetait sur le Concile entier comme une lueur de force, de charité et de paix.

Vers la fin des Litanies, le Pape a chanté les versets par lesquels il supplie la Très-Sainte-Trinité de « bénir, » de « gouverner, » de « conserver » le Concile. L'accent merveilleux de sa parole, qui a retenti avec une vigueur extraordinaire sous ces voûtes immenses et qui est arrivée jusqu'aux extrémités de la basilique, a pris une vibration plus pénétrante encore de la piété et de l'ardeur qui animent sa grande âme. Il s'est fait dans tout l'auditoire, chez les Pères d'abord, dans l'innombrable public ensuite, un mouvement spontané et profond. Le Ciel s'abaissait pour répondre aux vœux de Pie IX.

La profession de foi de Pie IV a été lue publiquement. Vous la connaissez : elle est le plus beau résumé de la doctrine catholique, et ce serait une pensée heureuse que de la reproduire en y adhérant. Nul témoignage de fidélité, de soumission et de foi, ne saurait avoir plus d'à-propos.

Chaque Évêque est venu à son tour prononcer la formule d'adhésion devant le Saint-Père. Ce « défilé, » si j'ose ainsi parler, n'a pas duré moins de deux heures. La longueur de la cérémonie était largement rachetée par sa haute signification. La satisfaction de conscience et la joie du témoignage rendu à la vérité catholique se sont vivement exprimées par le *Te Deum*, auquel se sont associés de nouveau tous les Évêques.

Le Pape a donné sa bénédiction, qui, comme d'ordinaire, a remué tous les cœurs.

L'Épiphanie, l'anniversaire de la « manifestation » de la lumière divine aux nations, a donc été dignement célébrée par les Pasteurs chargés de porter jusqu'aux confins du globe le flambeau de la clarté évangélique.

Après la fête de l'Église, la fête du peuple. Hier soir et toute la nuit, les Romains se sont livrés à leur expansion habituelle. Ils s'amusent, à l'occasion de la « Befana, » comme, dit-on, s'amusaient les rois jadis et comme certainement les rois ne s'amusent plus. Cette gaieté est franche, un peu bruyante : — est-ce que le bruit n'est pas de toutes les manifestations extérieures? — elle est honnête et elle est sincère. Les sifflets, les trompettes, les tambours de Basque, les chants des jeunes gens et des enfants retentissent partout, et notamment autour de Sant'-Eustachio, où sont les petites boutiques illuminées qui débitent les jouets, les sucreries, les petits objets et surtout les sifflets de toutes formes qui sont l'instrument de la réjouissance publique.

Il y a jusque dans les élans de cet entrain une réserve et une dignité qu'on ne trouve pas dans nos foules aux jours de folies. La police est ou paraît absente, et rien ne trouble une allégresse parfaitement inoffensive.

Demain, et même dès ce soir, commencent d'ailleurs les exercices de piété en l'honneur de Jésus Enfant. Saint-André della Valle va plusieurs jours durant être témoin des plus belles cérémonies dans tous les rites, et les prédicateurs les plus éloquents et les plus savants se feront entendre sous ses voûtes dans tous les idiomes connus. Puis viendra le tour de la Propagande avec sa « fête des langues. »

Comme on touche ici le miracle de l'établissement et de l'extension de l'Église ! Les trois rois d'Orient apportaient à la crèche les prémices du monde ; c'est le monde entier qui maintenant se rend à Rome pour offrir l'élite de ses vertus, de ses talents, de son génie, et, ce qui vaut mieux, de sa sainteté.

XIX.

AUDIENCE DU COMITÉ FRANÇAIS POUR L'ARTILLERIE PONTIFICALE.

Rome, 7 janvier 1870.

Encore une heureuse fortune que je tiens à vous faire partager! Nos amis y ont droit par le concours généreux qu'ils ont prêté à l'œuvre qui a mérité cette faveur. C'est celle qui s'est donné pour mission de pourvoir aux besoins matériels de l'artillerie pontificale.

Trente-deux départements, de l'Ouest, du Nord et du Centre spécialement, ont vu se former des comités, à l'imitation et sous l'initiative de celui qu'avait institué à Poitiers un zélé catholique, M. de la Chevasnerie. Une batterie rayée de 12 de campagne, huit cents obus, le matériel de rechange d'une batterie de montagne, deux canons de montagne et quatre mille fusées d'obus, soixante mulets d'artillerie et quatre-vingt-dix chevaux, six cents mousquetons Remington, représentant près de 220,000 fr., témoignent du zèle, de l'activité et de l'utilité des offrandes que notre pays se plaît à multiplier pour le service de la cause pontificale.

Il était juste que ce dévouement reçût sa récompense. Déjà, dans son allocution à l'armée, le Saint-Père avait étendu sa bénédiction à tous les fidèles qui ont coopéré à sa formation et qui lui sont venus en aide de toutes les

manières. Interprète de son auguste Souverain, le brave
général Kanzler s'était empressé de transmettre aux divers comités la nouvelle de cette grâce spontanée de
Pie IX.

Le Pape a voulu y mettre le comble en recevant,
dans une audience particulière, le président et les membres des divers comités présents à Rome en ce moment.
L'audience a eu lieu ce matin au Vatican : M. le colonel
Caïmi, commandant l'artillerie, M. le lieutenant-colonel
des zouaves baron de Charette, Mgr Daniel, aumônier
des zouaves, M. le capitaine Daudier et M. le lieute-
nant de Falaiseau, M. le capitaine Le Gonidec, M. de
Parseval, M. le baron Chaurand, M. de Montergon,
M. de Richecour et M. de la Borderie accompagnaient
M. de la Chevasnerie, qui apportait à Sa Sainteté la
liste des souscripteurs.

Cette liste, magnifiquement imprimée en un exemplaire unique, contient, à chaque titre des départements, les armes des principales villes peintes en minia-
ture avec un art parfait. C'est l'ouvrage d'un Frère des
Écoles chrétiennes de Nantes. Le volume, in-folio, est
enveloppé d'une reliure en veau du Levant, d'une rare
magnificence. Les armes de Pie IX en couleur ressortent sur un semé de fleurs de lis d'or, et des ornements
en vermeil relèvent les coins. La dédicace est : PIO
NONO GALLIA FIDELIS. C'est un des plus beaux volumes
du Livre d'or de la fidélité française.

Le Saint-Père était admirable de grâce, de santé et
d'enjouement. C'est le désespoir de ceux qui écrivent
d'avoir à tenter de reproduire, non-seulement le sens

des paroles descendues de cette bouche vénérée, mais en
core l'attitude si simple et si majestueuse tout ensemble,
le ton paternel et royal, le sourire charmant, l'éclair du
regard, ce jeu si fin et si doux de la physionomie, les
gestes, l'accent, toute cette harmonie enfin où se con-
fondent l'autorité, la magnanimité, la bonté et la man-
suétude. Ici, il faut avoir été témoin, et le témoignage
le plus sincère ne saurait atteindre à l'exactitude.

M. de la Chevasnerie a lu, d'une voix très-émue, les
paroles suivantes, que le Saint-Père a accueillies avec
des signes d'attention et de satisfaction marquées :

« TRÈS-SAINT-PÈRE,

« La France, cette fille aînée de l'Église, la France
de Charlemagne et de saint Louis, s'est sentie remuée
jusqu'au fond des entrailles, en voyant la détresse où
Vous a plongé Votre noble conduite. Non contente de
Vous envoyer l'élite de ses enfants, elle a voulu donner
à Vous et à Votre vaillante armée de nouveaux témoignages de son amour et de son admiration en offrant
des secours matériels pour Votre artillerie.

« Vous avez daigné les recevoir, Très-Saint-Père :
veuillez accepter aujourd'hui, avec la liste des souscripteurs, l'hommage de leurs vœux et de leur dévouement;
et puissent un jour Vos héroïques défenseurs, ces Ma-
chabées du dix-neuvième siècle, — aux cris de Vive
Pie IX! Plutôt la mort que l'infamie! — remporter le
triomphe final qui assurera le sceptre dans Vos mains et
la Croix au dôme de Saint-Pierre.

« C'est le vœu de la France, Très-Saint-Père ; c'est le vœu de deux cents millions de catholiques, qui n'ont tous qu'un cœur pour Vous aimer et une voix pour Vous le dire.

« Daignez, Très-Saint-Père, accorder Votre bénédiction à nous et à tous nos souscripteurs. »

Alors, l'auguste Pontife a commencé une de ces allocutions familières et élevées qui touchent ses auditeurs jusqu'au fond de l'âme, et dont il n'est pas possible de rendre le charme pénétrant.

Voici la substance de cette allocution :

Le Saint-Père remarque avec gratitude que des dons de toute nature sont offerts au Saint-Siége : on offre de l'argent, des objets précieux ; on offre des canons, on offre surtout des prières. Les prières, elles viennent de partout, et ce sont les vraies armes du Pape.

Ce sont ces prières qui inspirent confiance. Oui, elles gardent ce coin de terre qui est laissé au Saint-Siége. Ce coin de terre, on ne nous l'enlèvera pas, nous en sommes convaincus. Au besoin, il serait bravement défendu par notre armée.

Elle est petite, cette armée ; mais David aussi était petit, et il n'a pas hésité à combattre le géant, et la tête de Goliath est restée à David ! La guerre, toutefois, n'est pas à craindre. Les dons de l'Europe et du monde nous assurent que nous demeurerons ici de jour en jour et que nous y vivrons. Nous sommes pauvres, mais notre pauvreté n'est pas à plaindre. Jamais on n'a tant fait ici dans la Ville avec les secours de toute la terre.

Nous sommes heureux de voir aussi le dévouement des fidèles, surtout des jeunes gens. Il y en a beaucoup et de très-bons, qui savent combattre et résister. Autrefois, du temps des philosophes, la jeunesse se laissait entraîner et ne résistait pas ; aujourd'hui, elle offre un contre-poids au mal : elle résiste. C'est d'un heureux augure.

Donc, nous vivrons, nous vivrons pour dire la vérité. Oui, la vérité, il faut la dire, la dire avec prudence, avec sagesse, avec charité ; mais il faut la dire toujours... Moi, je n'ai pas peur de la dire. Et encore, quand on a dit la vérité, il faut signaler l'erreur : ici est la vérité, là est l'erreur. Et l'erreur, il faut la condamner.

Le Pape, à ce moment, se fit montrer le livre : c'est la liste des souscripteurs. Je vais vous bénir tous, vous, vos familles, vos amis, votre patrie. *Benedictio Dei omnipotentis...*

Chacun s'était agenouillé. Pie IX s'est approché successivement de tous, leur adressant un mot de bienveillance et leur laissant baiser sa main.

Le colonel Caïmi était le plus voisin de Sa Sainteté. Pie IX lui a aussitôt parlé de Mme la Duchesse de Parme avec un intérêt touchant ; et, se tournant vers l'auditoire : « Coïncidence singulière ! » a-t-il dit : « elle est née pendant que j'étais à Gaëte. Je l'ai baptisée dans la cathédrale : elle était bien petite. Puis je lui ai fait faire sa première communion ; je l'ai confirmée, et ensuite je l'ai mariée. Bientôt je vais être parrain. » Tout cela était dit du ton de l'affection la plus paternelle et avec une exquise délicatesse.

Une bénédiction particulière a été donnée à chacun de nous, et elle a été ensuite conférée à chaque comité et à tous ses membres.

L'audience avait duré près d'une demi-heure. Le Saint-Père paraissait heureux ; les signes de la force et de la santé brillaient sur son teint et dans son attitude. La scène était éclairée par un magnifique soleil qui faisait resplendir le bel horizon qu'on découvre du Vatican. Cette fête de la nature semblait s'associer à la fête de nos cœurs.

Voilà un noble prix des efforts déjà réalisés par les comités : c'est une obligation d'avenir. « Nous continuerons, Très Saint-Père, » a dit en se retirant M. de la Chevasnerie. Sa parole sera tenue. L'artillerie romaine sera l'objet d'une sollicitude particulière, qui, sans nuire au recrutement des autres corps, lui amènera des hommes, — il en faut, — et maintiendra son armement à la hauteur des nécessités militaires.

La « France fidèle » sera persévérante, et elle perpétuera une œuvre si digne de la faveur qu'elle a reçue.

XX.

LE PAPE ET LES SOUSCRIPTEURS DE *l'Union*.

Rome, 8 janvier 1870.

Je n'ai pas le droit, j'ai encore moins l'envie de retenir, sans vous la transmettre immédiatement, la nouvelle faveur que le Saint-Père a daigné accorder à *l'Union* et aux œuvres qu'elle a été heureuse d'entreprendre.

J'avais tout à l'heure l'honneur enviable et envié de déposer aux pieds de Sa Sainteté, avec les listes de notre souscription pour l'armée romaine, le reliquat des offrandes produites par cette souscription, et en même temps le premier envoi de la souscription pour le Concile. Le Saint-Père, avec une bonté inexprimable, m'a témoigné sa satisfaction, et je puis dire ses remercîments et sa gratitude pour tous. Il semblait heureux, ce Père des rois et des peuples, de la pauvreté qui lui attire les dons des fidèles, dons singulièrement nécessaires d'ailleurs pour le gouvernement de l'Église et pour le maintien de la souveraineté temporelle.

Le Pape aime la France ; il veut bien le dire, et on le voit à la grâce qu'il met à lui savoir gré de ses efforts.

Pie IX s'est enquis des éléments de la liste que je soumettais à sa bienveillance ; il a paru touché des huit mille noms de personnes ou de familles qui y figurent et du chiffre auquel les offrandes se sont élevées. Il a accordé à tous les souscripteurs — et, a-t-il ajouté, « à leurs familles, à leurs amis, à leur patrie, » sa bénédiction apostolique.

Voilà, certes, un noble encouragement à de nouveaux sacrifices. Les dépenses du Concile, qui sont, à proprement parler, des dépenses du budget de la catholicité, doivent être supportées par les diverses nations. La nôtre, qui n'a pas de rivale en fait de générosité, tiendra à honneur de se distinguer encore ici, et nos amis sauront garder le rang qui leur est acquis toutes les fois qu'il s'agit de venir en aide à une cause sainte. Je n'ai pas craint de le promettre au Pape en leur nom, et je suis assuré qu'ils tiendront ma parole.

Il est essentiel aussi de continuer les dons pour l'armée. Elle est excellente, cette petite armée, brave et parfaitement organisée ; c'est la garde avancée que le monde chrétien place au poste d'honneur de la foi et de la civilisation. Mais elle doit être soutenue dans ses cadres et dans son personnel par le recrutement ; dans son matériel, par les armes, l'artillerie, les munitions. Elle est aussi, et au premier chef, une dépense de la catholicité : car c'est pour la catholicité qu'elle défend Rome, qu'elle veille aux portes du Concile, et qu'elle assure la liberté et la souveraineté du Pontife suprême.

Pour elle aussi, nos amis perpétueront les entreprises de leur zèle et les largesses de leur charité. Ils ne peuvent mieux les employer.

Le Saint-Père compte sur les persévérants efforts de

l'Union. Il a daigné me le dire, et ses désirs sont des ordres pour ceux qui l'aiment et le servent. D'elle-même, d'ailleurs, Sa Sainteté avait bien voulu témoigner de nouveau un intérêt spécial à nos travaux ; et, comme je me permettais de la remercier de la faveur avec laquelle Elle avait agréé la ligne de « modération, de respect et d'obéissance » que nous dicte notre dévouement, ainsi que l'assurance de soumission filiale avec laquelle nous adhérons à tout ce que le Saint-Siége et le Concile, aidé de l'Esprit d'en haut, préparent pour le bien de la société et la gloire de l'Église, Sa Sainteté a repris : « Oui, c'est bien, c'est très-bien ; c'est ainsi « qu'il faut faire : continuez ! »

Je n'ai pas besoin de vous dire de quelle reconnaissance et de quelle joie j'étais pénétré ; vous en jugerez par celles que vous éprouverez vous-mêmes, ainsi que tous nos amis.

Je n'avais point oublié nos collaborateurs et nos ouvriers, qui travaillent à notre œuvre avec zèle et fidélité. Pie IX a eu pour eux tous, et pour les derniers en particulier, des paroles de bonté paternelle. Il est sympathique aux intérêts du travail et aux besoins des classes laborieuses ; il a fait énormément pour elles à Rome, et je me plairai, un de ces jours, à vous donner à ce sujet de touchants détails.

L'audience touchait à sa fin. Le Saint-Père s'est levé et m'a dit : « Je veux vous donner une médaille, à vous. « le directeur », et il est allé chercher un écrin à ses armes, dans lequel est renfermé un beau médaillon de cornaline gravée et représentant saint Pierre.

Comme, évidemment, je ne dois cette marque de royale bonté qu'à la part que je prends à nos communs travaux, et comme c'est à propos des « ouvriers » que la pensée en est venue à Sa Sainteté, je n'hésite pas à vous le dire publiquement, pour vous reporter, ainsi qu'à notre œuvre, l'honneur qui vous en revient plus encore qu'à moi-même.

Le Saint-Père a daigné m'entretenir auparavant de la situation de l'Europe et de celle de la France, qui le préoccupent au point de vue le plus élevé. J'ai admiré une fois de plus sa sagesse, sa clairvoyance, la sérénité et la grandeur de ses aperçus, et l'incomparable confiance qu'il met, à si bon droit, dans la Providence.

La santé et la force sont toujours son apanage, autant que la douceur et l'affabilité.

Je m'arrête... Je serais plus libre dans la louange si Pie IX avait été moins généreux dans ses bontés et ses bénédictions. Votre reconnaissance achèvera ce que je laisse taire à la mienne.

XXI.

LE PAPE ET LES ORATEURS DE ROME.

Rome, 10 janvier 1870.

Pie IX est né orateur. Dans sa jeunesse, il a cultivé ce don avec un grand succès, et l'on garde précieusement le souvenir des missions qu'il a prêchées et qui ont produit des fruits excellents. Aujourd'hui, Pie IX est orateur à la manière des grands Papes : il excelle dans les homélies et les allocutions, et chez lui l'onction s'unit à la fermeté. La tête dicte et le cœur parle. D'ailleurs, tout concourt, en son auguste personne, à captiver, à émouvoir, à charmer l'auditoire : sa noble attitude, sa belle figure, ses regards vifs et purs, son ineffable sourire. Il n'y a pas même jusqu'au léger effort qu'il fait pour s'exprimer dans notre langue qui ne donne à sa parole une pénétration plus émouvante.

Un millier de fidèles, hier encore, en ont fait la douce expérience, et vous ne sauriez vous figurer quel sentiment d'enthousiasme anime tous les récits que je reçois. Je veux m'en faire l'écho, affaibli mais sincère.

L'audience avait lieu dans la grande galerie des Cartes géographiques, comme celle à laquelle j'ai assisté moi-même. Il y avait une affluence tellement nombreuse et tellement empressée, que le Saint-Père a eu une certaine peine à fendre cette foule pour arriver jusqu'à son trône. Les gardes-nobles ont dû lui frayer le

passage, au milieu des acclamations et des démonstra-
tions de joie et de respect.

On ne saurait s'empêcher de remarquer combien ces
hommages sont spontanés, combien ils sont loin de tout
caractère officiel, et combien ils renferment de protestations libres et volontaires de vénération et d'attachement.

Hier, le Pape n'avait point passé dans les rangs, ainsi
qu'il le fait d'ordinaire, et il était allé directement à
son trône, où il était monté avec la plus grande aisance.
Là, debout, droit et ferme, il a étendu son regard, plein
de bienveillance et de majesté, sur l'assistance, et il s'est
exprimé dans des termes dont on ne saurait reproduire le
texte absolument exact, mais dont on me garantit le sens :

« J'ai résolu aujourd'hui de me tenir à cette place
pour deux raisons : d'abord, parce que le Pape est un peu
fatigué — il a tant à faire, le Pape ! — ensuite, parce
que vous êtes bien nombreux, et qu'en m'arrêtant à
chaque famille seulement une minute, il me faudrait bien
du temps.

« Vous êtes venus ici pour deux choses : pour voir le
Pape, et puis pour recevoir sa bénédiction.

« Le Pape, le voici ! Pour la bénédiction, je vous la
donnerai quand je vous aurai dit quelques mots.

« Ces mots, j'en prendrai le sujet dans l'évangile du
jour : Notre-Seigneur retrouvé au temple. En effet, la
sainte Vierge Marie et saint Joseph, ayant quitté Jérusalem pour retourner chez eux, s'aperçurent, après une
journée de marche, que Jésus n'était plus dans leur
compagnie. L'ayant cherché en vain, ils se décidèrent à
revenir à Jérusalem. Et là, après trois jours d'angoisses,

ils le découvrirent dans le temple, prêchant aux docteurs, qu'il étonnait par ses réponses et sa doctrine.

« La sainte Vierge et saint Joseph lui demandèrent alors pourquoi il les avait quittés et livrés à de si poignantes inquiétudes. Et Jésus répondit : Pourquoi suis-je ici, si ce n'est pour faire les affaires de mon Père céleste ? De cette parole il nous faut apprendre que nous aussi nous ne sommes sur la terre que pour faire les affaires du souverain Maître, de notre Père qui est aux cieux.

« C'est pour ces affaires que j'ai réuni le Concile qui se tient au Vatican, et dont tout le monde s'occupe aujourd'hui.

« Les uns croient que le Concile va tout arranger et qu'il fera cesser toutes les divisions qui existent parmi les hommes. Mais le cœur et la tête des hommes ne peuvent être changés que par le Père céleste, qui, seul. a le pouvoir de renouveler la face de la terre.

« Les autres croient que cette assemblée ne servira de rien, et ils en rient.

« Je ne suis qu'un homme, un pauvre homme, et misérable. Mais je suis le Pape, le Vicaire de Jésus-Christ, le Chef de l'Église catholique, et j'ai réuni le Concile, et ce Concile fera les affaires de Dieu.

« De prétendus sages voudraient qu'on ménageât certaines questions et qu'on ne marchât pas, comme ils disent, contre le courant des idées du temps. Mais moi je dis qu'il faut dire toute la vérité, qu'il ne faut jamais craindre de la proclamer et de condamner l'erreur. Je veux être libre et indépendant. Les affaires du monde, je ne m'en occupe pas; moi je fais les affaires de Dieu, de l'Église, du Saint-Siége et de la société chrétienne tout entière. Priez donc, priez, forcez le Saint-Esprit par vos supplications à intervenir et à éclairer les Pères du Concile, afin que la vérité triomphe et que l'erreur soit vaincue.

« Il y a ici des catholiques de toutes les nations: Anglais. Français, Espagnols, Allemands, sont venus chercher force et consolation près de la Chaire de saint Pierre. O mon Dieu ! envoyez votre Saint-Esprit ! Écoutez, écoutez et accueillez les prières que tout votre peuple vous offre ! Bénissez, ô mon Dieu ! ce peuple qui est le vôtre ; et vous tous qui êtes ici rassemblés autour de moi, recevez cette bénédiction pour vous, vos familles, vos amis, et qu'elle se répande sur la patrie de chacun de vous.

« Bien des familles, sans doute, ne sont pas exemptes de ces troubles, de ces peines, de ces divisions, inséparables de la vie temporelle : que cette bénédiction que je vous donne y porte la concorde et la paix. *Benedictio Dei...* »

Des acclamations sans fin ont accompagné le Saint-Père, qui ne s'est soustrait que difficilement aux marques de vénération et d'amour dont il a été l'objet.

C'est du reste, en ce moment, à Rome, une vraie fête pour l'éloquence sacrée. On se porte en foule à la station de Saint-André-della-Valle, où plusieurs fois le jour les orateurs les plus éminents de France, d'Angleterre, d'Allemagne et d'Italie occupent tour à tour la chaire ou l'estrade. On dit merveille des discours du P. Gaspard

Ballerini, l'un des maîtres de l'art oratoire dans la Péninsule. Mgr Mermillod, dimanche, a ravi un immense auditoire en célébrant les grandeurs que rappelle l'Étoile des Mages. L'Adoration des Rois d'Orient a eu son complément à Nicée, dans la proclamation de la consubstantialité du Verbe; à Trente, par la déclaration dogmatique de la Transsubstantiation. L'Étoile avait ainsi conduit l'humanité de Bethléem aux deux grandes assemblées de l'Église universelle. C'est elle qui a amené aussi les Pères du Concile actuel au Vatican : *Tu es Petrus...* Ainsi se développent les trois conditions : la vérité, la vie et la voie. Revêtez cette esquisse du charme, de la douceur, de l'élégance des formes, et vous aurez à peine l'idée de l'impression produite par l'héritier de saint François de Sales.

Un autre jour, on entendait l'Évêque de Tulle. Comme un torrent fougueux qui s'élance sur des pentes inégales, tantôt bouillonnant et emportant tout sur son passage, tantôt plus calme et arrosant des prairies semées de fleurs, l'orateur passe tour à tour de la simplicité à l'élévation, de la poésie à la science. On s'étonne parfois, mais on cède plus souvent à l'entraînement et à l'éclat de cette parole, dont l'originalité est si profonde. Mgr Bertheaud a montré surtout combien la vérité se joue des calculs de la frayeur humaine, et comme elle rayonne toujours d'un invincible à-propos.

Avant lui, Mgr Freppel et Mgr Besson avaient occupé et captivé l'attention. L'Évêque nommé d'Angers, dont le choix est si heureux pour ce beau diocèse, se fait remarquer par l'élégance didactique de ses discours, par la vigueur de son argumentation, par la douceur de ses appels à la conscience et à la droiture de ses auditeurs. Mgr Besson a une ampleur, une pureté de style peu communes et un grand art de conception.

Le matin, la messe est célébrée dans les rites divers avec une pompe vraiment magnifique, et le soir un Cardinal donne le salut.

Voilà les principaux exercices qui remplissent les intervalles des sessions du Concile. Rome seule peut offrir ces satisfactions de l'esprit et de la piété.

En voici une autre qui a touché singulièrement et à juste titre l'Épiscopat. On célébrait les funérailles de Mgr Frascolla, le courageux Évêque de Foggia, victime de son zèle pour la défense des droits de l'Église. Sans avoir prévenu, le Roi de Naples est arrivé et a mêlé ses prières à celles de toute l'assistance. Cet hommage offert par le héros de Gaëte à un Évêque de son royaume, confesseur de la foi, a été vivement apprécié : il honore celui qui le rend et celui à qui il est rendu.

XXII.

Rome, 17 janvier 1870.

Comme son auguste belle-sœur, S. A. R. madame la Duchesse de Parme vient ce soir même, à huit heures et demie, de donner le jour à une princesse. L'épreuve a été vaillamment supportée, et cette joie porte les prémices d'un bonheur plus complet encore.

La vieille tige des Bourbons, cette première race royale du monde, refleurit de tous côtés : la Providence veut préparer aux peuples les conditions de leur régénération par la monarchie chrétienne. Et vraiment, jamais elle ne leur a offert autant de vertus, de grâces, de bonté et d'intelligence au service de leurs véritables intérêts. S'ils savaient seulement comprendre et vouloir !... Espérons : car les nations civilisées par l'Évangile ont des ressorts soudains et des ressources incomparables.

Madame la Duchesse de Parme a été élevée avec autant de soin que de succès, d'abord par son auguste mère la Reine Marie-Thérèse ; puis, lorsque cette princesse a été victime du fléau du choléra, par une Française qui a su rendre sa royale élève digne de la hauteur du sang royal et des adversités de l'exil.

La princesse est italienne de cœur et d'âme, et elle n'aura qu'à obéir à ses instincts pour répondre aux vœux et à l'affection des populations, qui regrettent si profondément leur indépendance et qui ne sauraient la reconquérir que sous leurs princes légitimes.

Son éducation littéraire a été très-habilement dirigée par un des religieux les plus distingués des Écoles pies, le Père Borelli, qui lui a rendu familières les beautés des maîtres et qui lui a donné une pureté et une élégance de style singulièrement rares. Les études historiques ont eu pour la Duchesse de Parme un attrait particulier ; et quand le sort des révolutions l'a conduite à Rome, là où les annales du monde entier sont si vivantes et où les monuments produisent des impressions si profondes, elle se livra, sous la conduite du savant baron Visconti, à une sorte de culte pour l'antiquité sacrée.

Elle parle et elle écrit avec une grâce extrême le français et l'allemand ; elle aime les beaux-arts avec le goût traditionnel de sa famille. Musicienne de la grande école, elle se plaît à exécuter les œuvres qui témoignent du génie des artistes les plus relevés de l'Allemagne, de l'Italie et de la France. Elle a un penchant spécial pour la peinture, et elle réussit surtout dans le paysage.

Ces qualités de l'intelligence sont rehaussées encore par les dons de l'âme. Chrétienne fervente, elle a une piété solide et éclairée, et sa charité est sans limites. On raconte des traits charmants, dont je craindrais d'altérer le mérite en les dévoilant ; sa sollicitude la plus touchante se porte sur les misères qui se cachent et qu'elle secourt avec une délicatesse royale.

On s'en est déjà aperçu à Parme, et l'affection si fidèle que le peuple portait à l'auguste fille de France qu'il pleure encore, s'est reportée avec empressement sur la noble héritière d'un titre que l'Europe entière a salué de son respect et de son admiration.

C'est dire avec quelle allégresse la nouvelle de l'heureuse délivrance de la souveraine sera accueillie dans le duché ; et combien ce bonheur du présent, gage d'un avenir plus heureux encore, sera une des rares joies nationales que puissent éprouver les populations courbées sous le joug ruineux et dégradant du Piémont.

C'est, vous le savez, le Saint-Père qui servira de parrain à la princesse nouvellement née. Pie IX porte à l'auguste mère une affection paternelle ; vous en avez eu des preuves toutes récentes : le vénéré Pontife ne parle d'elle qu'avec une profonde émotion. La bénédiction qui va rejaillir sur la nouvelle génération de la maison de Bourbon, ouvrira, nous en avons la confiance, une ère de réparation et de splendeur pour cette grande race.

XXIII.

LA CHAIRE DE SAINT PIERRE.

Rome, 18 janvier 1870.

Célébrer au Vatican, en plein Concile œcuménique et dans les circonstances actuelles, la fête de l'établissement de la Chaire de saint Pierre à Rome, c'est une des plus grandes joies chrétiennes qui puissent être éprouvées.

Notez qu'on est là en présence, non pas seulement d'un symbole, mais de la réalité vivante. Cette chaire de Pierre, elle n'est point uniquement figurée dans le magnifique monument que le génie bizarre, tourmenté, mais grandiose du Bernin a élevé au chevet de l'immense basilique, entre la terre et les cieux, et au milieu des anges d'or et des gloires rayonnantes. Elle est là, sous ce bronze, portée en vérité par les mains des quatre grands Docteurs de l'Église : par saint Athanase et par saint Chrysostome, par saint Ambroise et par saint Augustin ; elle est là dans la simplicité primitive de son œuvre antique, et telle qu'en 1867 elle a été exposée à la vue des fidèles et aux investigations de la science.

Hier, indépendamment de son revêtement habituel, elle était cachée encore aux regards, ou plutôt elle semblait se dissimuler pour mieux être devinée, derrière le trône érigé pour le Pape pendant le Concile. Les fonctions sacrées qui s'accomplissent d'ordinaire à la cha-

pelle Sixtine, ont lieu, cette année, à cause de l'immense
affluence des Évêques, dans le chœur de Saint-Pierre,
et l'on a disposé, comme je crois vous l'avoir dit, les
places pour les Prélats des deux côtés de ce chœur; le
trône du Saint-Père occupe le fond, et les draperies
qui le surmontent masquent le monument du Bernin.

On ne l'en cherchait que mieux, de la pensée et du
cœur, cette petite chaire de chêne noirci, usée par le
temps et par la piété des chrétiens, couverte à piu-
sieurs reprises, vraisemblablement, de décorations diverses, qui attestent la vénération dont elle a été l'objet
durant tous les siècles.

Ainsi que je l'ai pu recueillir d'un mémoire plein
d'érudition et d'exactitude, — il est de M. de Rossi: ce
nom dit tout; — la chaire est un fauteuil romain en bois
orné d'incrustations d'or et d'ivoire. Il repose sur quatre
pieds de forme carrée, reliés par des barres transversales,
qui, comme les tiges du dossier, sont en chêne jaunâtre.
Chacun de ces piliers porte un anneau en fer, dans lequel on passait des brancards; ce qui faisait du siége une
sedia gestatoria.

Il est probable que ces parties les plus anciennes sont
les seules qui ont servi au Prince des Apôtres. Les intervalles des pieds de devant et des côtés latéraux sont,
comme la portion du dossier correspondante, recouverts
d'un autre bois, qui ressemble à de l'acacia foncé. Les
bandes d'acacia ont des bordures d'ivoire sculpté en
relief, et ces ivoires, qui sont d'une date reculée, représentent les travaux d'Hercule. Sur le dossier, divisé
en cinq arcatures, règnent des arabesques composées de

combats d'animaux ; le fronton ou tympan du dossier contient une figure d'empereur couronné, avec le globe dans la main ; il est accompagné de deux anges portant des palmes.

D'où viennent ces ornements? Ils ont été vraisemblablement ajoutés par le pieux désir d'enrichir le siége antique, vrai trésor de l'Église romaine.

Mais, quelle qu'en soit l'origine, ne remarquez-vous pas la leçon symbolique, volontaire ou non, qui en ressort? Le Christianisme, et, à la tête de l'Église, le Vicaire de Jésus-Christ, n'est-il pas le nouvel Hercule, le géant de la force morale, bien autrement puissant que le demi-dieu de la force brutale, et destiné à entreprendre de bien plus merveilleux « travaux » que le fameux fils d'Alcmène?

N'a-t-il pas à abattre par sa parole, plus forte que la massue, l'hydre de toutes les erreurs et de toutes les folies qui désolent l'humanité, à délivrer le monde de ces passions honteuses qui le dévastent avec bien plus de fureur que le sanglier de Calydon ou les oiseaux du lac Stymphale? N'a-t-il pas déblayé la terre de souillures bien autrement infectes que les fumiers des écuries d'Augias, et n'a-t-il pas ouvert pour cette prodigieuse entreprise le fleuve du sang des martyrs, le fleuve des larmes de la pénitence et les eaux intarissables de la charité?

Si donc les ivoires de la chaire de Pierre étaient déjà placés quand il s'y est assis ; ou bien si, considérés plus tard tout simplement comme des bijoux précieux que la vénération y enchâssait, ils n'ont d'autre sens que celui d'une décoration plus rare et plus riche, les symboles ne peuvent-ils pas néanmoins avoir une sorte d'application involontaire, mais où éclate encore la gloire de l'Évangile?

Quoi qu'il en soit, et nous demandons pardon de cette hypothèse si elle semble trop téméraire, la chaire de saint Pierre est là ; c'est elle qui a reçu, depuis le commencement des âges chrétiens, un culte non interrompu, public et solennel dans la basilique Vaticane, et vous me comprendrez quand je vous dirai que je n'ai pu m'en approcher ce matin sans un saisissement bien naturel.

Et quand le successeur direct du Prince des Apôtres est apparu, quand, au graduel de la messe, les chœurs de la Sixtine ont répété ces belles paroles de la liturgie sacrée : *Exaltent eum in ecclesia plebis, et in cathedra seniorum laudent eum*, c'est une vive émotion qui a parcouru l'assemblée entière ; et elle a repris avec enthousiasme : *Tu es Petrus, et super hanc petram ædificabo Ecclesiam meam! Alleluia!*

Ai-je besoin d'ajouter tout ce que le concours des Évêques du monde entier donne de prix et de solennité à ces fêtes si grandes d'elles-mêmes? Il y a là une « nuée de témoins », dont la majesté étonne et ravit. Ce sont les représentants de cette Église d'Orient et d'Occident qui, eux aussi, viennent « exalter » dans leurs mains la chaire de Pierre, et qui « louent « Pierre vivant dans Pie IX, lequel « placé sur ce siége des vieillards : , ne peut ni manquer ni errer. Et ces sept cents Évêques, ils témoignent non-seulement pour eux-mêmes, mais pour leurs peuples, qui répètent avec une foi unanime : *Tu es Petrus... Portæ inferi non præcalebunt.*

Vous aurez les détails de la cérémonie par notre correspondance ordinaire. Laissez-moi seulement vous dire combien on est heureux et fier de se sentir, à Rome, dans la plénitude de la lumière, de la vérité et de la paix. Ce qui, bien entendu, ne me donne qu'un plus vif intérêt pour les péripéties où vous vous trouvez, et au milieu desquelles vous luttez avec autant de sagesse que de fermeté et de patriotisme. C'est vous dire que j'ai hâte de revenir prendre ma place dans votre fraternelle phalange. Ce ne sera pas long désormais, et ce n'est pas ici « adieu » que je vous dis, mais « au revoir. »

XXIV.

UN SECOND BAPTÊME ROYAL.
— LE QUIRINAL.

Rome, 20 janvier 1870.

C'est toujours une cérémonie touchante que celle d'un baptême. Quand on pense avec quelle solennité, quelle condescendance, quel respect l'Église reçoit cette petite âme à peine éclose à la vie, et pour laquelle, au milieu de ses vagissements, elle ouvre les sources de la régénération et les trésors de la grâce, on se sent pris d'une gratitude sans bornes pour la bonté de Dieu, qui fait tant pour sa créature encore marquée de la tache originelle, et qu'il appelle à la destinée de cohéritier du ciel !

Qu'est-ce donc quand l'enfant qu'on présente aux fonds sacrés est le descendant de la première race royale du monde ; quand cet enfant a pour répondant devant Dieu le Vicaire même de Jésus-Christ, et quand l'eau sainte lui est donnée en présence de Majestés doublement couronnées par le droit, par la vertu et par l'infortune ? Je vous avoue que toutes ces pensées se pressaient dans mon cœur lorsque, dans la magnifique salle du Quirinal, à laquelle seule se peut comparer la galerie de Versailles, j'ai vu ce matin apporter devant le Cardinal Patrizi la jeune princesse, fille de LL. AA. RR. le Duc et la Duchesse de Parme, arrière-petite-fille du Roi Charles X, petite-nièce de l'auguste Chef de la Maison de Bourbon.

D'un côté, S. Ém. le Cardinal Antonelli, grand ministre d'un souverain plus grand encore; de l'autre, S. A. I. et R. la grande-duchesse de Toscane, représentant l'un le Saint-Père, l'autre l'aïeule de la princesse, S. A. R. Mme la Duchesse abdicataire de Parme, posaient la main sur la robe éclatante de blancheur et sur le voile de dentelles magnifiques qui recouvraient la nouvelle née. Tous deux ont répondu aux demandes de l'Église, et, ces premières cérémonies accomplies à la porte de la salle, on s'est avancé processionnellement jusqu'à l'autel placé au fond, en récitant le *Credo*. Là le sacrement a été administré en présence d'une foule d'élite. La jeune princesse a reçu des noms nombreux, dont voici les premiers: Maria-Luisa-Pia. Ils rappellent, avec le patron de son auguste parrain, des souverains bien chers aux Parmesans et bien chers à la France. Par une touchante coutume romaine, on y a ajouté le nom de la sainte dont on faisait la fête le jour de sa naissance, sainte Prisca.

Près de l'autel, 1 premiers rangs étaient occupés par S. M. le Roi de Naples et par S. A. R. Monseigneur le Duc de Parme, puis par LL. AA. RR. le Comte et la Comtesse de Caserte, le Comte et la Comtesse de Trani, le Comte et la Comtesse de Girgenti, le Comte et la Comtesse de Trapani avec leurs royaux enfants, la Princesse Immacolata. Plusieurs Cardinaux étaient présents, ainsi qu'un grand nombre d'Évêques : nous avons remarqué Mgr de Dreux-Brézé, Évêque de Moulins; Mgr Pie, Évêque de Poitiers ; Mgr Mermillod, Évêque d'Hébron, et trois autres Évêques de cette Suisse catholique où

Mme la Duchesse de Parme, la « Fille de France, » a laissé de si nobles et de si pieux souvenirs.

Par une délicatesse analogue à celle qui avait inspiré le Roi de Naples, les Évêques de Parme et de Plaisance n'avaient pas été invités : il y aurait eu trop d'irritations soulevées contre eux de la part des Piémontais, qui sont furieux du contraste que fait la joie causée à Naples et à Parme par la naissance des jeunes princesses, avec l'indifférence, pour ne pas dire pis, qui a accueilli partout, et surtout dans les provinces annexées, la naissance du fils du prince Humbert. C'est de la colère qui irait aisément jusqu'à la fureur. Le duché avait envoyé ses plus dignes représentants, et là aussi la jeunesse fidèle est nombreuse et ardente ; elle est fière de son jeune Duc, et elle sait qu'il est le gage de son indépendance et de son avenir. Pauvre Parme ! comme elle souffre depuis qu'elle n'est plus capitale et libre ! Elle a tout perdu, sa couronne d'art et de science, ses écoles, sa vie intellectuelle et élégante ; elle est tombée à peine au rang d'une souspréfecture. Ses pauvres, ses ouvriers, si admirablement soignés par la plus intelligente charité, sont délaissés et abandonnés. C'est la désolation qui a succédé à l'abondance, à la prospérité, à l'honneur. Quand donc pourrat-elle se délivrer d'un joug qui la ruine et l'humilie ?

Le Duc était dans le bonheur, et ses traits, aimables et ouverts, reflétaient la joie de son âme. Sa paternité a ajouté une dignité plus grande à l'affabilité de ses manières. Il enlevait tous les suffrages.

Après la cérémonie, une réception a eu lieu dans les magnifiques salons du palais Quirinal, et un *rinfresco* a été servi. Tout était fait par ordre du Pape, qui a agi en Roi. Les brillants uniformes étrangers se mêlaient aux uniformes plus sévères des troupes romaines. L'ambassadeur d'Autriche était présent. Nous avons vu, parmi les Prélats, Mgr Pacca, Mgr Ricci, Mgr Mislin, Mgr Bastide, des Prélats espagnols, des Prélats italiens et de nombreux courtisans de l'exil et du malheur.

C'était bien une fête royale, royale par la grandeur, royale aussi par le courage qui supporte l'exil et est au-dessus de la persécution. Là encore, comme au palais Farnèse, se trouvaient réunis, pour les destinés de l'Italie, les éléments de l'union, de la prospérité vraie, de la justice et de la régénération. Intelligence, grâce, énergie, amour du pays, sentiment du droit, et, par-dessus tout, conscience chrétienne : voilà ce qu'offrent les dignes rejetons de la race de saint Louis, de Henri IV et de Louis XIV; tout cela, sous les auspices du grand, du saint, du bien-aimé Pie IX : quelle fortune pour les nations qui sauront la comprendre! Espérons. La Providence ne fait rien en vain; et, quand elle fait de tels souverains, elle les réserve à des desseins de miséricorde et de grandeur. Puisse arriver bientôt le jour des réparations et des justices!

Cette lettre, quoique datée de Rome, a été écrite ici par mon pauvre père bien malade déjà. Malgré nos instances et en dépit d'une fatigue, hélas! trop évidente, il a voulu tracer de sa main défaillante, ces dernières considérations, qui résument et terminent ses correspondances.

A. DE R.

XXV.

DERNIÈRES IMPRESSIONS.

Rome, 30 janvier 1870.

J'arrive de Rome épuisé de fatigues, brisé de souffrances, exténué des émotions les plus vives, les plus douces, mais les plus pénétrantes.

Je reviens avec une espérance plus profonde et une confiance plus absolue. Deux mois de séjour, la fréquentation des hommes les plus éminents représentant précisément les nuances d'opinions les plus diverses, je ne veux pas dire les plus contraires, m'ont peut-être donné le droit, m'imposent certainement le devoir de communiquer au public d'élite qui veut bien me lire les impressions que je rapporte et que la réflexion aidée de nouvelles communications confirme encore.

Autant qu'on peut s'exprimer ainsi, j'ai vu, j'ai touché le miracle permanent qui maintient et conserve l'Église au milieu des agitations humaines. La sérénité et la paix du Souverain Pontife ne sont pas de l'ordre purement naturel; le calme de Rome, l'élévation de la sphère où se tient le Concile, le silence forcé que fait la politique autour de cette grande Assemblée, à laquelle pourtant elle ne ménage ni les injures, ni les défiances, ni les menaces, tout cela tient du prodige.

Il n'y a pas jusqu'aux contradictions qui se sont élevées et qui ont jeté tant d'affliction, et je pourrais presque dire, de trouble, dans les consciences catholiques, qui ne témoignent à leur manière de cette assistance divine qui, selon les promesses de Notre-Seigneur Jésus-Christ, suit son Église à travers les siècles et accomplit sans cesse les fameuses paroles : *Non prævalebunt.*

L'Esprit-Saint fait visiblement son œuvre et semble prendre plaisir à déjouer toutes les espérances des ennemis de l'Église. Combien n'a-t-on pas cherché à exploiter les divergences qui se peuvent manifester entre les Pères sur certaines questions, et notamment sur celle de l'autorité du Souverain Pontife! Que restera-t-il de ces éclats, dont quelques-uns ont si douloureusement affecté la piété et l'obéissance chrétiennes?

A l'égard du Concile, la preuve manifeste de l'indépendance complète, absolue, qui aura été assurée aux délibérations, la liberté sans égale des controverses. A l'égard du Saint-Siége, voici ce qui demeure certain pour tous les esprits droits et attentifs :

Et d'abord, dans l'état actuel des esprits, l'autorité du Pape, son autorité doctrinale comme son pouvoir de gouvernement, ne peuvent pas sortir amoindris ni diminués en quoi que ce soit des délibérations du Concile.

Au contraire : à la manière dont les questions ont été

posées, à la suite des débats qui se continuent, en présence de l'émotion des consciences, la suprématie du
Pape doit être plus affirmée que jamais. Il faut que l'enseignement de l'Église, que sa tradition, que sa doctrine
soient exposés avec la netteté, la lucidité, la certitude
qui appartiennent aux décisions qui obligent tous les
fidèles.

Comment et dans quelle forme cette affirmation si nécessaire sera-t-elle conçue? Il serait téméraire de le
prévoir : le Concile lui-même n'est probablement pas
encore fixé. Sera-ce un décret dogmatique emportant
l'anathème contre qui ne s'y soumettrait pas? sera-ce
une déclaration analogue à celle du Concile de Florence,
plus étendue peut-être et excluant dans ses termes les
erreurs qui se sont produites dans les siècles derniers et
dans le nôtre?

On ne sait, et nous nous donnerions bien de garde de
rien préjuger. Notre rôle, comme celui de tout le peuple
croyant, est de prier pour que les lumières de l'Esprit-
Saint, qui ne peuvent manquer au Concile, éclairent les
Pères et leur dictent leur conduite; puis de nous incliner par avance devant la décision, de l'adopter et de la
défendre avec toute la franchise de notre soumission et
toute l'ardeur de notre zèle.

Ce dont nous sommes sûrs, c'est que, juges et témoins de la foi, les Évêques finiront par rendre un hommage unanime à la puissance donnée de Dieu même au
successeur de Pierre, et dont l'exercice, depuis le commencement du christianisme, a été la force, la vie et le
gouvernement de l'Église. Voilà dix-huit siècles que le

Pêcheur est au gouvernail de la barque ; elle n'a touché
aucun écueil, et elle flotte au-dessus des ondes, bravant
toutes les tempêtes et victorieuse de tous les orages.

Ce qui est parfaitement certain aussi, c'est l'aide gé-
néreuse et salutaire que le Concile offrira à la société
civile. Il fera luire les vraies lumières sur les grandes
questions qui agitent et tourmentent l'humanité. Les gouvernements et les peuples seront mis en demeure de s'é-
clairer à cette clarté. Malheur à eux, s'ils étaient assez
insensés pour la repousser ! L'Église, du moins, aura fait
son devoir et dégagé sa responsabilité.

Et déjà, qui ne remarque dans le Concile la prédo-
minance du sentiment de déférence réciproque et de respect mutuel que professent de plus en plus les Pères
pour leurs vénérables collègues, à mesure que les discussions se développent et mettent en relief les opinions
différentes ?

Au sortir même des débats les plus animés, j'ai pu
entendre les orateurs qui s'étaient combattus, témoigner
les uns pour les autres une estime pleine d'affection,
reconnaître hautement la droiture d'intention, la loyauté
de controverse de leurs adversaires. L'estime semblait
croître avec la contradiction. Chacun, en effet, ressentait
que c'était la conscience même qui avait dicté les discours,
et que partout il n'y avait qu'un zèle égal pour la recherche de la vérité.

Il suffit, d'ailleurs, d'avoir pu jeter, les jours de congrégation générale, un regard dans la salle du Concile,
pour avoir été frappé d'un spectacle qui domine tout.

Ce spectacle, à réjouir les anges et les hommes, c'est

celui du recueillement, de la foi, de la piété, que témoignent les Pères. Quand on a vu ces sept cent soixante vieillards s'associer avec une onction profonde aux prières de l'Église; quand on les a vus se frapper humblement la poitrine au *Confiteor*, en reconnaissant leurs fautes et leur fragilité; quand on les a entendus répéter avec conviction le Symbole de leurs prédécesseurs de Nicée; quand on les a vus lever les yeux au ciel et se mettre en présence de Dieu pendant que leur vénérable président récite la belle prière : *Adsumus, Domine ;* quand on a pu juger de la sincérité de leurs invocations à l'Esprit divin, qui est leur guide, on se sent pris d'une confiance invincible, et l'on se dit : Voilà bien des juges et des législateurs qui vont parler, délibérer et conclure dans la droiture de leur conscience, et devant le Dieu auquel un jour ils rendront compte de chacune de leurs paroles et de leurs actions.

Donc, esprit de respect mutuel, précurseur de l'esprit de concorde ; esprit de piété, qui force les retranchements mêmes du ciel : *Violenti rapiunt illud.*

Voilà ce qui domine dans le Concile, à l'heure où nous sommes. Quels gages d'unité ! quelles prémices de pacification et de lumières !

HENRY DE RIANCEY

ou

LES DERNIERS JOURS D'UN GRAND CHRÉTIEN

PAR **J.-B. JAUGEY**

Prêtre, Docteur en Théologie.

I

Il y a deux mois à peine, j'accompagnais à leur dernière demeure les restes mortels du grand chrétien,
auquel ces quelques pages sont consacrées. Le ciel était
sombre, le temps froid, et la campagne dénudée n'avait
ni la vivante beauté du printemps, ni l'aspect sévère,
mais imposant, que lui donnent la neige et les frimas.
Après avoir prié, assis près de ce cadavre que j'allais
livrer aux vers du tombeau, le spectacle de la mort,
partout présente à mes yeux, ramena naturellement mon
esprit sur ce qu'il y a en nous de permanent et d'immor-
tel. Celui dont j'avais les restes à mes côtés avait été
un grand esprit, un cœur ardent, noble, généreux,
entouré de l'estime et de l'amour de tous ; cependant,
s'il n'eût été que cela, il ne fût resté de lui qu'une vaine
renommée, sans efficacité pour le bien. Mais il avait
été plus qu'un homme distingué, il avait été un chrétien ;

et outre la récompense qu'il en reçoit dans le sein de Dieu, il nous reste, à nous, l'exemple impérissable de ses vertus, ce que saint Paul appelle *bonus odor Christi*, le parfum du Christ.

Dieu m'avait fait la grâce de vivre dans son intimité, et je l'avais vu mourir. L'idée me vint que l'exemple de ses vertus privées pourrait exercer sur quelques âmes une salutaire impression, et je résolus d'abord de raconter sa vie entière ; mais je n'avais ni le temps ni le talent nécessaires pour une telle entreprise. Je me décidai donc à ne parler que de ses derniers jours et à renfermer mon récit dans l'espace de quelques mois.

Mais il avait passé une partie de ces quelques mois en voyage, loin des siens : les détails me manqueraient. Heureusement, il ne pouvait vivre sans sa femme et ses enfants, et il restait de lui une correspondance assez volumineuse. Ce qu'on pourrait appeler la pudeur du foyer fit hésiter pendant quelque temps à livrer ces lettres au public ; mais la pensée de faire quelque bien aux âmes dissipa promptement ces hésitations. D'ailleurs, dans une vie comme celle du grand chrétien dont je veux retracer les derniers instants, il n'y a point de secret qu'on ne puisse montrer au grand jour.

Les lettres qu'on va lire ont été écrites à la hâte, plusieurs même sont au crayon ; elles ne devaient jamais être connues que de la femme et des enfants du pieux défunt. C'est ce qui explique certaines libertés de langage, très-rares du reste, qu'on ne retrouve jamais dans les ouvrages de cet écrivain au style élégant et châtié.

Elles montreront ses vertus, et même son talent, sous

un jour nouveau. Sa vie publique est connue de tous, et elle est d'un grand et noble exemple, puisqu'elle n'a point de tache ; mais sa vie privée, sa vie d'époux, de père et de chrétien, est plus belle encore peut-être. Malheureusement la plus grande partie en doit rester secrète, connue de ceux-là seulement au milieu desquels il a vécu. Puisse le récit de ses derniers jours exciter dans l'âme de mes lecteurs quelques-unes des saintes émotions que m'a inspirées le spectacle de sa mort !

II

CLARENS ET FROHSDORF.

Il était parti pour la Ville Éternelle, plein de vie et d'espérance, mais préoccupé cependant et troublé par je ne sais quel secret pressentiment. D'ailleurs il était parti seul, et son absence devait durer environ deux mois. Passionné pour la vie de famille et retenu à son poste de travail par les impérieuses obligations, que lui avait créées son dévouement à toutes les justes causes, jamais il n'avait quitté les siens pour si longtemps. Le matin même du jour fixé pour son départ, il s'était approché de la Table sainte, en compagnie de sa femme et de ses enfants : « Nous ne nous séparerons pas, leur dit-il ensuite à table, puisque souvent nous irons aux mêmes heures recevoir le même Dieu, vous ici, moi dans les églises de Rome. » Avant de quitter sa maison, il avait béni presque en pleurant ses enfants agenouillés autour de lui.

Un prêtre, de ses amis, l'accompagna jusqu'au chemin

de fer. Pendant le trajet, la conversation roula presque exclusivement sur l'œuvre qu'il allait faire à Rome et sur les espérances que leur inspirait, à tous deux, la prochaine ouverture du Concile œcuménique.

Il avait une crainte cependant, lui, habitué depuis trente ans aux travaux du journalisme, il ne se croyait pas capable d'écrire dignement sur la grande assemblée, à laquelle il allait assister comme témoin. Quoiqu'il les traitât souvent et avec une science rare, il ne touchait jamais aux questions religieuses qu'avec un saint respect, une espèce d'effroi.

Il avait une tristesse aussi. Peu de jours auparavant, il avait dû se séparer, pour l'amour du Père commun des fidèles, d'un illustre ami, d'un père dans la foi, auquel il avait voué dès ses plus jeunes années une reconnaissance et un respect sans borne. Son cœur en avait été déchiré; mais là où il croyait voir le devoir, il n'hésitait jamais, et il n'hésita pas en cette circonstance. Sans rien perdre de sa vénération pour celui qui avait été son guide pendant longtemps, il entra résolûment dans une voie différente, ou plutôt il resta dans celle qu'il avait toujours suivie, pendant que son illustre ami s'engageait dans une direction opposée. La plaie fut profonde dans son cœur;... elle ne devait pas se cicatriser ici-bas !

Mais laissons ces tristes souvenirs. Notre voyageur, pour le motif que nous indiquerons plus loin, avait pris la voie de terre. Parti le soir, il écrivait dès le lendemain matin à sa femme :

« Votre pensée ne m'a pas quitté. Elle a abrégé

cette nuit..... Il fait une matinée un peu grise, qui va à la teinte de mon esprit séparé de tout ce que j'aime ici-bas, mais pas assez sombre pour me priver du paysage magnifique que je traverse en ce moment. C'est la partie ravissante de la Savoie. Nous allons arriver à Culoz, dernier point de la frontière française, et cette lettre partira encore de mon cher pays. Que je vous regrette..!

« Et ma chère E..., la voyageuse en esprit ! Quels cris elle ferait de ces belles montagnes, de ces rocs abrupts, de ces cascades, de ces terres qu'on est obligé de soutenir pour qu'elles ne glissent pas aux flancs des collines, de ces monts de granit qui nous surplombent ! La nature est quasi en deuil d'hiver : c'est une mélancolie pleine de charmes. Mais que l'été et le printemps doivent être merveilleux avec ces arbres, ces vignes, ces chalets perchés sur les flancs et dans les anfractuosités des monts !

» Le contraste du chemin de fer et du télégraphe, qui sillonnent ces contrées, où le pas des hommes seul se traçait une route pénible, est très-singulier. On est partagé entre le regret et la satisfaction. Comme ce « progrès, » qui a une si belle médaille, a de vilains revers ! Mais je me garde de le maudire : s'il m'enlève à vous, il m'y ramènera avec une promptitude et une facilité merveilleuses. »

Nous avons dit que notre voyageur avait pris la voie de terre : c'est qu'avant d'aller se prosterner aux pieds du Pontife-Roi, il voulait visiter un autre Roi. C'étaient deux amours que, dans son cœur, il ne séparait jamais, et sa vie entière fut consacrée à l'un et à l'autre. Singulière destinée que la sienne, et qui suppose une singulière force d'âme ! On ne le vit jamais faire la cour, si ce n'est au Vatican, qu'à des princes exilés, dignes, il est vrai, de son dévouement, mais dont il n'avait absolument rien à attendre ; et, à leur service, il déploya constamment plus de zèle, plus de dévouement et plus de respect que jamais souverain sur son trône n'en a trouvé dans ses plus fidèles sujets. D'une humilité que la piété seule explique chez un homme comme lui, il se croyait trop récompensé, pour ses longues années de loyaux et laborieux services, par le moindre remercîment, par le moindre témoignage de satisfaction de la part de ceux qu'il appelait « ses maîtres. »

Au lieu d'aller directement à Frohsdorf, il voulut passer par Clarens pour y visiter, dans son humble asile, une famille de jeunes princes (1), que la naissance a faits grands, que la foi, le dévouement à leur pays, la simplicité rendent plus grands encore, et à qui, si l'Espagne le mérite, la Providence réserve de glorieuses destinées. Il y arriva le 26 novembre, et fut reçu, comme il devait l'être, avec une bonté, une confiance qui le touchèrent profondément. Voici du reste le récit qu'il en fit lui-même dans une lettre écrite au crayon, quelques instants après avoir quitté ses augustes hôtes :

« Quand je suis arrivé, conduit par l'excellent M..., Madame était sortie en voiture avec l'Infante. Le R. était

______

(1) LL. AA. RR. le Duc et la Duchesse de Madrid.

à cheval, accompagné de M. de..., qui montait l'admirable bête isabelle qui a été donnée par les Espagnols
à Madame. Nous sommes allés au-devant de la caval-
cade par la route de Vevey. Madame avait donné
ordre de s'arrêter quand on nous rencontrerait, et elle
m'a fait monter en face d'elle. La petite princesse a
crié un peu devant ce nouveau visage, puis s'est bien
vite apaisée devant ma montre que j'ai fait jouer sous
ses beaux yeux bleu foncé.

« Elle est superbe, vive comme un démon . disant papa,
et appelant pour jouer un magnifique terre-neuve dix
fois gros comme elle.

« On l'a déposée à la maison modeste dont le drapeau
abrite tant de grandeurs méconnues, et Madame ayant
fait découvrir le landau aux armes royales,—il faisait un
beau soleil et nous avions des fourrures qui nous
couvraient entièrement—on s'est dirigé sur le château
de Chillon, du « fameux prisonnier ». Tout est là comme
aux xiii° et xv° siècles. Nous avons visité les cachots aux
flambeaux : c'était féerique.

« J'ai dîné à côté de Madame, qui n'a pas tari en questions sur tous les miens ; ce qui m'est allé au cœur,
comme bien vous jugez. Elle m'a fait les plus grandes
amabilités pour vous et pour la femme du « zouave, »
à laquelle elle souhaite les meilleures prospérités. Elle a
une belle relique de sainte Marguerite, à laquelle elle a
la plus grande foi, et recommande à notre chère M. de
la prier.

« Monseigneur est charmant. Après le dîner il m'a pris
trois heures, pour m'entretenir de ce qu'il voulait que je

fisse et de ce que je vais dire là où je vais. J'espère que ma course ne sera pas inutile. Elle a fait, en attendant, un vif plaisir... »

L'esprit de foi qui l'animait en toutes choses, se retrouve jusque dans les moindres détails de cette correspondance. « Je bénis les enfants, écrivait-il en terminant cette lettre au crayon, comme j'embrasse la mère. *A Dieu !* » Que de choses signifiait ce mot, ainsi écrit, pour un cœur digne de le comprendre ! *A Dieu*, c'est aussi le seul mot qu'il voulut dire, deux mois plus tard sur son lit de mort, à cette épouse désolée ; mais pour elle, comme pour lui, ces deux petits mots renfermaient tout.

Mais revenons au voyage, et laissons la plume au voyageur.

« Me voici en route, chère bien-aimée, après une nuit fort passable, et devant, selon toute probabilité, voyager sans arrêt jusqu'à demain matin, pour avoir la messe à Munich.

« Je viens de quitter Clarens, et je longe le lac de Genève. Une pluie fine et persistante me voile à peu près tout ; ce n'est pas le temps admirable d'hier. Après tout, et pour la teinte de mes pensées, cela me va mieux.

« Ah ! chère amie, quand on voit, comme je viens de le faire, le modèle de la vertu, de la grâce, de la bonté, de la foi, du bonheur intérieur, livré à l'exil, à la persécution, à l'injustice des hommes, on éprouve un cruel malaise d'esprit et un vif chagrin de cœur. On est, il est vrai, bien fier et bien heureux de servir une telle cause représentée par de tels maîtres. Mais où est donc la justice? où est le bon sens ? où est le simple sentiment d'intérêt bien placé chez les peuples?... Certes, ce n'est pas décourageant, mais c'est désolant. Il y a plus de pitié encore que de chagrin... Combien vous me manquez tous! et avant tout ma bien-aimée C.

« Votre image m'a été présente toute cette nuit, et elle a enchanté mes rêves. Hélas! ce n'étaient que des rêves! Ce qui n'en est pas un, c'est la présence de votre pensée, qui remplit tout mon cœur et ne me quitte pas un instant.

« Vous allez me trouver l'admiration facile : je suis émerveillé de la culture d'ici (1). Les vignes sont étonnantes pour le soin qu'on y apporte. Il n'y a pas de travail comparable à celui des montagnards. Figurez-vous que, les eaux entraînant la terre sur les pentes, ils la remontent dans des hottes à 1 kilomètre de hauteur; sauf à la voir redescendre l'an prochain et à recommencer, et cela sur des côtes plus roides que la côte du..., où j'ai tant amusé E. par ma difficulté à grimper. Je vais d'ici à Fribourg.

« Est-ce que ce griffonnage au crayon, avec le tremblottement perpétuel du train, ne vous fatigue pas trop? C'est pour moi une si douce illusion de vous écrire, croyant que je cause avec vous, que je n'ai pas le courage de m'en priver, quoique je n'essaye même pas de me relire.

« A chaque instant l'aspect du pays change. C'est d'une

(1) De Lausanne à Fribourg.

variété infinie et belle, malgré le voile de la pluie qui s'installe pour la journée.

« Je vous suis à chaque heure. Ce matin je me suis associé à vous en lisant la messe dans le *Manuel* de mon H. Il me semblait entendre l'écho de la petite voix claire de mon R. Quelle illusion! ou plutôt quelle réalité dans la région des âmes!

«Mille tendresses à notre jeune ménage. Madame a bien ri quand je lui ai dit qu'il n'y avait pas de chrétien heureux comme lui ici-bas. Cet autre auguste ménage est vraiment l'image du bonheur, et l'on se prend presque à regretter leur grandeur : car il ne leur manque rien, sauf la couronne.

« Embrassez bien ma chère M., qui est, j'en suis sûr, aussi aimable que ferme, obéissante et tendre pour vous. Combien je l'aime et je l'apprécie, cette chère enfant, votre bras droit !

« Ah chère E.! Je viens de passer sur un torrent qui écume à cent cinquante pieds au-dessous d'un pont, au milieu de deux collines de sapins, en roulant, comme un furieux, sur un lit de pierres plates et grises. Au-dessus, des montagnes merveilleuses et toutes sillonnées de neige. Que je te regrette !

« Excepté les cinq ou six paroles à demi écorchées que j'ai commises pour demander mon chemin et me faire donner à manger, je n'ai pas soufflé un traître mot à âme qui vive depuis hier soir. Quel contraste avec la causerie ou charmante ou sérieuse, qui avait occupé presque toute la journée d'hier !

« Aujourd'hui je suis absolument seul et je ne m'en

plains pas, puisque je bavarde avec vous, le crayon à la main, et que je me fais ainsi une espèce d'illusion de causerie à bâtons rompus.

« Ici, à Herzog..., où nous nous arrêtons dix minutes, je ne sais pourquoi, on ne parle qu'allemand et le plus dur des allemands. En voilà pour jusqu'à Vienne. Quelle triste idée ont eue nos ancêtres à la tour de Babel! Cette différence de langage rend encore plus sensible l'éloignement de la patrie. Ce n'est plus seulement l'absence; c'est l'isolement, la solitude dans un désert d'hommes.

« Nous partons. Je vais devenir plus illisible. Cette route est bien moins pittoresque : on devient difficile quand on a eu des précipices à la douzaine.

« Et puis je suis en pays protestant. Des églises sans croix et sans tabernacle ! C'est profondément attristant.

« Un ressouvenir d'hier. Il y avait dans le train (en troisième!) deux Espagnols de la dernière levée de boucliers, deux vrais chefs de bandes, magnifiques figures : un à barbe grise, ressemblant à Henri IV, avec un sombrero qui est un manteau drapé. Il avait soulevé une province, et l'on n'avait pas osé le juger, parce que ce jugement aurait fait une nouvelle émeute implacable. Il avait pu s'échapper. C'était l'énergie et le dévouement en personne. A travers les trous de son manteau perçaient une fierté et une résignation superbes. Il venait, avec un autre cabecilla plus jeune, mais trapu et vigoureux, offrir ses hommages à son maître et partager son exil. Pauvres émigrés ! Notre grand-père l'a été ainsi et nous le serons peut-être !

« Je vais saluer, en passant, le clocher de Constance; l'abri sous lequel reposent les cendres du chef de la famille. Voilà soixante-quinze ans *d'écoulés*, et nous ne sommes pas encore arrivés à la paix et à la justice! Et je m'en vais faire des centaines de lieues pour voir le petit-neveu, et exilé! de celui pour qui mourut mon pauvre grand-père, loin de sa femme et de ses enfants! Ce n'est pas gai, quoique ce soit d'un fier exemple. Qu'est-ce que nous faisons, nous autres, auprès de nos pères, du vôtre, ma bien-aimée, comme du mien? Dites bien cela à nos enfants..... C'est de tradition, et l'honneur est là.

« Surtout ne soyons pas ingrats envers la Providence. Elle nous a comblés, soutenus, fortifiés. Elle ne nous abandonnera pas.

« J'ai besoin de le penser, sur cette route qui n'est encore que l'aller et pas le retour. Oh! que vous me manquez! Mais je vais avec sécurité et avec confiance, parce que, si le devoir est sec, c'est le devoir, et j'espère que le bon Dieu nous en rendra les fruits.

« Le pays redevient délicieux. Chère M., voilà des chalets à avoir envie d'y passer sa vie avec une chèvre et une colombe! Figure-toi absolument ceux des étagères, en grand, et dans des situations à donner le vertige. Et avec cela de vraies Suissesses, pas belles, mais vraies. Il me semble que je te vois avec ton corsage de velours. Demain je te dirai comment sont les Bavaroises de qualité.

« A Dieu!... Le jour baisse, et je vous quitte, vous gardant en esprit sur mon cœur, qui bat bien fort pour un vieux instrument de cinquante-trois ans... »

« 27 novembre 1869, sur le vapeur...

« Qu'est-ce que tu dirais, mon cher R., si tu voyais, toi qui dois dormir si bien en ce moment, à neuf heures un quart du soir, ton petit père t'écrivant, à la lueur de deux ou trois lampes, dans la cabine d'un bateau à vapeur, qui traverse, au beau milieu de la nuit et sous une pluie battante, le beau lac de Constance? Tu serais bien étonné et tu envierais peut-être mon sort. Je suis sûr que M., E. et H. seraient du même avis. Juge donc : pas seulement la voiture la nuit, mais un bateau sur un lac qui est grand comme une mer; on l'appelle même ainsi : « Boden See », en allemand. Eh bien! je t'assure que je n'en suis pas plus fier, quoique, par ce joli temps, j'aie l'air d'avoir fait fréter le navire pour moi : je suis tout seul à bord, et il contiendrait bien deux cents personnes. Si je ne voyageais pas pour mon devoir, j'aimerais bien mieux être à côté de vous, te regarder dormir et lire mes journaux près de ta mère.

« Cette chère bonne mère, qui est séparée de moi ! comme vous devez la soigner, l'entourer de tendresses, lui obéir ! . . . .

. . . . Le bateau marche; il en a pour une heure et demie de traversée, et c'est toi, mon cher R., qui auras occupé la meilleure partie de ce temps, qui, sans votre pensée, me paraîtrait bien ennuyeux et bien triste.

« Adieu, mon cher R. Tu es le Benjamin de la fa-

mille : embrasse tout le monde pour moi et sois la bénédiction de la maison.....

« Je suis au milieu de braves gens qui ne parlent
qu'allemand. Si tu savais comme c'est drôle de voir les
gens parler et de se trouver, soi, comme dans un désert !
Le bateau est bien plus un désert sur l'eau. Soufflez,
matelots et chauffeurs ; il n'y a que moi, et nous navi-
guons dans la plus parfaite obscurité.

« Adieu encore, cher enfant ! Je serre toute la couvée
sur mon cœur, et surtout ta mère. Ta chère marraine (1)
m'a dit de bien t'embrasser. »

« 28 novembre.

« Oui, ma chère petite comtesse (2), c'est de Munich
que je t'écris. Je viens de la messe, et j'ai. je crois,
aperçu dans une tribune du chœur de l'église Saint-
Michel la Reine-mère la grande maîtresse. Ce qui vaut
mieux encore, chère enfant, c'est que j'ai juste trouvé en
cette belle église une chapelle de sainte Madeleine.
Ai-je besoin de te dire combien j'ai prié et avec quelle
ardeur, pour toi qui es si loin, et pour toute la famille
abandonnée de son pauvre chef ? J'espère que toi et tous
vous en ressentirez les effets. Tu sais que c'est une pieuse
croyance, qu'on obtient ce qu'on demande, quand on
prie pour la première fois dans une église : le bon Dieu

(1) Madame la duchesse de Madrid.
(2) Dame de l'Ordre royal de Thérèse.

m'accordera toutes les grâces que j'ai sollicitées pour vous, et pour toi spécialement.

« Du reste, j'ai été récompensé déjà de ma persévérance. Figure-toi que j'ai passé une nuit en wagon et que je vais en passer encore une, uniquement pour n'être point privé de la messe aujourd'hui. Eh bien ! d'abord j'arrive en retard avec le train. J'avais eu soin de me tenir à jeun : bast ! je n'avais ni mes paquets, ni mes affaires avant dix heures. Je vais vite à l'hôtel... Il n'y avait de messe qu'à dix heures, et il était dix heures et demie ; cependant, à Saint-Michel, peut-être une à dix heures et demie ou onze heures.

« Je mourais de faim, et pas moyen de me faire clairement entendre ! Je demande une tasse de café, que j'avale en hâte, et je me mets en chemin. Je vois trois églises : dans l'une on prêchait, et pas d'apparence de messe ; dans une seconde, dédiée à la sainte Vierge et d'une richesse extrême, personne ! un sacristain enlevait les tapis de la messe, qui avait dû être dite plus tôt. Enfin je cours à Saint-Michel, dont les deux tours apparaissaient de loin : on prêchait, et en allemand ! Cependant, comme le prêtre avait l'étole et qu'il y avait un monde énorme, *j'espère* une messe, et je me tiens le mieux possible dans une vaste nef où il n'y a pas de chaises libres. Les bancs, situés au milieu, sont tous occupés, et je ne peux pas dire j'entends, j'écoute un long sermon, très-beau sans doute, dit d'une belle voix, avec de beaux gestes, une belle intonation, mais dont je ne comprends pas une syllabe.

« Le sermon fini, il était onze heures passées ; enfin on

sonne une messe, et voilà que commence une magnifique musique militaire. C'était, je crois, la musique des
« Cadets, » comme qui dirait l'École militaire. J'ai été
charmé et bien récompensé, ainsi que tu le vois.

« A la sortie, j'ai changé de l'argent : car ici on ne
compte que par florins, « gulden, » et ces florins sont
en papier. J'ai été vexé de donner mon bel or de France
contre ces mauvais chiffons ; j'y perds, d'ailleurs, et je
peux parfaitement être attrapé sur ma bonne mine.

« Me voici ayant parcouru quelques rues. La ville est
belle, très-ornée, pas toujours de bon goût ; c'est l'Athènes allemande, mais une Athènes un peu attifée à l'al-
sacienne. Les belles dames bavaroises sont des carica-
tures de nos élégantes Parisiennes, avec le *chic* de moins.
E. se serait bien amusée de ces toilettes sans goût. Il
y a des chignons, mais point monstres.

« Ce qui me plaît encore le mieux, ce sont les costumes
des servantes, de celles qui ont eu l'esprit de garder la
coiffure ancienne.

« Représente-toi des bandeaux plats très-lisses, couronnés par une sorte d'éventail de gros rubans rattachés
au sommet par une épingle de filigrane, et tombant derrière jusqu'à la taille. Cela est fort élégant et a du caractère. Le reste, hommes et femmes, est une mauvaise
contrefaçon de Paris.

« Ce qui montre le mieux la capitale, c'est l'atroce temps
qu'il fait : brouillard et pluie en permanence ; à peine
mettrait-on les chiens dehors. Je vais pourtant essayer
de m'y aventurer après le dîner, qui a lieu à une heure,
selon les bonnes habitudes allemandes.

« Je dois repartir ce soir : à la grâce de Dieu ! Priez bien pour moi, chers enfants. Je presse tout le monde sur mon cœur.

« J'ai ma petite chaufferette, attention de M. que j'en remercie. J'ai tout mon butin si bien arrangé par elle et par E. Je ne vis que par vous, avec vous et pour vous... »

« Vienne, le 29 novembre 1869.

« Quelques mots seulement, chère bien-aimée, avant de quitter Vienne.

« Je viens de recevoir une charmante lettre de M. de M., qui m'annonce que je suis attendu par la plus bienveillante hospitalité. Je pars dans une heure. Le temps s'est refroidi, et à la pluie menace de succéder la neige.

« J'ai déjà eu un avant-goût. Tout à l'heure, l'idée m'est venue d'aller savoir au palais de Modène si le duc y était. Quoique je ne fusse qu'en matin,—qu'Em. et A. ne se récrient pas, je battais neuf et n'avais pas mon chapeau à plumage— j'étais « très-convenable, » comme ils disent. Le duc a voulu me voir et m'a gardé plus d'une heure, me remerciant, me faisant un éloge complet de ce qu'il lit tous les matins.

« Il est dans les meilleures idées, au courant de tout, d'une bonté et d'une affabilité charmantes. En voilà encore un hors du trône, parce qu'il serait si digne d'y être ! Quand donc la justice de Dieu arrivera-t-elle ?

« J'avais voulu voir Mgr Mislin : il est à Rome...

« Parti de Munich à huit heures quarante minutes du soir,

j'étais à Vienne à huit heures quarante du matin, bercé
par la tempête de pluie et de vent qui ne cessait pas...

« Je suis d'une économie sordide ; ce que c'est que de
voyager pour le devoir !

« Et dire que je ne suis encore qu'à l'aller ! Oh ! ma
bien-aimée, que cet aller me semble long ! et que le
retour me tarde, avant même d'être arrivé ! Je n'ai de
pensée que pour vous, de vous et avec vous. Cette nuit,
j'ai rêvé que je vous retrouvais tous à la gare de Paris.
Seulement le matin R., encore grandi, me prenait la
main, et me disait : Mais, petit père, c'est pas possible,
« c'est un rêve... » Je me suis réveillé, et j'ai été plusieurs
minutes avant d'en convenir. Hélas ! ce n'était qu'un
rêve. J'arrivais à Salzbourg ; il était deux heures de
nuit, et il m'a fallu passer à la douane autrichienne, qui a
été aimable, sachant où j'allais. J'ai changé encore un
pauvre louis contre de vilains florins de papier et une
monnaie impossible. Quand donc aurons-nous l'unité
monétaire en Europe ?

« Ce matin j'ai trouvé ici, comme je m'y attendais, un
brave commissionnaire français, qui m'a piloté parfaitement. Il se nomme Perrot. Avis à qui irait sur mes traces.

« 30 novembre.

« A vous, chère bien-aimée, la primeur de l'admirable
accueil qui m'est fait ici ! Votre cœur de femme et de
fille bondirait de joie ! Et ce n'est pas un des moindres
chagrins attachés à notre éloignement que de vous voir

privée de cette satisfaction si profonde. Votre portrait est là, sous mes yeux, trônant sur mon bureau, et mieux encore dans le sanctuaire de mon âme, et je vous parle comme si je vous voyais!

« On veut bien tout comprendre et tout approuver, et me savoir un gré extrême d'avoir fait ce long crochet. Que ne puis-je vous dire tous les détails!...

« Je suis arrivé en pleine nuit, à six heures et demie ; M. de M. m'a reçu d'une façon charmante. Je n'ai eu que le temps de m'habiller au galop et de descendre. J'ai été reçu avec une bonté digne d'Henri IV. Monseigneur est notablement maigri ; il a le meilleur teint et le plus rare entrain du monde : on le dirait rajeuni de dix ans. Son activité est prodigieuse et sa verve intarissable. Il porte toute sa barbe et ressemble de plus en plus, en beau, au moral comme au physique, au Béarnais.

« Comme je m'inclinais tout ému pour lui baiser la main, il m'a vivement redressé, saisi dans ses bras et embrassé.

« J'étais aux larmes. Je me suis vite remis, — ceci pour M. et E., qui ne prennent pas leur parti des émotions paternelles, — et j'ai dit tout ce que j'avais à dire. Monseigneur m'a remercié comme remercient les Bourbons. Il était charmé des nouvelles que je portais et de l'idée que j'avais eue de voir tous les siens. Nous sommes à l'unisson le plus complet.

« Puis, sept heures sonnant, nous sommes passés au salon. Monseigneur et Madame sont entrés : Madame, charmante plus que je ne l'avais jamais vue, rajeunie *littéralement*, plus fraîche et plus gracieuse ; si j'osais,

je dirais moins défiante d'elle même et plus causante.
Elle cherche et trouve les mots les plus agréables, et
c'est une âme de sainte. J'apportais une lettre qui l'a
enchantée; j'ai pu lui donner tous lesdétails qu'elle sou-
haitait et qu'elle a recueillis avec une avidité *maternelle.*

« Puis j'ai été *présenté* à M. le comte de Bardi, qui
ressemble prodigieusement à sa sœur, et qui est le pétu-
lant et spirituel enfant de Wartegg, devenu un jeune
homme plein de grâce et de modeste douceur.

« A table, j'ai été mis près de lui.

« Pendant le dîner, Monseigneur a passé lui-même la
revue de tous mes enfants, après m'avoir demandé des
nouvelles de leur mère ; il a eu un souvenir de bonté
particulière pour H., dont je vais remettre la lettre ; il
« compte sur lui » pour l'avenir.

« Moi, dans le présent, je compte que mon grand garçon se préparera, par la foi et le travail, aux devoirs que
son maître et son parrain attend de lui. Madame a aussi
parlé de lui avec grande bienveillance.

« Ici il faut que je m'arrête : la messe sonne, et je serai
pris toute la journée. A Dieu ! Je me jette dans vos bras...
Bénissez tous vos enfants pour leur père ; qu'ils prient
pour lui et pour leurs maîtres ! »

« 1ᵉʳ Décembre, mercredi, en wagon, à 8 heures du matin.

« Je viens de quitter la royale hospitalité de Frohsdorf ;
je descends d'une voiture aux armes de France, der-

nier souvenir de deux jours qui marqueront profondément dans ma vie, et auxquels n'a manqué que vous, ma bien-aimée, pour que le bonheur de conscience et de cœur fût absolument complet.

« Je vais traverser le Sommering, un des travaux les plus extraordinaires de ce temps, fécond en merveilles de la science matérielle, et stérile en grandeurs morales. Les grandeurs morales, elles sont toutes réfugiées d'où je viens et où je vais. Ah! qu'il faut que le monde soit mauvais et les peuples insensés pour se priver du bonheur que leur donneraient la vertu, la droiture, la loyauté et l'honneur!

« J'ai tant vécu depuis avant-hier soir, que je ne sais plus où j'en étais quand je vous écrivais. Je vous avais dit notre dîner et notre soirée, je crois. Depuis, impossible de m'arrêter une minute, même pour vous écrire ce dont mon âme était si pleine.

« Hier matin donc, après avoir passé une bonne nuit, où vos chères images, — la tienne surtout, ma bien-aimée, — ont sans cesse occupé mes rêves et mes instants de réveil, je me suis levé de très-bonne heure, — on est matinal ici. — J'ai eu une longue conversation avec M. de M., et je suis allé entendre la messe dans la chapelle, à neuf heures et demie. Elle est remise à neuf, ornée de magnifiques tableaux italiens, et décorée avec un goût parfait, sur les ordres de Madame, la sainte du lieu.

« J'interromps : nous descendons rapidement des pentes incroyables en zig-zag, au milieu de rochers prodigieux et de forêts couvertes de neige. Grâce à ma chaufferette, je n'ai pas froid, quoique la température soit au-dessous de zéro. Ce spectacle défie toute description ; la neige lui donne plus de grandiose encore.

« Toute la famille était à la messe, et l'on faisait la fête de saint André. La croix est bien là, et si acceptée, si aimée, comme avec l'apôtre : *O bona crux !* La piété franche et simple règne ici. Dans la tribune, il y a deux peintures remarquables de Mme la duchesse de Parme : saint Louis et la sainte Vierge, puis des reliques insignes de tous les saints de la race royale. Il y a des saints vivants près de ces ossements, qui doivent les faire tressaillir.

« A table, j'étais près de Madame, dont il est impossible de dire la bonté et la grâce : c'est la foi douce et sereine, le ferme courage et l'invincible espérance. Elle m'a parlé de vous et de tous d'une manière charmante; elle me savait un gré infini de ma course : car elle aime ses neveu et nièce passionnément, et est justement fière d'eux, avec une pointe de sollicitude qui ne gâte rien.

« Après déjeuner on m'a remis votre chère lettre, que je n'ai pu que dévorer du regard. Monseigneur recevait les journaux, et me lisait, en traduisant le télégraphe allemand, le discours de Bonaparte. Rien de plus curieux que cette lecture, faite là et ainsi commentée !

« J'ai eu occasion plus tard de parler de votre cher père (1), et j'ai vu son noble dévouement apprécié comme il le mérite. On se retire à onze heures ; le déjeuner est

(1) Le général Le Febvre des Vaux, qui, en 1850, était chef d'état-major de la première division militaire de Paris, et, malgré les plus instantes supplications, refusa de servir le nouveau gouvernement.

à dix heures et demie très-digne, très-simple, servi à la
royale et en vaisselle plate ; on mange peu et vite. A
midi mon audience, avant laquelle j'avais pu lire et
baiser votre lettre ; il me semblait que je vous avais là !

Quel charme, au milieu de cette solitude et de cette
grandeur, de recevoir de vous les détails de votre vie
si active et si dévouée ! C'est le devoir aux deux degrés
de l'échelle, la patrie et la famille. Merci de tout ce que
vous avez fait et si bien fait !

— Nous passons sous des galeries à jour, taillées au
flanc du roc, et au-dessus de précipices profonds ; c'est
prodigieux ! —

A... a été nommé particulièrement avec éloge. Em.
aussi est applaudi de sa bonne conduite à Rome et de
son mariage heureux et béni. J'ai mis toute la famille
aux pieds de Monseigneur ; on m'avait prévenu, en demandant des détails de tous, spécialement du « petit
bonhomme » de filleul, qui doit grandir et se préparer
à servir sa cause, et à qui Monseigneur envoie une photographie signée. On a été ravi de tout ce que j'avais
à dire de Clarens, si bien qu'après les deux heures
d'audience j'ai été demandé par Madame pour lui répéter tout ce que j'avais dit, et qu'elle en faisait attendre
le dîner.

Après l'audience, promenade à pied au cimetière,
tombeau de l'abbé Trébuquet, ce vrai saint ; l'inscrip-
tion est profondément simple et touchante. « M. le
comte de Chambord a perdu en lui un ami de trente-
cinq ans, son guide spirituel... » Il y a là déjà bien des
Français ! sans compter ceux qui sont tombés aussi et

qu'on a rapportés en France. C'est le champ d'honneur de la fidélité.

Visite à Mme de M... où vient le comte de Bardi, charmant, l'Henry IV de Bosio, ou, comme sa sœur :

> Biondo e del gentil aspetto!

Le soir, nouvelles amabilités de Madame, qui me charge de ses hommages au Saint-Père, comme je l'étais déjà. Puis Monseigneur va avec moi dans son cabinet et me donne une croix de nacre travaillée à Bethléem, en me disant : « Je l'ai rapportée de mon voyage à Jérusalem ; elle ne m'a pas quitté depuis ; elle a passé la nuit sur le Saint-Sépulcre et y a été bénie ; c'est une des plus belles, comme travail, qui se fasse en Terre sainte. Je vous la donne ; personne n'est plus digne que vous de prier devant elle pour la France et pour moi. » L'attention était des plus délicates ; j'étais confus et n'ai pu que balbutier un remercîment auquel a suppléé mon émotion. B. vous l'apportera vers la fin du mois. Vous y ferez graver, sur un petit piédestal, que vous commanderez avec votre goût ordinaire : « Cette croix, bénite sur le Saint-Sépulcre, et rapportée de Jérusalem, par M. le comte de Chambord, a été donnée par lui à M. Henry de Riancey, le 30 novembre 1869, à Frohsdorf.

> *Aves spes unica,*
> *...Piis justitiam !* »

Jugez si j'étais heureux !... Puis les adieux touchant s jusqu'aux larmes. — À revoir, Riancey ! — En France, Monseigneur ! Madame et le comte de Bardi émus et admirables de bonté. J'ai arrangé mes affaires, relu et baisé votre lettre, et mal dormi sous les émotions du jour et les préoccupations du départ de ce matin. A six heures et demie, une voiture de Monseigneur m'a rapidement conduit à N., d'où je me suis embarqué en ce wagon d'où je vous écris, ayant payé la place un prix fou pour Trieste. De là je file, et sans m'arrêter, sur Venise.

Je demande un wagon « für Nichtrauchende, » on me met dans un compartiment bien clos où est un Monsieur avec deux jeunes dames, fort bien du reste. La première chose que je vois, à la deuxième station, ce sont mes deux voyageuses allemandes, qui roulent, allument et fument des cigarettes de Latakieh-sultan! Fiez-vous donc aux incriptions des wagons « *Nichtrauchende!* » Heureusement, on fume très-peu et le tabac est excellent. Voilà le Sommering passé; nous n'avons pas froid, quoique le temps crève de neige.

... A Dieu! sur votre cœur.

Votre HENRY.

Remercîments les plus complets; approbation entière, cordiale, royale! *Reconnaissance,* — c'est le mot plusieurs fois employé,—reconnaissance à tous! Au premier moment de liberté, j'écrirai à chacun; mais je passe toutes les nuits et les jours en wagon, sauf quelques heures à Venise et à Florence, jusqu'à dimanche matin, et je suis accablé de commissions. J'accomplis par la neige un tour de force, que je ne croyais pas aussi laborieux; mais j'espère que notre *Union* s'en trouvera bien.

Sollicitude particulière et *tendre* pour notre cher maître

Laurentie; remercîments de sa lettre, de son dévouement, *admiration* pour sa verdeur infatigable, la hauteur de ses vues. son beau et clair langage;—un souvenir spécial et spontané pour son excellent fils,—pour le mien.
— Cordiale affection et sentiment de la plus haute estime pour notre ami Poujoulat, sa verve, son élévation, son zèle, son dévouement.

On n'a pas attendu que je nomme chacun; tous sont connus et appréciés. J'ai successivement dit les services de tous et j'ai reçu un mot aimable pour chacun, y compris l'administration et les ouvriers. Monseigneur s'occupe activement des *questions sociales;* il a entendu, avec le plus·vif intérêt, le récit de la médaille offerte, en son nom, à Mouleau (1); il en a été très–touché, et a dit que nous avions répondu à ses intentions. Il m'a chargé de féliciter ce vieux soldat du travail et de la probité et de remercier l'atelier...

Madame... bonté extrême... remercîments affectueux, souvenir particulier à M. Laurentie; ce bon, ce courageux M. Laurentie, si admirable! Tous ainsi nommés à elle et par elle.

Courage, foi, espoir! »

Quelques instants auparavant notre voyageur, dont

(1) Le plus ancien des ouvriers de l'*Union*, à qui la rédaction avait offert une médaille d'or, au nom de M. le comte de Chambord, en signe de gratitude pour ses quarante ans de service.

la plume était aussi infatigable qu'élégante et gracieuse,
écrivait à sa fille aînée :

En wagon, au sortir de Gratz (Styrie), 1er décembre.

« As-tu de la neige comme moi, chère M. ? Il me
semble te voir te délassant, en regardant, un instant
après déjeuner, tomber les flocons blancs qui empêchent
la promenade ordinaire ; à moins, ce que j'espère pour
vous, que tu n'aies beau temps et que tu n'exerces un de
ces ministères de seconde maternité qui te vont si bien
et que tu remplis à la joie de tous. Pour moi, je cours
au milieu d'un tapis éclatant de blancheur, achetant
l'espérance du midi et du *soleil* d'Italie par l'air vif des
montagnes de la Styrie et du Tyrol, et par le froid
piquant de l'hiver, lequel cependant, grâce à toutes tes
précautions et aux gâteries de ta mère, n'arrive pas
jusqu'à moi d'une façon sensible.

« ... A Frohsdorf le linge est magnifique, d'un luxe vraiment royal. Au milieu de cela, Madame fait un modeste
tricot de laine blanche pour vêtir les petits pauvres, et
elle est d'une admirable simplicité. Ce qu'elle fait de
bien est immense ; hier à table Monseigneur dit : « Avez-
vous été de tel côté ? — Non ! — Tant pis, vous auriez vu
une charmante église ; c'est ma femme qui l'a fait con-
struire de sa bourse et toute seule. Et l'église de la paroisse de Frohsdorf ? — Elle est modeste, mais propre et
ornée. — C'est ma femme qui y a aidé. — Plus loin,
maison de sœurs, asile, secours ; — encore Madame.
— Des frères d'école ; — encore Madame. C'est la Pro-

vidence du pays; que n'est-elle celle de la France?

C'est elle qui a fait arranger la chapelle de Frohsdorf. Elle a disposé la tribune où chaque prince a son prie-Dieu et une petite bibliothèque portative, comme un casier de musique, pour y mettre ses livres. Des cadres tout remplis de reliques précieuses y sont appendus et Madame a fait copier à Venise, en tous petits tableaux, un admirable chemin de croix de Tiepolo, qui est un chef-d'œuvre et qui repose des pauvretés ordinaires avec lesquelles on déshonore ces magnifiques scènes de la passion.

Vous êtes bien heureuses d'aller au Gesù et de faire vos dévotions selon votre bon plaisir. Je vis en païen sur les grands chemins, réduit à suivre ma messe en train express et en saluant les clochers. Mais je ne manque pas de prier les anges de ces églises pour vous tous et pour mon aînée en particulier.

« Je t'embrasse comme je t'aime,

Ton père, H. de R...

Venise, le 2 décembre 1869.

Le croirais-tu bien, ma chère E.? Je descends tout à l'heure d'une gondole, d'une vraie gondole, seul moyen de transport dans la belle Venise, qui m'a pris à six heures cinquante minutes au chemin de fer, pour m'amener, en cinq quarts d'heures, à l'hôtel Danielli, d'où je t'écris. Quel dommage seulement qu'il soit nuit, et par-dessus le marché un temps horrible, une neige effroyable, un froid de loup ! Tu vois que j'ai de la chance quand je vais au midi : j'y gèle !

Tu ne te figures pas la nuit que nous venons de passer. Cette belle neige, qui tombait si blanche et si douce sur les versants du Sommering, est devenue furieuse, chassée par une tempête horrible, et dans la traversée du Tyrol, j'ai vu à chaque instant le moment où le train ne pourrait plus marcher. La nuit venait avec cela dès quatre heures, et nous ne distinguions plus rien. J'ai pris en route, en remplacement de mes fumeuses, honnêtes personnes de Gratz qui y sont descendues, une fournée de vieux Styriens mouillés et fumant ; c'était à n'y pas tenir. Heureusement, ils ne sont pas allés plus loin que Marburg, et là j'ai eu la compagnie d'un religieux allemand, parlant quasi le français, que j'ai su enfin, de notre longue et intéressante conversation, être un lazariste, visiteur de son ordre pour l'Autriche, et qui avait vu récemment le P. Étienne. Cette rencontre a abrégé l'ennui du chemin dans les ténèbres et la tempête.

Je me suis endormi si fort qu'en arrivant à ma dernière station pour prendre la ligne de Venise, en laissant Trieste, j'en ai oublié, hélas ! ma chère petite chaufferette, juste au moment où elle allait m'être le plus utile... puisque je venais vers le midi. J'en ai déjà souffert, ce matin, dans la fameuse gondole, espèce de tonne renversée, assez confortable au dedans, et dans laquelle on entre comme dans une souricière. On en ferme hermétiquement la porte, de sorte qu'on n'a pour tout orifice qu'un petit carreau, comme celui des cabriolets à va-

sistas, et, en perspective, le dos du gondolier qui rame
et vous mène. A l'extérieur, la barquette est pittoresque ;
mais quand il gèle, qu'il neige et qu'on n'y voit goutte,
la poésie manque un peu.

Ce qui ne manque pas, c'est l'impression produite,
même aux reverbères, par cette ville où maisons, palais, églises, tout est dans l'eau, où on n'entend pas
une voiture et où on passe sans cesse sous des ponts
ou des arcades surélevés de l'effet le plus étonnant, le
plus sombre parfois, et le plus artistique toujours.

Il n'y a rien de comparable au peu que j'ai vu encore. Je suis sur les bords du grand canal, pas loin de
la place Saint-Marc et du palais ducal, et n'étaient le gaz
et le service d'un hôtel, je me croirais à trois ou quatre
siècles en arrière.

Tu juges que je te regrette, voyageuse en esprit ! Ah!
toutes les curiosités ne me remplacent pas une matinée
et une soirée près de vous tous, dans la pauvre et petite maison, qui est un vrai palais de bonheur et de
tendresse.

Enfin, il n'y a pas jusqu'à la fameuse *cioccolata* que
je viens de prendre, qui ne me semble pas valoir *celui*
de la cuisine, quand il est bien fondu.

Il continue à faire un temps de chien, et je n'essayerai de sortir entre deux eaux (on ne va guère autrement), que quand la pluie aura un peu cessé, ou que je
désespérerai de toute amélioration. Je compte partir
pour Florence ce soir ; puissé-je avoir une nuit meilleure!

A Dieu, ma chère E. Ne vas pas te persuader qu'à

Paris seulement on porte d'énormes chignons; je me suis tenu *assis, assis,* entends-tu? dans le chignon de la Bavaria, à Munich. Il y a six places assises et deux debout dans sa coiffure, et quatre fenêtres aux quatre coins cardinaux, qui donnent une vue superbe... quand il ne pleut pas.

Imagine-toi que dans la Méditerranée, il n'y a, pour l'Adriatique, que huit ou dix jours de grande marée : c'est du 30 novembre au 10 décembre, juste quand j'y suis, ce qui force à enlever les tapis des rez-de-chaussée envahis, sur le bord de la mer, et me fait payer double ou triple les gondoliers. Je dois dire, du reste, que du fond de ma souricière, ce matin, j'admirais la prodigieuse adresse de cet homme, qu'aidait seulement un petit garçon, et les efforts énormes qu'il était obligé de faire contre le vent, la marée, les autres barques amarrées le long des maisons et les ténèbres de la nuit.

Oh ! mes chers enfants, que je suis faible en face de mon devoir! Je le fais, parce que c'est la volonté de Dieu, mais je ne sais pas me mettre au-dessus du fond de tristesse que me causent votre absence et celle surtout de votre bonne et chère mère.

Je suis toujours dans cette solitude que je vous disais; singulier isolement au milieu des villes et des populations !

Et encore ne suis-je qu'au départ! Sans doute ce que j'ai pu et ce que je vais accomplir me cause des émotions profondes. Mais quand elles ne sont pas partagées, hélas ! l'effet est bien atténué, et quand on est loin des siens, il reste un invincible déplaisir.

Votre pensée le chasse un peu, et je m'arrête en face de ta figure souriante et réjouie, te chargeant de mille tendresses pour tous,

Ton père, H. de R...

P. S. Dis à ma chère L. que le souvenir de Charles (1) est vivant là d'où je viens, et que j'en ai eu encore la preuve manifeste par les regrets qu'il y a laissés. Dis-lui que je porte sa pensée là où je vais.

A Dieu, chère enfant, je t'aime et te bénis.

H...

Un petit mot de tendresse à nous deux, ma bien-aimée C., que je glisse dans la lettre d'E.

Ah ! chérie, que tu me manques, mais que je suis heureux de ton courage, de ta résolution, de ta fermeté que je m'efforce d'imiter ! Le temps marche, assez vite pour nous éloigner, encore pas assez pour nous réunir. Je vais prier pour vous dans une de ces belles églises vénitiennes qui, du milieu des flots, élancent leurs supplications et leurs merveilles vers l'étoile de la mer.

Que cette vie de brouhaha me va peu ! Et comme j'aimerais reprendre mon laborieux servage près de vous, près de toi !

Je vois une foule de belles choses que je voudrais te faire admirer, une foule de jolies choses que je voudrais t'envoyer. Hélas! tu n'es pas là. Mais tu m'aimes, tu

(1) Le frère de M. H. de Riancey.

m'as donné vingt-sept ans de bonheur sans égal et sans mélange, et tu m'en réserves encore, je l'espère bien !

Comment me plaindre et ne pas remercier Dieu, au milieu d'épreuves qui font encore sentir plus vivement le prix des bienfaits reçus et des bienfaits à obtenir ?

A Dieu, bien-aimée, à Dieu sur ton cœur et à tes genoux.

J'arrive à Florence, chère C., après avoir bien failli ne pas pouvoir partir de Venise hier. La neige (la neige ici !) avait causé plus de deux heures de retard au train de la poste, et on craignait que le passage ne fût intercepté dans l'Apennin. Je n'en aurais pas été étonné, après le déluge de neige qui avait manqué nous arrêter dans les Alpes. Mais le soir l'ouragan s'est calmé et nous sommes partis nous fiant à la grâce de Dieu, décidés à rester à Bologne, s'il faisait trop mauvais, et finissant par débarquer ici avec un charmant soleil (votre soleil chéri, ma bien chère C.!), lequel toutefois lutte difficilement avec le brouillard.

Malgré une pluie battante et un vent infernal, j'ai visité hier tout ce que Venise a de plus beau. J'ai marché de onze heures et demie à cinq heures, sans arrêt. Cela m'a fait dormir comme une souche dans le wagon, après m'avoir rempli d'une admiration sans cesse renaissante.

Venise n'a pas d'analogue au monde ; je vous en dirais deux cents pages que je ne tarirais pas. Saint-Marc et le palais des Doges sont incomparables. Tout, dans cette ville sans voitures et absolument plantée sur les eaux, est prodigieux. Comme elle dépérit sous le joug piémontais ! Quelle décadence de cette vieille gloire de la guerre, de la politique et des arts, dont elle n'a plus gardé que le souvenir !

Mais il faut que je cesse. Je vais déjeuner, trotter dans Florence et me remettre en chemin ce soir. Je serai demain matin à Rome, but de mes fatigues et, je l'espère sans trop y croire, repos de mes lassitudes, satisfaction de l'âme, mais hélas ! sans vous, sans toi... Tu le sais, et je ne puis pas encore te le dire assez, je ne suis rien sans toi qu'un malheureux qui se traîne aux spectacles de l'art et de la nature, et qui ne peut pas épancher ses impressions dans ce cœur qui seul sait le comprendre, l'encourager et l'aimer.

A Dieu ! Je te laisse au fond du cœur de N.-S., seul lieu où l'on se retrouve toujours et à jamais.

III

ROME.

4 décembre.

Me voilà donc à Rome ! à Rome, ma chère bien-aimée, et sans vous, et sans personne de ceux que j'aime tant, sans mon Em. mon guide préféré, si j'avais pu choisir. J'avoue que quand, à la station, j'ai aperçu le premier uniforme de zouave, j'ai éprouvé un sentiment très-vif d'orgueil, — c'était le costume de mon cher enfant —, et de regret, — je ne l'avais pas pour me conduire dans la ville éternelle. — Non point, certes, que je sois ingrat pour les services qu'il a rendus et la grâce que Dieu lui a faite pour récompenser ses sacrifices et ceux de sa bien-aimée femme ; mais j'étais un peu égoïste d'être seul à ce moment et lui, qui connaît si bien Rome, me le pardonnera. Je n'en ai du reste que mieux senti l'étendue de son abnégation ; car il venait prendre le harnais, et moi je n'y viens que recueillir des impressions de grandeur et de force. Sous ce rapport mon attente est dépassée. Rome, non comme ville, mais comme capitale du monde moral et de l'Église, m'émeut plus que je ne croyais.

Parti hier soir de Florence dans un train énorme, où je me suis trouvé, pour ma part, dans le même wagon que deux évêques, l'évêque d'Oran et celui de Nashville

(Etats-Unis) — l'archevêque de Turin et plusieurs autres étaient dans d'autres voitures — je suis arrivé en vue de Rome, avec deux heures de retard, mais par un temps moins affreux que tous ces jours-ci. Un rayon de soleil a salué mon entrée et a doré les statues des Apôtres au dessus du portique de Sainte-Marie-Majeure, et les murailles antiques qu'à crevées la tranchée du chemin de fer. J'avoue que le cœur me bondissait à cette vue. Les ennuis, légers du reste, de la douane et des paquets, m'ont distrait un instant.

Saint-Pierre défie toute description ; c'est le grandiose harmonieux, calme, dominant. J'ai versé des larmes de reconnaissance et de prière pour vous tous sur le tombeau des Apôtres, devant le Saint-Sacrement, au pied de Saint-Pierre, devant la Véronique, la lance et la croix exposées en ce moment... Vous savez tout ce que j'ai dit, ma bien-aimée ; c'est votre cœur qui dicte au mien.

Je n'ai oublié personne.

J'ai vu la salle du Concile qui occupe tout le bras droit de saint Pierre et trois chapelles des nefs latérales. Ce sera beau et simple.

On n'a pas idée de l'immensité de la basilique, qui ne paraît écrasante qu'à la réflexion : je croyais que l'impression en aurait souffert ; au contraire, elle est plus profonde. Il faudrait un volume ici, et je ne veux que vous écrire une page avant de me coucher.

Je suis rentré au Vatican où l'on circule avec une liberté inouïe : les fidèles sont chez le Pape comme chez leur père. Nous serions arrivés volontiers jusqu'à son

antichambre sans être repoussés par aucun garde. J'ai
eu un magnifique coup d'œil que je vous dirai. De là
j'ai vu le pont Saint-Ange, le château, la colonne de la
place d'Espagne, le palais Borghèse, le palais Farnèse, etc., etc., en courant dans un fiacre, parce que
la pluie nous avait saisis. Puis je suis allé au Gesù, où
j'ai reçu la bénédiction et où j'ai causé avec le Père R..
qui m'a dit tout le bien du monde de notre cher Em.,
— j'ai eu la vanité d'en être content, — puis prendre un
peu de *misto* (café et cacao ensemble, ce qui n'est pas
mauvais); j'avais déjeuné à une heure, pas mal, au café
Nuovo, où j'ai trouvé une nuée d'ecclésiastiques de tous
pays, de tous chapeaux et presque de toutes couleurs.
Et me voilà ayant rangé mes petites affaires à la hâte,
et vous écrivant, un peu brisé d'émotions, mais heureux
de la lettre de ma chère M. et de la vôtre, si bonne, si
affectueuse, si détaillée, que j'avais trouvée hier à la
poste de Florence.

J'aurais beaucoup à vous raconter de cette dernière
ville où j'ai fait une énorme excursion. Je remets cela à
plus tard et peut-être au retour ; car ici mes minutes
vont être remplies, je le prévois. Visites, courses, lettres à *l'Union* et à vous ; je tremble d'avance. »

Ces craintes n'étaient pas vaines, et désormais les
lettres du voyageur, surchargé de besogne, ne seront plus
guère que des fragments de correspondance où il note,
à la hâte, quelques-unes de ses impressions. Mais un

ami digne de le comprendre, M. Rouillé, autrefois son collègue à l'Assemblée législative, a bien voulu, dans une admirable lettre adressée à M. Adrien de Riancey, nous faire connaître sa vie à Rome, particulièrement pendant les premiers jours. En voici un extrait :

« ... Permettez-moi de vous raconter ce que j'ai vu, ce que je sais, ce que je tiens des dernières confidences de cette âme d'élite.

Vous savez que c'est dans la douleur et plus encore dans la joie que le cœur s'ouvre, se dilate, se répand, se prodigue et se laisse pénétrer et connaître à fond ; eh bien ! je puis le dire, j'affectionnais et estimais grandement M. de Riancey ; mais je ne le connaissais pas tel qu'il s'est montré à moi dans son voyage de Rome. Je suis tombé en admiration devant un cœur si généreux et si beau, une foi si vive, si profonde et en même temps si naïve et si tendre, et, plus d'une fois, je n'ai pu m'empêcher d'en faire part à quelques-uns de nos amis communs.

Je me rappelle son émotion à son arrivée à Rome, à la simple pensée de se savoir dans la Ville Sainte, les élans de son cœur vers tous les lieux sanctifiés par la présence des saints et par le sang de nos martyrs. Ce qui vous surprendra peut-être, c'est que votre père n'a pas visité le tiers de nos musées et de nos monuments antiques. Lorsque je lui en parlais, il me répondait avec cet aimable sourire que vous lui connaissez : Mon cher ami, que voulez-vous ? on rira tant qu'on voudra de moi à mon retour, mais je ne suis pas venu ici pour contempler les prodigieuses ruines de la grandeur de l'antique Rome, que j'aurais pourtant bien du plaisir à parcourir et à étudier à fond ; mais je suis venu pour le Concile, pour le Pape, pour l'Église, et aussi un peu pour admirer la beauté et savourer les pieux souvenirs de nos monuments sacrés. N'ayant pas le temps de tout voir, je laisse de côté ce qui me satisferait seulement l'esprit, pour courir après ce qui me remplit et me fait tressaillir le cœur.

Oui, on peut le dire sans la moindre exagération, son âme de chrétien tressaillait de joie et d'amour. Une des premières choses qu'il voulut faire en arrivant à Rome, fut d'aller se confesser et de purifier sa conscience, afin, suivant sa propre expression, d'être moins indigne de fouler le sol de Rome, cette terre des martyrs et des saints.

Sa première visite fut pour le tombeau du Prince des Apôtres. J'avais le bonheur de l'accompagner. Son imagination fut frappée, enthousiasmée de la beauté et de la majesté de cette incomparable basilique de Saint-Pierre ; mais le saisissement du beau fit bientôt place aux douces et profondes émotions du cœur. Avec quel respect ne baisa-t-il pas cinq ou six fois, pour lui et pour tous les siens, comme il se plut à me le dire, le pied de bronze de cette statue de Pierre, que les générations pieuses ont usé sous l'étreinte de leurs baisers!

Puis, un peu plus loin, arrivé à l'autel de la Confession, au tombeau de saint Pierre, il se mit, ou plutôt il se précipita à genoux, avec une vivacité qui révélait toutes les émotions de cette âme d'élite. Il resta longtemps en prière, pleurant, sanglotant, absorbé et perdu

en lui-même. Que se passa-t il dans ce cœur de chrétien? Je ne saurais le dire. Tout ce que je sais, c'est que
le tirant de sa contemplation mystérieuse, il se leva, me
prit le bras, marcha quelque temps en silence et me dit
ensuite : Oh! mon ami, ce que je viens d'éprouver près
du tombeau du Prince des Apôtres, est impossible à redire.
J'ai ressenti un tressaillement dans tout mon être; mon
cœur, mon âme ont été inondés, en même temps, d'une
douleur et d'une joie incomparables. J'ai pleuré, comme
vous l'avez vu; c'était plus fort que moi. Oh! je comprends maintenant, mais seulement maintenant, tous
ces sentiments de douleur et de joie, qui brisaient les
cœurs et faisaient tressaillir les âmes des croisés, nos
aïeux, à l'entrée de la Ville Sainte, près du tombeau de
Notre-Seigneur Jésus-Christ.

Voilà comment M. de Riancey voyait et pensait.

Un autre jour, le lendemain de son arrivée, si je
ne me trompe, nous cheminions ensemble lorsque,
dans une rue assez étroite, je vis arriver le *Bat-
tistrada* du Pape. Je dis à M. de Riancey : Voici le
Pape! Oh! quel bonheur, me répondit-il. Il ne l'avait
pas encore vu. Le Saint-Père arriva bientôt devant
nous; nous nous mîmes à genoux, et mes regards aban-
donnèrent le Pape pour se concentrer uniquement sur
votre père. Il se trouva que Pie IX, tourné de notre
côté, nous donna sa bénédiction. Je ne saurais dire ce
qui se passa chez M. de Riancey; mais il y eut comme
un bondissement de son cœur et de tout son corps. Il
tremblait d'émotion; je me permis de le plaisanter un
peu. Vous, vieux Romain, me répondit-il, vous êtes

blasé par l'habitude de voir presque tous les jours
Pie IX, et vous ne pouvez pas comprendre quels tres-
saillements éprouve le chrétien qui croit, lorsqu'il se
trouve pour la première fois en présence du Vicaire de
Jésus-Christ !

Ces émotions, il les éprouva toutes aussi vives dans
les diverses audiences qu'il obtint du Souverain Pontife.
Il vous les aura racontées en détail ; aussi je n'y revien-
drai pas. Seulement je signalerai ce fait : c'est que l'é-
motion qu'il éprouva à la première audience fut si
grande que, déjeunant ensemble, ses yeux s'humectaient
de larmes, et qu'il lui fut presque impossible de manger.
Ces profondes émotions de religion et de foi n'étaient
pas chez lui, comme chez bien d'autres, des émotions
superficielles et passagères, mais elles se traduisaient
par des actes et des actes de vrai chrétien. Jusqu'au
jour où il fut cloué sur son lit par ses douleurs rhuma-
tismales, il allait chaque matin de très-bonne heure dans
un de nos sanctuaires les plus vénérés, là où il y avait
fête, et assistait à la messe, communiant souvent, trois
ou quatre fois par semaine.

Je me permis de lui faire quelques représentations
sur des sorties à pied aussi matinales, avec la pluie et
le temps mauvais que nous avions. Que voulez-vous? me
répondait-il, je ne sais ce que j'éprouve ; mais je sens
que ma présence ici est une faveur extraordinaire du
ciel, une de ces grâces suprêmes qui ne s'accordent pas
deux fois. Laissez-moi donc, mon ami, laissez-moi jouir
et savourer tout à mon aise ma Rome chrétienne ; que
sais-je? Je ne la reverrai peut-être jamais ! Pauvre et

bon ami, j'étais loin d'imaginer que c'était la pure vérité qui sortait alors de vos lèvres !

Cette piété merveilleuse ne lui faisait pas oublier les siens, soyez-en bien convaincu. A chaque instant vous étiez tous présents à sa pensée et à son cœur. Combien de fois ne m'a-t-il pas dit : Que je suis heureux d'être à Rome ! Jamais je n'aurais supposé éprouver autant de joies de toutes sortes. Oh ! que n'ai-je ici, autour de moi, ma femme et mes enfants ! Que je serais heureux, mais heureux à me croire presque au paradis !

Connaissant les goûts et les penchants de chacun de vous, il se prenait à dire, dans ses courses : Qu'A. aurait de plaisir à voir ces belles choses ! Que ma petite chanoinesse serait heureuse de prier ici ! N'est-ce pas mon Em. qui vient là, disait-il parfois, en voyant arriver des zouaves ? Dites–moi, mon ami, avait-il cette tournure, cet air martial? Tous ces zouaves sont presque pour moi des enfants depuis que mon Em. a été l'un d'eux. Oh! quelle joie mon petit R. éprouverait ici, me disait-il une fois, en traversant une place où se trouvaient installés des marchands de crèches, d'enfants Jésus, de petits bergers et bergères, avec leurs petits moutons et leurs corbeilles pleines de présents, lui qui aime tant ces choses ! Il faudra que je lui en apporte, afin qu'il fasse cette année sa crèche du petit Jésus plus brillante que jamais.

Et il en était ainsi à chaque instant. Son Dieu, son roi et ses *chers miens*, comme il disait, étaient les trois religions et les trois bonheurs de son cœur..... »

Pendant son séjour à Rome, il semble que son cœur ait éprouvé le regret du foyer plus vif, d'instant en instant, à peu près dans la mesure des joies immenses que lui procurait sa foi, mais qu'il ne pouvait communiquer.

Je suis dans le charme de Rome, écrivait-il le surlendemain de son arrivée, quoique tout perde sa saveur véritable en n'étant goûté que par moi seul. Ah ! que votre cœur et que votre âme me manquent, chère bien-aimée ! Je les retrouve dans le cœur de N. S.; mais l'absence matérielle est dure et pénible. Mille et mille remercîments de votre bonne lettre et des excellents détails qui m'arrachent à ma solitude et me font vivre un peu auprès de vous, dans ce nid que j'appelle de tous mes vœux !

A Dieu !

Rome, 7 décembre.

Chère bien-aimée, *l'Union* vous portera désormais, et presque chaque jour, mes plus extérieures impressions. Je vous garde le fond même de mon cœur et mes relations intimes. Seulement le temps commence à me manquer cruellement. Ce matin, à six heures et demie, j'allai au Gesù recevoir la communion, à l'autel de Saint-François–Xavier, devant ce bras qui s'est lassé à baptiser des millions d'infidèles et qui est encore tout entier avec les chairs : la relique précieuse est entourée de pierres magnifiques.

Pendant que j'étais à genoux, je vis arriver le duc et la duchesse de Parme ; elle, charmante et toute prête d'accoucher ; elle a communié, mêlée aux plus humbles

fidèles ; lui m'a longtemps regardé comme s'il me re-
connaissait. Il avait témoigné, avant même ma demande
d'audience, le désir de me voir, et voilà qu'il m'envoie
l'audience aujourd'hui pour aujourd'hui, et je l'ai man-
quée, n'étant pas rentré à temps pour trouver la lettre.
Je suis très au regret, mais je me dédommagerai bientôt, je l'espère.

J'ai rencontré D. Alphonso, charmant, qui m'a indi-
qué une audience à l'heure même et je m'y suis rendu
tout de suite ; c'était la même heure que le duc de
Parme et j'ignorais la coïncidence....

En rentrant, je trouve la lettre de la chère chanoinesse, qui me ravit et me transporte en une minute au
cher nid, hélas ! si lointain. Mille remercîments à la
petite chérie.

9 décembre.

Un mot seulement, chère petite comtesse, pour vous
remercier de votre admirable *gazouillement*. Il me
semble que je vous entendais avec votre charmante petite voix et vos douces manières. Ah ! que je suis peiné
d'être si loin de vous tous et de vous en particulier, mon
cher souci (1) et ma charmante récompense !

Mon pauvre vieux cœur paternel ne se peut faire à la
solitude : quelles que soient les grandes et belles impressions qu'il éprouve, il se sent vide et inquiet ; c'est
le modeste foyer qu'il lui faut avec la bien-aimée mère
et tous les poussins.

(1) A cause de sa faible santé.

Embrasse-les bien tous, chère petite, et sois, comme toujours, leur gaieté, leur consolation et leur joie.

J'ai bien prié pour toi, et ta pensée, après celle de ta mère, me poursuit d'église en église. Le bon Dieu doit en être bien fatigué, au moins rebattu. Pardon de l'expression! elle dit ma persévérance et compte sur sa miséricorde.

A Dieu, ma bien-aimée, nul mieux que toi ne saurait distribuer mes tendresses lointaines. Charge-t-en, sans oublier personne.

A toi le vieux cœur de ton père chéri!

10 décembre.

Je suis encore chargé, mon cher R., des plus bienveillantes affections pour toi. Cette fois, c'est ton auguste parrain, S. A. R. Mgr le duc de Parme qui, hier, ayant daigné m'inviter à dîner, m'a immédiatement demandé de tes nouvelles, m'a témoigné la bonté dont il est pénétré pour toi, et m'a promis qu'il me donnerait un portrait qui t'est particulièrement destiné. S. A. R. Mme la Duchesse de Parme, qui était présente, s'est occupée de toi avec une grâce charmante, et comme elle aura bientôt un petit enfant, tous les deux m'ont dit : « Vous serez au baptême, nous vous le demandons. » C'est une grande faveur et de laquelle j'ai été extrêmement reconnaissant.

Tu vois, mon cher R., quelles obligations t'imposent l'honneur et les bontés des princes qui t'ont tenu sur les fonds du baptême. J'ai déjà dit à ton parrain et à ta marraine que tu t'étudiais à devenir un grand garçon digne de servir leur cause. Il faut que tu te mettes en état de tenir cette parole. Pour cela, sois un bon petit chrétien, bien obéissant à ta chère petite mère, bien soumis à tes maîtres et travaillant énergiquement, ainsi que priant bien le bon Dieu et la sainte Vierge.

A Dieu, mon R., je te charge spécialement de toutes mes tendresses pour la famille. Tu sauras bien les distribuer et en garder pour toi...

10 décembre.

Chère bien-aimée, hier soir j'ai été très-gracieusement invité à dîner par Mgr le Duc de Parme. La Duchesse est vraiment charmante, d'une grâce, d'une amabilité et d'une bonté remarquables. Le Duc cause très-agréablement de tout, avec beaucoup de bon sens et d'à-propos : il sait bien sa littérature, est au courant des meilleures productions du jour et du temps.

Le surlendemain de mon arrivée j'ai vu Mgr de Poitiers et Mgr d'Orléans ; ce soir je dîne chez Mgr de Moulins. Que vous dirais-je de la *furia francese* réciproque des deux partis épiscopaux ? Au fond, il vaut mieux que tout ce feu s'évapore : il restera la liberté de discussion bien constatée, et après, la paix de Rome et de Dieu.

Chaque jour je m'arrange pour avoir la messe dans une église différente. Un de ces matins j'irai à la confession de Saint-Pierre. On passe ici sans cesse d'émotion en émotion et de surprise en surprise.

J'attends une audience du Pape. Je vais aussi aller

voir le roi de Naples. La Duchesse de Parme m'a dit
hier très-aimablement, qu'il désirait causer avec moi.
Les princes n'ont pas tari de remercîments et d'amabilités. Au moins, on est heureux de servir de tels
maîtres.

A Dieu, chère bien-aimée, je ne vis pas ici, je suis tout
cœur et toute âme avec vous. O mon nid! mon nid !...
Je ne puis m'appesantir sur cette absence ; elle me coûte
trop. Mais le devoir est là qui me dit : Marche ! et je
vais.

12 décembre.

Ta lettre, mon cher H., m'a fait un très-grand plaisir, et tu vas en avoir *illico* la récompense. Je la tenais
à la main quand est entré chez moi l'abbé Lagrange,
vicaire général d'Orléans, savant latiniste. Je la lui ai
lue, et il en a été assez content pour écrire en bas les
lignes que je te mets ici.   .   .   .   .

   .   .   .   .

Voilà, j'espère, un joli *satisfecit*, et écrit à Rome
même, non loin de la fameuse tribune aux harangues où
parlait Cicéron.

Rien n'est plus beau et plus intéressant, cher enfant,
que les deux Rome : celle de la République et des Césars,
dont les ruines attestent la gigantesque puissance ; celle
des Papes bien autrement grande et puissante, puisqu'elle est la Reine du monde catholique, et qu'elle
commande aux âmes. Je t'en dirai bien des récits que
je ne puis te faire, même en t'écrivant tous les jours.

J'ai été ce matin à la confession de Saint-Pierre prier pour vous tous. J'ai particulièrement pensé à toi en voyant les enfants de chœur romains, avec leurs soutanes violettes et leurs petits rochets, le tout décolleté sur la soutane, entouré de guipures et plissé à plis infiniment petits. C'est très-élégant ; l'office se fait magnifiquement à Saint-Pierre : je te raconterai tout cela.

Les enfants des colléges, même ceux de ton âge, sont habillés en petits abbés, avec des manteaux doublés de couleur, avec de grands chapeaux à trois cornes et des culottes courtes. Il y en a qui ont des soutanes toutes rouges. d'autres violettes. d'autres noires. Cela te ferait un singulier effet de voir tout ce petit clergé qui trotte dans les rues.

Tu t'amuserais aussi beaucoup des carrioles de légumes, de fleurs, etc. Il y a beaucoup d'ânes ; on monte sur la croupe et non sur le dos, et comme le pavé est très-glissant, on tombe sans cesse, en criant de la gorge : *Vah ! vah !* Les pavés sont petits et pointus ; aussi on ne ferre les animaux que des pieds de devant.

A Dieu, cher enfant, il faut que je te quitte pour aller dîner. Embrasse tendrement toute la famille pour moi ; sois un bon chrétien, un bon fils et un bon élève, et Dieu ratifiera la bénédiction que je t'envoie...

12 décembre.

J'arrive de Saint-Pierre, chère bien-aimée, où j'ai reçu la communion pour... Si Dieu ne m'exauce pas, ce ne sera pas faute de l'avoir supplié avec larmes !

Je n'ai pas une minute : mes travaux ordinaires, lettres et notes, une foule de visites qui me dérangent, l'obligation d'aller voir une multitude de personnes me prennent plus que mon temps.

Hier matin, je suis tombé à Sant'Andrea delle Frate, à la chapelle miraculeuse de Ratisbonne. J'ai été bien ému.

J'ai vu le cardinal Berardi et ai causé deux heures avec lui ; j'en suis enchanté. J'ai vu Mgr Mermillod, avec qui je m'entends à merveille. Vendredi, j'avais dîné avec plusieurs évêques chez Mgr de Moulins. Je vais aller à la villa Grazioli, où est l'évêque d'Orléans. Nous avons toujours ici une humidité et une pluie désolantes.

Ah ! si vous étiez près de moi, que je serais heureux ! mais je ne le voudrais point par le temps que nous avons...

14 décembre.

J'ai profité, chère bien-aimée, d'un premier rayon de soleil, le seul qui nous ait lui depuis dix jours, pour aller à Saint-Jean-de-Latran et à Sainte-Marie-Majeure. Je suis vraiment écrasé par toutes ces magnificences ! Art et foi, rien n'est comparable. J'ai monté la *Scala Santa* à genoux, demandant pour vous et pour toute la famille les bénédictions dont nous avons tous besoin. J'avoue que j'ai parfois le cœur bien gros de vous avoir si loin de moi. L'isolement me pèse, et quelque gracieux que soit l'accueil que je reçois sans cesse, je ne me console pas d'être loin de mon pauvre nid.

On parle d'une grande revue pour demain. J'irai et j'enverrai une lettre. Quel effet font ces lettres à Paris? On ne saurait juger à distance ; j'ai peur d'être banal et de redire plus mal ce que tant d'autres ont mieux dit et ce que tout le monde sait (1).

J'ai vu le duc de la Regina et le duc de Maddaloni, qui m'ont dit que le roi de Naples aurait plaisir à me voir. J'attends son audience.

J'ai aussi demandé celle du Saint-Père, mais évidemment il faut laisser passer un peu de temps.

Il y a toujours ici entre les prélats français beaucoup de tiraillements. Dieu fera la lumière incontestablement, à la grande joie des vrais chrétiens.

(1) Nous n'avons point à faire remarquer à ceux qui ont lu les *Lettres sur Rome* la rare humilité de l'auteur, mais nous sommes heureux de pouvoir rapporter ici le jugement qu'on en portait à Frohsdorf.

La lettre est de M. de Vanssay, et digne, comme on va le voir, d'un ami de M. de Riancey.

« Votre bonne et excellente lettre du 18, mon bien cher ami, est arrivée sans le moindre accroc et était sous les yeux de Monseigneur un quart d'heure après. Par une coïncidence heureuse, l'*Union* nous apportait en même temps votre très-excellente correspondance consacrée à la revue Borghèse, de sorte que le plus grand intérêt de la journée s'est concentré sur vous. Si les dictons populaires ne sont pas menteurs, les oreilles ont dû vous tinter. Monseigneur, Madame, les amis, toute la colonie, en un mot, ont joint leurs applaudissements à ceux des évêques, pendant le défilé des zouaves, si bien raconté par vous. Mais je ne veux pas appuyer davantage; nous touchons de trop près à la grande fête de l'humilité; dans quelques heures nous serons à genoux devant une crèche, et je serais tout à fait en dehors de l'esprit de cet incomparable mystère, si j'insistais sur les compliments. Je me borne donc à vous dire, sans phrases et sans détour, que Monseigneur a été enchanté de vous voir et de pouvoir vous remercier lui-même de tout ce que votre infatigable dévouement trouve moyen d'exécuter pour l'intérêt de notre sainte cause. Il est heureux de penser que vous jouissez en ce moment de cette plénitude de joie et de consolation qu'on ne peut goûter que là où vous êtes, à cette heure solennelle où souffle l'Esprit-Saint... »

Remerciez bien E. de son aimable lettre. Je lui répondrai aussitôt que je le pourrai.

Ah ! que je dévore les jours, malgré les émotions admirables que chacun apporte à sa suite ; je les trouve mortellement longs, et je n'ai pas le temps de finir tout ce que je voudrais.

Chère bien-aimée , il n'y a que votre pensée et que votre cœur qui me soutiennent. Quel bonheur quand je pourrai au moins vous transmettre ce que j'aurai gardé des impressions si profondes que je reçois ! Ce sera alors de vive voix et cœur à cœur.....

Rome, 15 décembre.

Chère bien-aimée, voici enfin *votre* cher *soleil*. C'est le même que vous avez, j'espère, et cependant nous n'en jouissons pas ensemble ! Que cette privation me pèse ! Mais le devoir est là. Je vais profiter de cette éclaircie pour aller à la revue de l'armée romaine, à la villa Borghèse, et envoyer une lettre dont j'ai préparé les éléments.

Ce matin j'ai bien prié pour vous tous dans une petite église de carmélites, ma voisine. Ah ! que je pensais à vous et à ..... en gravissant à genoux, hier, les degrés de la *Scala santa*, les mêmes qui ont été arrosés du sang de N.-S. ! Que les mérites de cette passion s'étendent sur nos enfants !

J'ai pour vendredi mon audience du roi de Naples. J'attends encore celle du Saint-Père, mais je ne perdrai pas pour attendre. A Dieu, chère bien-aimée, les heures, moralement si longues loin de vous, fuient sous le travail et les courses.

Je vais très-bien, et cette venue de soleil et de printemps va me rendre les promenades indispensables aussi agréables et faciles qu'elles étaient ennuyeuses et difficiles.

A Dieu encore; mille tendresses à toute la poussinée, y compris la future petite mère! A Dieu, du plus tendre d'un cœur de vingt ans, dans un corps de cinquante-trois!

Rome, 16 décembre.

Je suis dans la joie de mon cœur, chère bien-aimée, et vous n'êtes pas là pour la partager! Hier soir, à l'improviste, le Saint-Père m'a fait dire par le cardinal Bérardi qu'il voulait me voir, et ce matin j'ai été chez le cardinal et de là au Vatican, avec un mot de lui pour le camérier qui devait m'introduire et qui m'attendait. Je me sentais d'une émotion profonde; j'ai attendu un peu, puis j'ai été introduit. C'est avec des larmes que j'ai baisé cette main paternelle, qui m'a relevé aussitôt; j'étais à genoux devant le Pape, comme c'est l'usage. Puis S. S. a daigné tout entendre, me répondre à tout, me donner des bénédictions pour tous, depuis les plus grands jusqu'aux derniers de ma famille, depuis *l'Union* jusqu'aux ouvriers de saint François-Xavier, y compris la paroisse. J'aurais besoin d'un volume pour tout vous dire, et je n'ai qu'un instant. A demain les détails; peut-être pourrais-je vous écrire ce soir. Je dîne avec M. le colonel Allet, et il va falloir que cette lettre parte.

Je n'ai jamais été plus pleinement heureux et satisfait. Je n'ai oublié personne; votre santé et celle des enfants en particulier. Le Pape se souvient d'Em. et m'a reçu en vrai père. C'est une grande faveur que cette audience privée; tant d'autres attendent encore!...

La pauvre Mme de Maistre-Lamoricière est au plus mal. Ce matin, pendant que j'attendais dans l'anti-chambre du Pape, Mgr de Mérode est venu demander la bénédiction *in extremis* pour elle. J'en viens; il y a peut-être un peu moins de fièvre.

En sortant de chez le Saint-Père je suis entré chez le cardinal Antonelli, qui a été des plus aimables. En écrivant ce qui sera utile pour le public, il me restera encore des faisceaux de choses à vous dire : car je ne peux pas même tout confier à la poste.

A Dieu, ma bien-aimée C., que je vous regrette! que je vous regrette! Vous ne jouirez donc jamais que par ricochet, et dans votre solitude, des bonheurs de votre vieux mari? C'est un assaisonnement du devoir, qui est un peu dur, mais dont, j'espère, le bon Dieu vous tiendra compte.....

17 décembre.

..... Enfin je vois que ma lettre du 8 est arrivée; Merci de l'observation d'A. et d'Em.; mais, en vérité, je ne dis que ce que chacun voit et sent ici; je m'en aperçois à l'effet que font mes lettres en revenant. J'en tiendrai compte cependant et je dirai les critiques avec douceur et tact ; il y en a, mais bien peu.

Je suis charmé des bonnes nouvelles de notre chère M. ; qu'elle se soigne bien !

Et vous, chère bien-aimée, comment supportez-vous l'hiver et le froid qu'il fait, dit-on, à Paris ? Ménagez-vous bien ; c'est ma seule sécurité. Ici nous avons eu quelques jours de beau ; c'était le plus délicieux printemps. Aujourd'hui le temps est gris et la pluie menace. J'ai eu tout à l'heure mon audience du roi de Naples, parfaite ! Impossible d'être plus affectueux. On attend le moment de l'accouchement pour la reine. Le roi m'a dit (il y avait de nombreuses audiences aujourd'hui) : « Je vous reçois debout, parce que c'est le dernier jour. A partir de demain je m'enferme à cause de la reine, mais je vous recevrai bientôt autrement ; nous avons tant à nous dire ! » Et là-dessus des remercîments à me confondre. Il est admirable, et le bonheur luit enfin dans ce foyer d'exilés.

Hier soir, je suis allé voir le Colisée au clair de la lune ; c'est le plus féerique des spectacles. On croit à un rêve gigantesque ; je vous dirai cela.

Que vous êtes bonne de me vouloir là où je suis ! C'est la perfection de votre dévouement et de votre sacrifice. Il faut que je me repose sur cette pensée, sans quoi, malgré les jouissances de la foi et de la fidélité, j'avoue que je serais bien peu capable de supporter ce long exil. Enfin que Dieu nous aide ! c'est pour lui que nous travaillons.

Dis à Em. que je vais donner à déjeuner à M. de Char-
rette, à M. Allet, à M. de Saisy, à M. de Troussures et
à M. de Couessin, lundi.

Adieu, chère bien-aimée, pardonnez cet affreux griffonnage. Votre cœur lit dans le mien et me déchiffrera....

Rome, 19 décembre.

C'est à toi, mon aîné, que je veux parler de l'audience du Saint-Père, en te priant de transmettre ces
détails à nos amis, à commencer par M. Laurentie et
M. Poujoulat. J'avais demandé à être admis près de
S. S. par les voies ordinaires, et j'attendais patiemment,
laissant passer les plus justement pressés, quand mercredi 15, le cardinal Bérardi, travaillant avec le Pape,
mon nom vint dans l'entretien. — Il est ici ! dites-lui que
je veux le recevoir le plus tôt possible. Prévenez-le, et
qu'il vienne le lendemain matin du jour où vous l'aurez
averti.

Le soir j'avais un mot, au nom du cardinal, pour
le lendemain. J'y cours à huit heures et demie, moment
que le cardinal m'avait fixé ; je le trouve ; il me renouvelle la communication. Je n'avais qu'à me présenter
au Vatican aussitôt que le cardinal Antonelli aurait
achevé de travailler avec le Saint-Père, de neuf heures et
demie à neuf heures trois quarts ; je serais admis. Le
cardinal, qui y mit une grâce parfaite, me donna le nom
du camérier Zangolini, qui avait ordre de m'introduire.
Je me rendis rapidement au Vatican ; je me nommai, et
l'on me dit que j'étais attendu.

13

Je passai par les petits appartements et on me fit asseoir dans une salle où est un trône pour le Pape. Après que le cardinal secrétaire d'État fut sorti, ce qui tarda quelque temps encore, on me conduisit, par une autre salle, vers une petite porte, où l'on m'indiqua d'entrer. Je m'agenouillai sur le seuil, comme c'est l'usage, et la troisième génuflexion me mit aux pieds du Pape qui était debout devant son bureau et un peu de côté. J'étais dans sa chambre à coucher. Tu juges de mon trouble et de mon émotion ; je pouvais à peine parler. Le Saint-Père m'avait donné sa main à baiser et me souriant doucement m'ordonnait de me relever. J'obéis et je commençai à lui exposer le but de mon voyage.

Je lui dis tout ce dont j'étais chargé de là d'où j'arrivais ; je vous le raconterai en détail ; la poste ne doit pas en être la confidente. Qu'il me suffise de dire que jamais la fermeté de principes et la bienveillance pour les personnes ne se sont affirmées plus hautement, jusqu'à m'étonner. Puis je vins à l'*Union* et je nommai tout le monde. Les noms de MM. Laurentie et Poujoulat amenèrent sur cette belle figure un sourire de satisfaction et de connaissance affectueuse. Je dis les travaux et l'âge de notre vénéré maître ; le Pape parut surpris de sa vigueur, et me dit qu'il connaissait et bénissait nos œuvres. Poujoulat eut une mention spéciale aussi, et, comme je sollicitais sa bénédiction pour tous, le Pape me la donna en ajoutant : Continuez à défendre la cause de la religion et de la société ; puis il prononça quelques belles paroles sur les maux dont la société est menacée, et sur l'unique remède, qui est dans la foi et dans la lumière que l'Esprit-Saint répand sur le monde. Il me parla de l'Europe, de son lamentable état, de divers pays, notamment de l'Autriche, où l'empereur est bon et a de bonnes intentions, mais où le mal domine. —Les juifs y règnent, dis-je. — Oui, et un protestant gouverne.

Enfin le Pape, prononçant un texte de la Sainte Ecriture, m'engagea, ainsi que tous les nôtres, à de fermes espérances dans le triomphe de la Vérité et de la Justice. « J'ai placé mon arc dans les cieux etc., » en disant ce texte les regards du saint vieillard se portèrent au ciel, avec un éclat indéfinissable de grandeur et de force.

Je demandai ensuite une bénédiction particulière pour toute ma famille, mes *huit* enfants, y compris le jeune zouave à la veille d'être père de famille, (ce qui fit sourire doucement le Pape) pour ma paroisse, dont le curé avait été si bien accueilli par S. S. et pour la société de Saint-François-Xavier(1). « Oui, je les bénis, je les bénis tous. » Et de nouveau le Saint-Père m'abandonna

(1) Nous ne pouvons résister au désir de citer ici l'admirable lettre que M. de Riancey avait adressée à M. le curé de Passy, président honoraire de cette œuvre, pour lui annoncer son voyage.

« Cher Monsieur le curé et vous tous, mes chers amis
de Saint-François-Xavier.

« J'ai le vif regret de ne pouvoir reprendre en ce moment avec vous nos modestes entretiens; je reste de cœur près de vous, mais un devoir impérieux m'éloigne pour quelques semaines. Je vais à Rome et je pars ce soir.

« Je vais à Rome à l'occasion de l'ouverture de ces solennelles assises de la catholicité, où l'Église unie à son auguste chef, sous la présidence du Vicaire de Jésus-Christ et avec sa sanction, va rendre des décrets qui seront la voix même de l'Esprit de Dieu : *Visum est Spiritui Sancto et nobis!*

« J'y porte la plus profonde et la plus filiale obéissance, et je me rends, en quelque façon, le témoin de votre fidélité et de votre dévouement.

« Près du tombeau des saints apôtres, au pied de la confession de ce grand Pierre, qui a été ouvrier comme vous et qui est devenu la pierre angulaire sur laquelle Notre-Seigneur a bâti son ｜Église, je me souviendrai de vous. Votre

sa main ; je m'agenouillai en baisant l'anneau et je me retirai ravi et plein d'émotion. C'est la récompense de ma vie, c'est celle de votre dévouement, mes chers amis de l'*Union*, c'est l'obligation de la tienne, mon cher enfant.

Gardez tous ces détails pour vous ; ils marquent une faveur spéciale du Saint-Père.

Au moment où je t'écris, je reçois une nouvelle audience, celle qui devait me venir par la voie ordinaire. Je m'habille en hâte et j'en profite. — 3 h. Je sors du Vatican. J'envoie un récit à l'*Union*, et le reste à ta mère.

A Dieu ! je suis à bout de papier et de forces. Ces émotions me fatiguent ; mais je prends du repos autant que je le puis. A Dieu, cher enfant, je te recommande ta mère.

pensée m'est toujours présente, vous le savez ; elle le sera plus encore dans ce pèlerinage au centre de la lumière, de la force et de la vie.

« Priez pour moi ; priez, je vous en conjure ; c'est l'assistance qui me soutiendra dans cette absence et me fortifiera dans cet éloignement de tout ce qui m'est cher.

« A Dieu ! ou plutôt, je l'espère, à revoir ! A revoir donc, dans quelques semaines je tâcherai de vous rapporter, pour nos familières causeries, quelques impressions dignes de votre bienveillance et de votre piété, comme aussi je solliciterai pour vous et notre chère société la bénédiction de celui qui est le Père commun, mais qui, je le sais, a une tendresse particulière pour les plus humbles de ses enfants.

« A Dieu et à revoir, cher monsieur le curé, chers collègues du bureau et chers amis de l'assemblée.

« Votre bien affectueusement dévoué,

« Henry de Riancey.

« Pendant que je n'y serai pas, une pensée devant Dieu, je vous prie, pour ma famille, à laquelle vous voulez bien porter un intérêt dont je vous suis vivement reconnaissant ! »

19 décembre.

Chère bien-aimée, voici une faveur nouvelle ; j'avais demandé une audience par la voie ordinaire. Elle m'arrive aujourd'hui dimanche. Je vais y aller, quoique j'aie dit et eu tout ce que j'espérais. Je comptais vous écrire un peu longuement en revenant de la messe d'où je sors : montemps est pris. C'est ce qui excusera encore une fois la brièveté de cette lettre.

Je ne suffis pas à tout ce que j'aurais à faire, la nécessité de m'occuper de mon petit matériel, d'aller prendre tous mes repas dehors, y compris le *misto* du matin (Em. sait ce que c'est) me dérange et me prend énormément de temps. Les visites et le travail absorbent plus que le reste.

J'arrive de mon audience ; elle était publique. Il y avait six cents personnes au moins. J'envoie un récit général à l'*Union*, avec les paroles que le Pape a dites du haut de son trône. Ce qu'on ne peut rendre, c'est sa douceur, sa bonté, son charme et sa majesté.

En passant, il m'a reconnu et en me donnant sa main à baiser a pressé celle qui tenait la sienne, avec un charmant sourire. « Saint Père, une bénédiction spéciale pour ma belle-fille qui va accoucher ; c'est la femme de celui de mes fils qui a eu l'honneur de servir votre Sainteté. » « Ah ! le zouave ! Bien ! bien volontiers. Je bénis la mère, le père, l'enfant et toute la famille. » Et il m'a adressé un regard plein de charme et de bonté. Dites cela à votre, à notre M.; il est im.

possible que cette bénédiction ne lui porte pas bonheur.

Vous en êtes aussi de cette grâce, chère bien-aimée. Que Dieu vous comble autant que je vous aime !...

21 décembre.

Chère bien-aimée, la pauvre Mme F. de Maistre est morte hier soir. Mme de Lamoricière était arrivée hier matin; sa fille l'a à peine reconnue! C'est une désolation universelle...

Je passe, du reste, sous le rapport de la foi, de ravissements en ravissements. Sainte Cécile et son palais, la chambre où elle a été renfermée pour être étouffée, puis celle où elle a été décollée ; Saint-Étienne-le-Rond où sont toutes les images de tous les genres de martyre, et où j'ai vu une sainte Marguerite (1), étendue sur le chevalet et dépouillée avec des ongles de fer ; la prison de saint Pierre et l'eau qu'il y a fait jaillir, etc., etc. C'est merveilleux ! Combien j'aurai à vous raconter ! Je ne suffis pas à prendre des notes, et le temps est plus occupé encore ici qu'à Paris : jugez de ce que c'est.

Et je ne t'ai pas là pour partager ces allégresses, et pour m'aider à supporter mon isolement ! Ce matin j'ai communié dans la chambre de saint Ignace pour... Que Dieu m'entende !

Ah ! ma chérie, que je t'aime et que je suis à toi, en Dieu, pour Dieu et par Dieu !

Je te laisse dans son cœur et je me repose sur le tien.

---

(1) Cette sainte est spécialement invoquée dans la famille.

Chère bien-aimée, je viens de voir la pauvre et héroïque Mme de Lamoricière. Elle est sublime de résignation et de douleur. Elle m'a touché par son souvenir si affectueux de vous, de la réception que vous aviez faite à sa chère enfant. Elle, qui n'avait jamais laissé aller ses filles sans elle, avait été heureuse que Mr de M. les amenât chez vous et « jamais Henriette ne s'était autant amusée. »

Pauvre jeune femme ! elle est morte comme une sainte.

« C'est un ange, » disait le Pape. Son convoi a été magnifique d'affluence.

Je suis allé ce matin recevoir le bon Dieu sur la tombe même de saint Pierre. Un évêque des États-Unis, Mgr l'évêque de Chatam, disait la messe, et M. de Cannart m'avait fait profiter de la permission rare et difficile à obtenir de descendre dans la crypte sacrée ; c'est magnifique.

Voilà que nous recommençons à avoir un temps affreux. Je prends toutes les précautions nécessaires et j'ai du feu contre l'humidité. Je ne suffis guère à tout ce que je voudrais. Rome est tellement pleine de monde qu'on passe sa vie à se chercher et à se manquer. J'ai donné avant-hier un déjeuner à l'état-major d'Em.

Que vous êtes bonne et courageuse de prendre avec plus de patience que moi l'éloignement qui me paraît si long ! Je conviens qu'il faut que je reste encore un peu : d'abord pour le baptême du petit enfant de Parme, qui

ne se presse pas beaucoup de paraître en ce bas monde,
et puis pour ce que j'ai encore à faire. Ici on ne va que
comme des tortues, sûres de l'éternité. J'attends d'ailleurs les sommes à remettre au Saint-Père, ce qui me
procurera une nouvelle audience.

Ah! que votre bon ange doit avoir de douces choses
à vous dire au cœur de la part du mien, si celui-ci veut
bien rappeler tout ce que je lui confie!... Soignez-vous;
j'ai grande crainte pour vous, et le mot de M., qui
m'annonçait que vous étiez un peu fatiguée, m'a passé
comme un coup de poignard. Dites-moi bien ce qui en
est, ainsi que de la santé de tous! Oh! que je voudrais
être au nid!...

24 décembre.

J'ai peur, chère bien-aimée, de rentrer trop tard de
Saint-Pierre pour faire partir cette lettre et je ne veux
pas, n'ayant pu vous écrire hier, qu'aujourd'hui vous
n'ayez pas un mot. Mgr le Duc de Parme me fait savoir
qu'il va me recevoir; je m'habille et auparavant je vous
serre dans mes bras.

Ce matin j'ai été communier près de la crèche, qui
est exposée à Sainte-Marie-Majeure; que c'est touchant! J'ai bien pensé au futur baby et prié pour tous
ceux qui sont de grands enfants!...

24 décembre.

Que vous êtes bonne, ma chère bien-aimée! Et

comme votre longue lettre, si pleine de détails et de tendresse m'est heureusement arrivée aujourd'hui !

Je venais de rentrer de mon audience. Le Duc de Parme avait été d'une bonté exquise, et il m'avait fait part d'une amabilité non moins délicate du Roi de Naples. La Reine est accouchée ce matin. Ce n'est qu'une fille, ce qui ne satisfait pas les Napolitains, et à bon droit ; mais ce que le Roi prend avec la confiance, que la Providence lui donnera une compensation prochaine. C'est aussi le sentiment de Marie-Sophie et, en attendant, cette paternité si longtemps attendue les ravit l'un et l'autre. Or, ce matin François II a dit au Duc de Parme qu'il désirait que j'assistasse au baptême, mais qu'il ne voulait pas m'inviter directement, n'invitant pas d'autres Français. « Prends-le avec toi, a-t-il ajouté, et amène-le. » De sorte que je serai prévenu. Je crois que c'est dimanche et que je viendrai avec le Duc de Parme, qui s'en fait un grand plaisir, a-t-il bien voulu me dire.

C'est une vraie faveur et un honneur exceptionnel, dont je suis singulièrement touché. Le Pape est parrain et sera représenté par le cardinal Antonelli ; c'est le cardinal Patrizzi qui baptisera la princesse. Vous voyez que votre « vieux » époux est dans les honneurs sans les chercher. Que n'êtes-vous là pour les partager? Seul, ils n'ont pas la dixième partie du prix que votre présence leur donnerait.

En sortant de chez le Duc de Parme, j'ai assisté aux vêpres de Saint-Pierre. Le Pape sur la *sedia* avec les *flabelli* et tout ce cortége magnifique que vous savez, plus de trois ou quatre cents évêqués en mîtres et chapes blanches, « un peuple d'évêques, » autour du Roi-Pontife bénissant toute la foule ! J'ai vu admirablement la cérémonie. Le Pape est venu encenser l'autel, ce qu'il fait avec une aisance et une prestesse que tempère seule la majesté de son âge et de son rang. Il est de plus en plus étonnant ; rien ne le fatigue.

Je ne sais pas si je pourrai avoir une messe de minuit ; elles sont rares ici et on n'y donne pas la communion. Et puis il faut que je sois demain de bonne heure à Saint-Pierre, en toilette, et il fait un temps affreux...

Bien des amitiés à L. Le souvenir de mon cher frère est bien présent ici, et je le porte partout avec bonheur, tout en regrettant qu'il ne jouisse pas de ces belles fêtes : celles du ciel valent mieux encore. Que Dieu soit béni pour M...! Je ne visite pas un sanctuaire sans la mettre au premier rang de mes invocations.

Ce matin, M. le Duc de Parme et la Duchesse ont insisté pour m'avoir à leur baptême. J'ai osé demander quand ? Dans la première quinzaine de janvier, comme votre belle-fille, m'a-t-on dit, avec un charmant sourire. Je suis donc cloué jusque-là ; c'est une faveur royale que je ne puis fuir et qui m'est si aimablement proposée qu'il faut l'attendre.

J'ai vu chez la Duchesse de Parme la princesse d'Arsoli, une des filles de Mme la Duchesse de Berry, qui ressemble à sa mère et qui est très-aimable.

A Dieu, ma chérie, je baise vos lettres, ne pouvant baiser ni la main qui les a écrites ni le cœur qui les dicte, à mon plus vif regret.

24 décembre.

Mon cher R...,

J'ai eu encore aujourd'hui deux bonheurs que je veux te faire partager. J'ai d'abord visité la crèche du Roi du ciel, la vraie crèche, celle de Bethléem ! qui est déposée en la magnifique église de Sainte-Marie-Majeure, et qui est enveloppée dans une superbe châsse de cristal, tout ornée de sculptures d'or et d'argent. A une guirlande est suspendue une pierre précieuse énorme entourée de diamants; mais rien n'a de valeur autant que la sainte relique. C'est une véritable mangeoire en bois brun, dont on voit parfaitement la forme, et qui est reliée aux deux bouts par des liens en osier ou autre bois flexible. Cette auge, ou crèche, a bien 1 mètre de long, au moins. Juge, mon enfant, combien on est pénétré d'admiration en pensant que c'est là où le Verbe fait chair a voulu reposer ! Un évêque célébrait la messe devant cette sainte relique, j'y ai reçu la communion à l'intention de celle que tu dois faire quand tu auras l'âge (1), et à laquelle je suis convaincu que tu cherches déjà à te préparer. Mets-y tous tes soins, cher enfant, ce sera la plus grande action de ta vie. Que j'aurais voulu que tu fusses à la place des enfants de chœur qui servaient ! Tu aurais adoré le divin Enfant, comme doit le faire tout jeune chrétien.

Je te mets sous ce pli une image de la châsse; elle

---

(1) Cette lettre est adressée à un enfant de huit ans.

n'est pas très-bien faite, mais je te l'expliquerai. Ce sera un petit souvenir, et vous l'attacherez à votre crèche en portant votre pensée sur celle qu'elle représente.

Ensuite j'ai vu ton parrain (1), qui, m'a demandé de tes nouvelles. Envoie moi ta lettre de bonne année pour lui afin que je la lui remette.

A Dieu, cher petit R.; sois toujours bien tendre pour ta petite mère, bien obéissant et bien pieux. Je t'embrasse et te charge de mes tendresses et souvenirs pour la famille et la maison.

26 décembre.

Que j'ai pensé à vous, chère bien aimée, toute cette journée de Noël! Vous avez eu ma dernière parole la nuit de ce beau jour ; je ne vous ai pas quittée dans les émotions de Saint-Pierre et de Sainte-Marie-Majeure. J'avoue que voyant passer la sainte crèche et des centaines d'enfants agenouillés devant avec leurs pères et leurs mères, j'ai eu de bien vifs retours vers ma pauvre « smalah, » que j'aurais été si heureux d'avoir autour de moi. Ma lettre d'aujourd'hui au journal s'en est ressentie un peu à la fin. En revanche que de splendeurs et de magnificences à Saint-Pierre et partout !

Je me suis reposé cette nuit et ne me suis levé qu'à sept heures. Je vais essayer d'aller demain matin aux catacombes avec M. Perret. Le temps est toujours dé-

______
(1) S. A. R. le duc de Parme.

testable et on ne suffit à rien. Cette pluie perpétuelle et le froid, ou plutôt l'humidité qu'elle amène, gênent tout.

Je vois beaucoup d'évêques qui sont excellents pour nous. Je défends l'évêque d'Orléans, autant que je puis, sans cacher que je ne suis pas de son avis. Je me trouve un peu, comme toujours, entre l'enclume et le marteau ; mais c'est ma vie !

A Dieu, chère bien aimée ; il me semble que quand je puis arracher quelques instants pour causer si rapidement avec vous et d'une plume indéchiffrable (excepté à votre cœur), je me repose dans vos bras et dans votre âme. Embrassez tous nos enfants et *petits-enfants...* à venir.

29 decembre.

Chère bien-aimée ; pardonnez-moi de ne pas vous avoir écrit hier, ni avant-hier, comme je l'aurais voulu. Deux visites aux catacombes m'ont absorbé, et, de plus, j'ai ici tant à faire, que les heures se passent sans que je puisse accomplir la moitié de ce que je voudrais.

Mille tendres remerciements de votre lettre ; je ne vis que de vos nouvelles. A Dieu, ma bien-aimée ; que vous me manquez ! Rien ne me plaît sans vous. Je vous quitte pour m'habiller et me rendre au palais Farnèse, à la suite du Duc de Parme.

30 décembre.

Chère bien-aimée, j'expédie ce matin une lettre portant le récit du baptême de la jeune princesse. J'étais le seul français admis, et le Duc de Parme m'avait pris à sa suite, comme il était convenu. Vous auriez ri de voir votre mari dans un carrosse de remise à deux chevaux et à six fenêtres, comme une noce, débarquant sur la place de Venise et se faisant suivre au palais Farnèse par son brillant *locatis*, pendant qu'il prenait place lui-même dans la seconde voiture, aux armes de France et à la livrée royale. Les Suisses portaient les armes au palais et je passais avec les chambellans de S. A, R., un peu en avant même. J'ai été parfaitement placé ; le Prince Robert a été extrêmement aimable, la Duchesse ravissante. La cérémonie l'a un peu fatiguée, car la réception après a été longue. Elle n'attendra pas, je crois, bien longtemps. Elle avait une robe de soie grise couverte de dentelles de Malines magnifiques, dans les cheveux de beaux diamants ; elle a la plus belle chevelure noire: on eût dit des étoiles dans un ciel sombre ; au cou, deux rangs de perles énormes, et aux oreilles des pendants de perles splendides. C'est la bonté et la grâce en personne.

L'Impératrice d'Autriche est très-belle, très-élégante, très-grande, avec des cheveux « couleur de la Reine, » et de beaux yeux. Elle avait une robe bleue claire toute relevée par une robe de dessus en dentelles blanches et des diamants magnifiques au cou et dans la tête. — Ces détails sont pour mes filles.

Le petit duc d'Alençon est la reproduction vivante du Duc de Nemours à vingt ans. Quoique très-joli garçon, il faisait un peu tache dans tous ces Bourbons : malgré la miséricorde que peut inspirer une seconde génération, et en exil ! je l'ai vu sans plaisir, comme bien vous jugez. La jeune princesse Immacolata et ses nièces de Trapani étaient en robes bleues ou roses avec des volants découpés.

Il n'y avait pas plus de trente dames, mais la fine fleur de l'aristocratie napolitaine et princière.

Le Roi s'est promené dans les salons après la cérémonie et m'a fait un gracieux salut. J'ai retrouvé là le duc de Gallo. le duc de Maddaloni, le duc de San Cesario, nos habitués de Paris à l'*Union*.

La Duchesse douairière de San Cesario a été pleine d'attentions et d'amabilité; elle était dans les casemates au siège de Gaëte. C'est elle qui portait la *neonata*, qui a été très-gentille pendant le baptême et a crié comme un petit démon pendant qu'on la présentait dans les salons. La nourrice avait le plus beau costume populaire napolitain, en velours rouge et franges d'or, le costume de la *Vierge à la Chaise.*

Le palais est magnifique, de cette vieille et solide magnificence qu'on n'a qu'à Rome. Ce matin je suis retourné au palais pour m'assurer de la réalité de mon récit. Le comte de Trapani veut me voir et j'irai demain soir; il reçoit.

Avec tout cela, le temps me dure plus que jamais. Le beau temps est arrivé d'aujourd'hui seulement; hier pluie et neige battantes pour le baptême.

Ah ! quand donc vous verrai-je tous? Quand serai-
je à ce pauvre petit foyer, que j'aime plus encore depuis que j'en suis exilé? Je voudrais avancer les heures ;
mais je dois attendre et d'ailleurs les retours ne sont
pas faciles en ce moment. Aujourd'hui la poste manque
par les neiges ; avant-hier, le bateau avait trois jours
de retard ayant relâché de force à Porto Ferrajo. Je
m'enquiers de la voie la plus sûre pour revenir; on me
dit que c'est le Brenner et Munich, — six heures de plus
et une sécurité plus grande, — ou bien la Corniche ; je
verrai.

Je ne fais pas ici tout ce que je veux ; il s'en faut. Les
affaires traînent, les visites me saisissent un temps énorme,
j'en manque en quantité. On est d'une grande bienveillance. Mais obtiendrai-je ce que je souhaiterais pour
les autres et pour les miens (1)? Je suis un détestable
solliciteur et, excepté des bénédictions et des remercîments, je ne sais rien demander ni enlever. Enfin, à la
grâce de Dieu ! Nous servons pour l'honneur et le plaisir et non pour le profit.

A Dieu, chère bien-aimée, comme je vous aime ! Comme
je voudrais vous avoir là près de moi, non pas pour la
vie de Rome, à laquelle vous ne pourriez vous faire,
mais pour moi ! Ou plutôt, que je voudrais être près de
vous, vous redisant mes émotions, et vous faisant partager des joies qui ne sont pas complètes sans vous ! Je
voudrais avoir toute la poussinée; mais le temps ?...

(1) Il s'agissait de quelques faveurs très-légères que M. de Riancey aurait
désiré rapporter de Rome pour ses amis et pour les siens, comme souvenirs de
son pèlerinage.

Le Duc Robert m'a donné sa photographie signée pour R... Que le « jeune homme » m'envoie son épître; elle sera la bienvenue.

Hélas! le jour de l'an se passera sans vous, sans les échanges de tendresse, sans les émotions de famille! J'en suis un peu triste par avance. Rien ne vaut le cœur d'une mère comme vous et les vœux d'enfants comme les nôtres! Dites-le leur bien, en les pressant pour moi sur ce cœur où je voudrais être !... Adieu, encore : je ne puis m'arracher de vous; vous le savez. Mais c'est une tendresse qui va toujours croissant avec les années.

Les mauvais temps me laissent en bonne santé, et je ne ressens pas trop ma fatigue.

1er janvier 1870.

A vous, chère bien-aimée, la dernière pensée de 1869 et la première de 1870! Que j'ai été avec vous à la messe ce matin, demandant tout ce qui vous est nécessaire et à notre poussinée! Merci à la chère M. de sa charmante épître, pleine de détails; merci à l'aîné de son envoi (1), que je vais porter à la pauvre Mme de Lamoricière; c'est le seul cadeau d'étrennes qui puisse lui être offert!

Comme vous me manquez et comme je me trouve seul au lieu de notre joyeuse réunion du matin des étrennes!

(1) Le recueil des articles publiés dans les journaux sur la mort de Mme de Maistre, dont il a été question plus haut.

14

Mais toute mon âme est avec vous.

R., ta lettre a été remise hier soir et appréciée, admirée même, — ne sois pas trop fier ; elle était très-bien, — par ton parrain et par sa femme, qui tous deux m'ont chargé de t'en faire compliment, en te recommandant de grandir pour servir comme ton frère et ton père.

Figure-toi ton petit père, hier soir, avec toutes ses décorations, voituré sur le devant de la voiture de S. A. R., en face d'elle, — craignant d'abîmer sa belle robe de velours épinglé rose, avec des dentelles splendides et une queue de cinq mètres, plus une coiffure toute en diamants, — et présenté au comte et à la comtesse de Trapani ! C'était un bal, auquel je ne suis resté que jusqu'à une heure et demie du matin ! Je raconterai les toilettes à E. ; les princes et les princesses dansaient à cœur joie et s'amusaient comme de simples mortels.

Le roi de Naples a causé deux fois longuement avec moi, venant me chercher au milieu des salons. Dans l'après-midi j'étais allé au Gesù. Vous verrez ma lettre qui vient de partir.

Je reçois le paquet de lettres de M.... Remerciez-la, chère mère, comme votre cœur sait remercier. Celles de ses deux petits frères sont charmantes, et, pour comble de joie, toutes vos lettres qui m'arrivent en faisceau ! J'en ai les larmes aux yeux et la joie au cœur. C'est mon « jour de l'an » et Paris est à Rome avec vos chères écritures. Que je vous aime, que je vous embrasse et que je vous bénis ! Que Dieu vous accorde tout ce qui est nécessaire à votre bien dans ce monde et au salut de vos chères âmes !

Ici, j'ai aujourd'hui mille obligations..., dix ou douze cardinaux à voir... Il faut aller soi-même, et c'est fatigant. Du reste, un soleil splendide, quoique un temps très-frais, froid même pour Rome.

A Dieu donc ! je te laisse ou plutôt je ne te quitte pas.

5 janvier.

Oui, mon cher R., j'ai vu et entendu les *prediche* ou sermons des petits garçons de six, sept et huit ans, — des jeunes gens de ton âge, — dans l'église de l'*Ara cœli*. C'est très-amusant. Ces petits prédicateurs récitent avec beaucoup de gravité, force gestes et un ton très-pénétré, des allocutions en l'honneur de l'Enfant-Jésus ; il y a foule autour de l'estrade sur laquelle ils sont montés. Ce qu'il y a de plus curieux, c'est qu'en face, sur une autre estrade, les petites filles rivalisent d'efforts oratoires, et qu'elles s'en tirent au moins aussi bien que les garçons. Dis cela à E., qui, avant que tu fusses né, nous faisait de si beaux « sermons pour toutes les conditions de la société. »

J'ai vu aussi la crèche ; elle est magnifique ; elle tient toute une vaste chapelle. Les personnages sont grands comme nature. Le petit Jésus, qu'on appelle le *sacro Bambino*, est admirable ; il a une robe couverte de diamants qui brillent comme des étoiles. Le haut de la

chapelle est occupé par une multitude d'anges qui, à
de certains moments, font une musique délicieuse. Il
y avait un monde énorme dans cette église et sur les
marches, qui sont excessivement longues et hautes. Cet
escalier touche le Capitole : *Capitoli immobile saxum ;*
demande à H. ce que cela veut dire.

Je vous apporte des images du *Sacro Bambino ;*
c'est très-grossier, mais c'est très-ressemblant, et cela
se vend sur les marches de l'*Ara cœli ;* la population
eu achète des quantités.

Tu vois, mon R., que je pense à toi, comme tu y
comptais. J'ai bien demandé à l'*Enfant Jésus,* que tu
fusses ce qu'il faut pour l'imiter et pour te rendre digne
de ton titre de chrétien et de ta qualité de gentilhomme.

J'ai déjeuné avec plusieurs évêques d'Amérique. Il y
en a un qui, avant de joindre un chemin de fer et un
port pour s'embarquer, a fait cinquante-cinq journées
de marche à cheval et a eu deux de ses prêtres tués
par les sauvages.

Dans les zouaves, il y a un sergent porte-guidon qui
est un ancien prince sauvage et qui était anthropophage,
c'est-à-dire qui mangeait les prisonniers de guerre. Il
faut venir à Rome, qui est la capitale de tout le monde,
parce qu'elle est la ville du Pape, pour voir une telle
réunion arrivée de tous les coins de la terre.

J'ai aussi prié ce matin devant le tombeau de sainte
Monique, — dis cela à ta petite mère — et devant
celui de sainte Hélène, qui a retrouvé la vraie croix du
Sauveur.

Em. te dira que le 6 janvier, jour des Rois, tout le

monde achète des sifflets et fait un tapage effroyable pour s'amuser : c'est la *Befana*. J'irai voir ce bruit et vous rapporterai des sifflets.

Adieu, mon cher R., j'ai bien envie de te revoir et le temps me parait bien long loin de vous. Je te charge de remercier toute la couvée de son paquet de lettres d'hier, et en particulier le gros H. de sa lettre latine. Mille tendresses à chacun, que tu partageras, en gardant une bonne part pour toi, mon cher petit R.

Adieu, je t'embrasse comme je t'aime.

4 janvier.

Chère bien-aimée, on m'arrache les minutes que je tâche de me réserver pour vous seule. Hier, toute la journée, j'ai été pris par des courses et des visites. Ma vie devient de plus en plus absorbée, et je ne suffis pas au nécessaire. Je vais encore ce matin voir mon temps saisi, et je me hâte de vous griffonner ces quatre lignes.

Je me rends au Vatican pour offrir au Saint-Père, avec les comités bretons, la liste des souscripteurs de l'artillerie et des chevaux. C'est une nouvelle bonne fortune pour voir le pape et recevoir sa bénédiction. J'en suis enchanté... mais que n'êtes-vous là ?

Avec tous ces honneurs et les suffrages continuels que je recueille des évêques, et qui me sont bien précieux, je ne trouve guère le moyen de solliciter ce qui vous aurait plu. Je suis le plus mauvais demandeur de la terre, et ici il faut être d'une rare intrépidité. Em. surtout doit bien comprendre ce que je ressens, lui qui était en arrière de toute réclamation. Comme sa chère femme m'occupe ! Je suis tenu ici par la Duchesse de Parme qui attend et me fait attendre.

Enveloppez tout notre monde des plus vives tendresses. Jamais vous ne leur direz assez combien je les aime et combien je suis privé de ne les pas avoir autour de moi. Pour vous, bien-aimée, gardez tout le cœur de votre pauvre Henry...

Samedi je serai conduit encore chez le Pape pour lui remettre le reliquat de notre souscription de l'armée et une partie de celle du Concile. Les dons de toute sorte affluent au Vatican et notre obole paraîtra peu de chose ; mais, comme celle du Béarnais, elle est donnée de bon cœur ; c'est son mérite.

L'abbé Litz est venu me voir hier ; encore une visite à rendre ! Le bon évêque de Chartres est venu aussi, excellent pour vous tous, et s'enquérant de toute la famille avec effusion.

Comment allez-vous par le froid et la neige ? Je suis en sollicitude continuelle de vous, avec toutes les allées et venues qui vous sont inspirées et que votre cœur accepte si bien. Que vos filles, que vos garçons, que toute la maison cherche à vous alléger le fardeau et à vous entourer de ces soins que j'aimerais tant à partager et à encourager !

L. m'a écrit une très-aimable lettre. Est-ce que leurs

inquiétudes pour la petite A. recommencent? Je le crains
d'après ce qu'elle me dit. Sont-ils malheureux! L'évêque de Rodez leur dit les souvenirs les plus affectueux,
ainsi que l'abbé Sabatier.

Adieu, ma bien-aimée; l'heure me presse. Mais j'aurai toujours le temps de vous dire que rien au monde ne
m'est plus cher que vous, que je jeûne de vous au delà
de toute expression et que je serais heureux de donner
pour vous jusqu'à la dernière goutte d'un sang qui vous
appartient tout entier (1). . . . .

. . . .

Mille tendresses à la poussinée. Je souffre de vous savoir chargée de tant de sollicitudes. Il est vrai que vous
les avez toujours et que je vous aide bien peu à les supporter; mais, au moins, vous êtes là, près de moi, je
vous vois, je vous aide et je réussis à vous prouver ce
vieil amour qui grandit avec les années... A Dieu,
à toi (2)!. . . . . .

(1) Ces paroles ne rappellent-elles pas le texte de saint Paul : « *Viri dili-
gite uxores vestras sicut et Christus dilexit Ecclesiam et seipsum tradidit
pro ea* (ad Eph., IV, 22) : Époux, aimez vos épouses comme le Christ a aimé
l'Église et s'est livré lui-même pour elle. »

(2) Ces pages étant particulièrement destinées aux chrétiens qui vivent dans le
monde, mes lecteurs me permettront de leur faire remarquer ici combien est
démentie par l'exemple de M. de Riancey cette objection, encore répétée de
nos jours : que la piété dessèche le cœur et détruit les affections de famille.
Les lettres que l'on a lues et celles que l'on va lire, ne sont d'ailleurs que la
mise en pratique du conseil que saint François de Sales, en son aimable langage, donne « aux gens mariés » : C'est Dieu, mes amis, qui, de sa main invisible, a fait le nœud du sacré lien de vostre mariage, et qui vous a donnés
les uns aux autres : pourquoi ne vous chérissez-vous d'un amour tout saint,
tout sacré, tout divin? » (*Introduction à la vie dévote*, part. III, ch. xxviii).

5 janvier.

Merci, ma bonne chère fille, de ton mot du 1er Janvier ! Il m'a réjoui le cœur tout attristé de n'être pas au milieu de vous. Il m'est arrivé, du reste, comme je sortais d'une audience nouvelle dont vous verrez le récit ; c'était pour les comités d'artillerie et j'y avais été invité, sans doute, à titre de trompette. Rien de plus délicieux et de plus paternel.

Ah ! que je vous regrette ! C'est mon refrain perpétuel. . . . .

Je ne tarderai pas, j'espère, à vous revenir. Mais j'attends la duchesse et je recueille, en attendant, des matériaux qui me seront précieux, et augmenteront l'intérêt de mes lettres. J'en ferai même à Paris, mais alors *sur Rome* et non plus *de Rome.*

Je voudrais bien vous rapporter quelques étrennes qui en valussent la peine. Mais ici tout est hors de prix, et les objets de sainteté ont seuls un mérite que n'ont pas ceux des autres pays, ni les autres cadeaux.

Embrasse tout le monde pour moi, et je te permets d'y mettre toute ta force. Elle sera en harmonie avec le regret que j'ai de ne le pouvoir faire moi-même.

Et surtout, soigne bien ta chère mère. Elle va avoir un rude assaut pour les couches de M... Qu'elle se ménage pour ce moment-là. Mille tendresses au jeune ménage.

Tout marche très-lentement ici ; on a le temps. Ce n'est pas comme nous. Et puis, on va de fête en fête. Demain, l'Épiphanie, grande solennité à Saint-Pierre. Tout cela est magnifique, mais non sans fatigue. Je supporte pourtant ces *extra* sans trop de difficultés ; mais j'aurai bien besoin d'un peu de calme et de repos au retour.

Et je vois que la politique ne m'en laissera guère !

Compliments à A. du Bulletin qui est bon ; le journal est très-bien et très-goûté ici des gens sages qui sont la majorité.

Je voudrais écrire à E. et à M. ; mais je n'ai pas une minute. De même pour H. auquel *omnia fausta precor*, avec un vigoureux *sursum corda*, à l'endroit du travail.

Souvenirs aux domestiques (1). F. serait bien heureuse ici au milieu de toutes les fêtes. Il y a près de. six cents églises ou chapelles.

A Dieu, ma chère M. ; à toi la distribution de toutes mes affections, et n'y mets pas ton abnégation ordinaire; prends une forte part. A Dieu encore à toi et à tous, et, avant tout, à ta bien-aimée mère !

Avant d'aller chercher dans les lettres de notre pèlerin le récit de ses dernières impressions pendant son séjour à Rome, il est nécessaire d'avertir le lecteur

______
(1) M. de Riancey ne les oubliait presque jamais dans ses lettres.

qu'une partie nous en est inconnue ; M. de Riancey ne voulut point les dévoiler à sa famille avant son retour, afin de ne pas l'inquiéter, et après, le mal ne le lui permit pas.

C'est vers l'époque à laquelle nous en sommes arrivés, vers le 8 janvier, que sous l'influence d'une température détestable, de travaux excessifs et d'émotions profondes sans cesse renouvelées, il se vit attaqué de la maladie qui devait si prématurément l'enlever. Elle présenta d'abord des symptômes assez vagues qui induisirent les médecins en erreur. C'était une attaque de paralysie; on crut à quelqu'un de ces rhumatismes si fréquents à Rome pendant la mauvaise saison. Dans les premiers jours de janvier, M. de Riancey s'aperçut donc d'une grande difficulté à se servir du bras et de la jambe gauches; bientôt le bras se trouva tellement engourdi qu'il lui fallait le soulever avec la main droite. A la dernière audience qu'il obtint, il avait peine à s'en servir pour porter les chapelets qu'il faisait bénir. Le lendemain il éprouva beaucoup de difficulté pour s'agenouiller pendant la messe dite par le Souverain Pontife, et à laquelle il avait le bonheur d'assister; dès lors il se trouva presque entièrement paralysé du côté gauche. Il tombait à chaque instant dans sa chambre et ne réussissait à écrire, tant bien que mal (car l'écriture de ses dernières lettres est considérablement altérée), qu'avec beaucoup d'efforts et d'habileté. Enfin il dut s'aliter et deux religieuses françaises vinrent le soigner; un certain mieux se manifesta, et il en profita pour partir.

Il semble avoir eu, malgré les assurances des médecins, le sentiment du mal implacable qui l'atteignait, et dès lors — il l'assura depuis — il n'espérait plus guère revoir son cher foyer.

Sachant que l'annonce de sa maladie porterait la mort dans l'âme des siens, il résolut de se taire. Vingt fois, sans doute, sa plume si expansive s'arrêta hésitante devant le fatal aveu prêt à s'échapper; mais il avait sur lui-même un tel empire, qu'il garda complétement son secret jusqu'au bout. C'est à peine si, dans toute sa correspondance, il laisse échapper quelques mots pouvant faire soupçonner, non la grave maladie dont il était frappé, mais un certain malaise, résultat de la mauvaise saison et de ses fatigues extraordinaires. Il luttait héroïquement et continuait, autant que possible, sa vie de fiévreuse activité, utilisant jusqu'à ses derniers instants et se traînant dans les rues de Rome pour recueillir les matériaux des lettres qu'il voulait publier plus tard. C'est ce que, dans sa correspondance, il appelle « ses promenades; » comme sa maladie est une certaine « fatigue, » son alitement forcé « un peu de repos qui lui a rendu ses forces; » sa paralysie, « le physique qui réclame ses droits. » « Le climat est horrible, écrivait-il le 16 janvier, et *j'en souffre dans mon activité.* Bon gré, mal gré, il faut se résigner à vivre un peu à la romaine, avec *pazienza,* et en diminuant la somme de l'étude et de l'écriture. » C'est là tout ce qu'il ose avouer.

Cependant la pensée du sombre avenir que présageait son état le poursuivait sans cesse. A dater du 9 janvier surtout, ses lettres, malgré la joie chrétienne dont quelques-unes surabondent, portent l'empreinte d'une vague tristesse. N'est-ce pas l'idée de sa fin prochaine qui perce, par exemple, dans ces paroles écrites le 9 janvier, deux mois, jour pour jour, avant sa mort : « Que j'ai donc hâte de vous retrouver. Maintenant je puis presque chanter mon *Nunc dimittis*. Il n'y aura plus que les joies du ciel à ajouter ; mais auparavant que Dieu me donne celle, que je promets, de vous répéter ce que je ne fais que vous énumérer ici ! » Quelques jours plus tard, dans une lettre dont le caractère trop intime ne permet de la publier que par fragments, ses craintes s'accentuent : « Heureux, disait-il à ses enfants, si la Providence me permet plusieurs années encore de travailler pour vous ! Mais si je venais à être suspendu ou arrêté ?...

« Heureusement, Celui qui ne laisse pas périr un seul passereau vous prendra sous sa garde. Il a déjà tant fait de miracles en notre faveur ! C'est ma consolation et mon espérance, mais méritons de plus en plus sa miséricorde.

« Vous, ma bien-aimée, vous, mes filles, qui tâchez d'être bonnes chrétiennes, toi, ma petite M., vous, mes jeunes fils, que je voudrais si bien former à la piété et au travail, vous êtes nos aides et vous intercédez avec votre mère bien-aimée, la sainte et forte femme selon le cœur de Dieu. Dieu nous aidera ! C'est le cri de confiance que, dans mon isolement peu encourageant, je pousse du plus profond de mon âme. »

Ne dirait-on pas d'un testament ?

Mais laissons de nouveau la parole au malade ; ses

lettres, hélas ! cesseront bientôt ; bientôt sa main, qui a
écrit tant et de si belles choses, quittera la plume pour
ne la reprendre jamais, si ce n'est une fois, après son
retour. Ces dernières pages prouveront à nos lecteurs
que le mal, quoique venu du cerveau, n'avait en rien
altéré chez lui ni la vivacité des sentiments, ni la fraî-
cheur et la lucidité de l'esprit.

8 janvier.

Chère bien-aimée, je suis vraiment comblé par le
Saint-Père. Ma bonne chérie vient de recevoir son cadeau. Figurez-vous que j'avais acheté hier des chapelets
et quelques petits bijoux pour la maison, entre autres
une belle croix en malachite et aigue pour Mme de...
(j'aurai, je l'espère, des reliques de sainte Agathe) (1),
et le tout béni par le Pape avec les plus grandes indul-
gences. La croix est ce qui se fait de mieux ici. Ce sera
mon cadeau de *parrain* (2), mais je ne trouvais rien
pour ma bien-aimée C... ; le Pape y a suppléé.

Je suis allé ce matin à son audience, avec le général
Kanzler, pour remettre les fonds de nos deux souscriptions pour l'armée et le Concile. Il a été ravi, et comme
je lui faisais bénir une quantité de chapelets pour les
miens et les ouvriers, il m'a dit : « Et le directeur ? il
faut que je lui donne une médaille ; » il est allé dans

---

(1) Sainte Agathe était la patronne de Mme de...
(2) Il devait tenir son petit-fils, avec Mme de..., sur les fonts du baptême ;
mais, comme on le verra, ce bonheur ne lui était point réservé.

son cabinet et m'a rapporté un charmant étui en velours rouge à ses armes. « Voilà pour vous, le directeur, » a-t-il repris. J'ai baisé sa main avec gratitude, et ensuite, quand j'ai été en voiture, j'ai trouvé une belle cornaline gravée en relief : saint Pierre, entourée d'émail et avec un coulant à passer au cou, comme vos médaillons, mesdames. C'était le cadeau de C... tout trouvé. Rien ne me fera plus de joie que de le voir sur votre cou, ma chérie.

Que vous êtes bonne de m'avoir écrit une si longue lettre ! Je l'ai dévorée hier, au milieu de mille courses et mille dérangements. Il fallait envoyer ma lettre à l'*Union*, organiser mon audience avec le ministre des armes, acheter mes chapelets, crucifix, etc., et être prêt pour le matin au Vatican.

Le Pape a été charmant et d'une bonté incomparable, *approuvant*, bénissant l'*Union*, sa ligne, ses travaux, toute notre famille en détail. Il m'a parlé du Concile, de la politique, des nouveaux ministres, de l'Empereur, etc., avec une finesse et une clairvoyance magnifiques. Enfin, il m'a permis de venir demain matin à sa messe ; il me donnera la communion. C'est vous dire que je vous porterai tous, depuis l'aîné jusqu'aux *arrière*, dans mon pauvre cœur, rassasié d'émotions et qui n'aspire qu'à vous revoir et à se verser dans les vôtres, dans le tien surtout, ma C..., dont je suis depuis trop longtemps séparé. Quand reviendrai-je et comment? Je ne sais encore. Je crains que la chère Duchesse ne me fasse un peu attendre ; mais vraiment je ne saurais lui faire faux-bond. Et notre jeune ménage?

Em. m'a écrit une charmante lettre, à laquelle je répondrai le plus tôt possible.

Le temps commence à se gâter de nouveau. L'humidité est insupportable, et je m'en défends de mon mieux.

Hier, je suis allé aux jardins du Quirinal. Le temps était assez beau quoique un peu froid ; j'aime mieux cela que la pluie.

Les souvenirs et les vues abondent et surabondent ici. Je viens du Musée du Vatican : des chefs-d'œuvre incomparables ! Que j'aurai à vous en dire, car la plume ne suffit pas.

Je ne suis pas trop fatigué, quoique les courses, les escaliers, les visites, les émotions, me surplombent. Je jouirai bien d'un peu de repos, si je puis en accrocher au retour.

A Dieu encore ; à vous mon cœur et mon âme!

9 janvier.

Chère bien-aimée, pendant que, selon votre excellente coutume, vous étiez ce matin, à sept heures et demie, au pied de l'autel si modeste de notre petite chapelle des Carmes, moi, vous ayant tous dans mon cœur, j'étais au pied de l'autel du Pape, et j'y recevais de son auguste main le même Dieu qui reposait dans vos âmes. Quelle union, chérie, à travers tant de distance ! Quelle émotion de tenir son Dieu de celui qui en est le vicaire ici-bas, pour qui on prie tant, et dont les intentions sont toutes présentes à nos communions !

Je n'en avais presque pas dormi de la nuit, ravi de ma matinée d'hier et heureux de la pensée de celle d'aujourd'hui. A six heures, j'étais debout, à six heures et demie, je partais *in ogni fiocchi*, toutes décorations dehors (1). — C'est l'usage.

J'arrivai, « selon ma louable habitude », un peu trop tôt ; mieux vaut que trop tard. Je vis lever le soleil ou plutôt l'aurore vermeille sur le magnifique panorama qu'on a des fenêtres du Vatican. Demandez à Em. ; à mesure que les rayons arrivaient, ils éclairaient les personnages des splendides tapisseries des Gobelins, trois pages immenses de Jouvenet, données par Louis XV et qui occupent seules un vaste salon, aux admirables plafonds, entouré seulement de chaises de bois peintes en marbre, et dont le milieu était occupé par un de ces *brasero* de cuivre qui sont d'un si grand effet dans ces vastes pièces. Des domestiques en livrée de damas rouge (habillés comme des fauteuils) l'allument avec du charbon, qui cependant ne porte pas à la tête. Puis à sept heures et demie, un camérier me conduisit dans la pièce qui précède la chapelle.

Tout est prêt sur l'autel. A sept heures précises, le Pape entre et va s'agenouiller juste dans l'angle que je voyais. C'est le plus beau et le plus saisissant des spectacles. Il prie comme un ange et avec une douceur et une simplicité incomparables. On l'habille, et lui-même avec aisance passe ses ornements sacerdotaux et commence la messe comme un simple évêque. Il a seule-

(1) M. de Riancey ne portait presque jamais ses décorations.

ment un peu de peine pour se mettre à genoux et s'appuic sur l'autel en pliant surtout le genou droit.

Il dit sa messe sans lenteur, mais avec un accent pénétré et une voix claire. J'ai tout suivi sans perdre un mot. La consécration est admirable : Dieu entre les mains de son représentant ! A la communion, je me suis approché : j'étais seul, seul aux pieds de Pie IX, qui me donnait Jésus-Christ ! Les larmes ont abondé ; c'était plus fort que moi, et, en ce moment encore, elles me voilent ce papier. Elles étaient toutes de bonheur et de joie. Je pensais à vous, ma bien-aimée ; je priais pour vous, mes pauvres chers enfants, depuis l'aîné, que j'aurais tant voulu à mes côtés, le jeune ménage, qui y était de cœur, avec le troisième petit chéri, qui va compléter les deux en un, et qui aura dû tressaillir à la prière qui s'offrait pour lui ; les chères filles, et particulièrement M..., dont le souvenir ne me quitte pas une seconde ; les deux *jeunes gens* qui auraient été si heureux de voir le Pape dire la messe et qui auraient répondu... de loin ; toute la famille enfin, sœurs, frères, neveux, nièces de toutes les générations ; car j'ai eu le temps de tout embrasser, ainsi que les vieux amis, dans la pensée qui courait la France sans quitter le Vatican ! Et le Roi et les Bourbons, et le cher et pauvre pays ! Et la maison, le nid, avec tous ses habitants, Paris, la Beauce, la Normandie, les gens ! Et le présent si difficile et l'avenir si incertain. Bien-aimée, vous lisez dans mon cœur comme dans un livre ouvert ; vous savez que je n'aurai rien oublié, je l'espère ; et vous

savez surtout que vous étiez là au plus profond du sanctuaire.

Que j'ai donc de hâte de vous retrouver ! Maintenant
je puis presque chanter mon *Nunc dimittis !* Il n'y aura
plus que les joies du ciel à ajouter : mais auparavant,
que Dieu me donne celle, que je me promets, de vous répéter ce que je ne fais que vous énumérer ici !

Que je voudrais écrire à tout le monde ! Mais cette lettre est pour tous : le temps me manque et le physique
réclame ses droits. Gardez la fleur de tout ce qui est ici
et donnez les feuilles à nos enfants et à nos amis. Vous
savez que le meilleur du bouquet est à vous, à vous
seule. Il en reste encore assez pour les plus chers et les
plus aimés. . . . .
. . . . . . A Dieu ! à Dieu !

J'envoie à l'*Union* un récit de l'audience d'hier ; qu'A.
voie si ce n'est pas un peu personnel. D'un autre côté,
je ne puis taire ces faveurs qui vont à l'*Union*, autant
qu'à moi. Je suis gâté ici réellement.

A Dieu et à vous tout mon être !

11 janvier.

Chère bien-aimée, je me repose un peu ces deux
ours-ci, en attendant la chère Duchesse qui ne se presse
pas autant que je le voudrais. Le temps, redevenu horrible hier, est un peu meilleur aujourd'hui. Je fais mes
petits préparatifs de départ ; car je voudrais extrêmement m'en aller. J'ai eu plus que je ne pouvais avoir en

grâces et en faveurs personnelles. Il me tarde infiniment d'en jouir avec vous. Et puis je voudrais relever nos amis qui font si bien l'*intérim*, mais qui doivent commencer à le trouver un peu long.

J'aurais pourtant à prendre un peu de calme auparavant; on se surmène ici malgré soi, et je me sens un peu las. J'aurai de plus les jours de route qui ne sont pas faciles. Je compte revenir par terre, peut-être par Munich, parce que c'est le meilleur, quoique allongeant de six heures,

Merci, merci, du plus tendre de mon cœur de vos chères lettres!

A Dieu, chère bien-aimée! Je suis près de vous en cœur et en âme; quand donc y serai-je en réalité?

13 janvier.

Je suis beaucoup plus dispos, ma chère bien-aimée, et je m'occupe, avec une joie d'enfant, de mes préparatifs de retour. J'attends toujours la chère princesse, mais le lendemain du baptême je pars! Je trouve moyen d'expédier mon plus lourd bagage devant moi, par mer et par Munich. Moi, je filerai par Munich et le Brenner, en ne gardant que ma petite valise; je passerai les douanes allemandes sans un instant d'ennui.

Je reçois ici beaucoup de visites. Mgr de Marseille, Mgr de Luçon sortent de chez moi, l'archevêque de Malines de même. Le temps est toujours affreux et l'humidité ne m'arrange guère.

Ah! chérie, je deviens vieux, et je n'ai plus cette souplesse et cette activité qui vous ont plu dans nos jeunes ans. Si la main n'est plus si leste, le cœur est resté bien jeune, et il n'a pas un battement qui ne soit pour son pauvre et cher nid. Comme on apprécie son pays et les siens, quand on en est loin! Certes, j'ai ici toutes les satisfactions possibles de l'âme, du cœur, de l'esprit, de l'honneur et même de la vanité; mais qu'est-ce que tout cela quand on ne les partage pas avec ceux pour qui l'on donnerait sa vie? J'ai visité de magnifiques sanctuaires, et j'y ai porté partout le souvenir et la pensée de vous tous: c'était ma meilleure prière. Le Saint-Père vous a encore tous bénis dans ma dernière audience et ç'a été le plus doux moment de cette grande et suprême allégresse.

Je tâche de vous rapporter des reliques de presque tous nos patrons. Je vais, je l'espère, en avoir de sainte Constance, la sœur de Constantin, qui a ici une charmante église et qui est bien digne de servir de patronne à ma chère sœur.

A Dieu, ma bien-aimée! Je viens de rédiger une note pour les soins religieux à donner aux ouvriers, et je la communique à plusieurs évêques. Le Concile traitera cette grave question.

Quelle affreuse histoire que celle de ce Pierre Bonaparte! Le ministère vaut mieux que le gouvernement.

J'ai grand'hâte de revenir au milieu de tout ce changement. A Dieu, à Dieu! Que chacun trouve ici sa bénédiction, son embrassement paternel, fraternel, etc.

14 janvier.

Ma bonne E.,

Voilà un beau soleil pour la première fois depuis bien des jours ; je souhaite ardemment qu'il dure et qu'il éclaire mes préparatifs de départ. Je ne pense qu'au retour ; il me sera si doux ! Mais je ne sais encore quel jour je pourrai prendre le bienheureux chemin de France. Ah ! ma chère enfant, Rome est bien belle, et je t'assure que je serais bienheureux de t'en faire jouir, toi la voyageuse en esprit et en espérance. Mais, malgré tout, rien ne vaut le pauvre pays, le petit chez soi, avec la mère et la couvée.

Figure-toi que dans un petit jardin, au premier de la maison que j'habite, j'ai des orangers en pleine terre, couverts de fruits à ce moment-ci de l'année. Eh bien ! ce jardin des Hespérides n'a pas pour moi le charme de notre humble petit carré, où paraisssent à peine quelques chrysanthèmes. Si tu savais ce que c'est que d'être dans un pays où l'on a peine à se faire comprendre pour les choses les plus vulgaires, et où l'on voit autour de soi la vie ordinaire, la vie de famille se déployer dans une indifférence absolue du pauvre diable d'étranger, qui est réduit à vivre des souvenirs de ce qu'il a de plus cher. Je n'ai pas à me plaindre cependant, car je suis aussi bien qu'on peut l'être dans une ville comme Rome.

J'ai eu toutes les jouissances de l'âme et de l'esprit ; je te dirai des merveilles des musées et des tableaux, bien plus encore des temples et des sanctuaires. Mais ce n'est pas la famille ; ce n'est pas la bonne M., un peu raide, mais si dévouée ; ce n'est pas la chère petite Mag., si souriante, si douce, et si gaie au milieu de ses disgrâces ; ce n'est pas même A., bon enfant ; ce n'est pas notre cher petit ménage, image du bonheur mérité et obtenu ; ce n'est pas notre H., si gentil, quand il secoue l'*atram pigritiam* ; ce n'est pas notre R., avec sa finesse et son bon cœur, quand il écoute plus le second que la première ; ce n'est pas ma chère E., avec ou sans chignon, avec ou sans rêvasserie, voyageuse, mais toujours bonne fille et aimant vigoureusement « cher petit père et chère petite mère ». Ce n'est pas surtout la *padrona di casa,* la maîtresse de la maison, la chère gardienne et protectrice du foyer, l'exemple de tous et l'amour de chacun.

Tu vois, ma pauvre E., que je vis bien plus à Paris qu'à Rome ; c'est la vérité, et je t'assure que j'ai grand plaisir à le dire.

A Dieu, ma chérie. C'est toi qui seras aujourd'hui la distributrice des tendresses paternelles. Je t'aime, je te bénis ainsi que tous les autres.

15 janvier.

A Madame la Comtesse de J. (1)

Eh bien ! ma chère petite, j'ai trouvé ici ta patronne, une très-grande sainte et une très-grande dame, qui ne ne fut ni plus ni moins que la sœur de Constantin, et qui

(1) Sa sœur.

a ici son tombeau et une charmante basilique. Je fais des recherches pour t'en rapporter une relique ; je l'ai, en attendant, priée de tout cœur pour toi, pour les tiens, et les adoptifs comme les directs...

Rien ne vaut ce pauvre foyer domestique, et on n'en sent tout le prix que quand on en est loin. Et puis la vie de Rome, la vie positive est si différente de la nôtre !

Une foule des habitudes et des soins, qui nous sont de chaque instant, n'existent pas ou diffèrent ; de sorte qu'on se sent souvent plus loin de son pays qu'on ne l'est encore en réalité. Mais, ma chère C., quand on y peut venir avec les siens, c'est, comme le disent les Romains, *la porta del paradiso.* Nulle part on n'est plus saisi et transporté par la foi, par la vérité, par la charité.

Le Pape surtout est incomparable. Je lui ai demandé une bénédiction spéciale pour toi et les tiens, et je suis sûr que vous en éprouverez rapidement l'effet. Quand on n'est pas venu ici, quand on n'a pas vu Saint-Pierre et entendu la messe, comme je l'ai fait, aux catacombes, sur la confession des saints apôtres et dans l'oratoire privé de Pie IX, on manque des plus rares jouissances de la piété et de la foi.

En ce moment, je suis tout aux espérances du retour, qui me sera d'autant plus doux, que l'éloignement aura été plus complet et plus long.

Ce qui est fâcheux ici, c'est la variabilité extrême du climat d'hiver. Quand il fait beau, c'est splendide ; quand il fait laid, c'est pire que Paris.

Veux-tu faire dire que je t'ai écrit aujourd'hui, samedi 15, à Passy ? Je n'ai pas le temps de finir une lettre pour C., et je serais bien aise qu'elle sût que je ne puis la lui envoyer que demain.

A Dieu, ma chère bonne sœur ; merci encore de toutes tes bontés pour mes enfants dont tu es la seconde mère, et qui ne te rendront jamais assez de tendresse et d'affection!

A Dieu, du meilleur de mon cœur !

16 janvier.

Je vois, chère bien-aimée, que toutes nos jeunes dames, princesse et autres, se sont trompées dans leurs calculs. Mme de., la duchesse de Parme attendent encore; nous sommes au 16, et je n'ai pas de dépêche de vous pour notre chère M. J'avoue que. pour mon compte, ici les pieds me brûlent, et je finis par croire qu'avec les événements de Paris, et les projets du nouveau ministère, je ferai mes très-humbles excuses à la fin de cette semaine et je me mettrai en route.

Je suis bien loin d'avoir fini ici et une quinzaine me serait fort utile, sinon nécessaire encore; mais le sol du pays, mais la famille, mais le devoir et l'œuvre de ma pauvre vie, mais vous tous, mais toi, ma bien-aimée, à laquelle je n'ai jamais été si tendrement, si passionnément attaché...comment rester encore loin de tout cela ? Le travail m'est ici fort difficile par la rareté des minutes qui me sont laissées. Il faut voir tant d'hommes importants, jentendre tant de discussions, parfois douloureuses, toujours intéressantes, que la journée, le soir et le matin ne suffisent pas. Le climat est déplorable et j'en souffre dans mon activité. Bon gré, mal gré, il faut se résigner à vivre un peu à la romaine, avec *pazienza*, et en diminuant la somme de l'étude et de l'écriture. Et pourtant je fais encore autant, sinon plus que forces, tant je tiens à utiliser mes derniers instants . . . .

. . . .

A Dieu, ma bien-aimée, A Dieu !

17 janvier.

Chère bien-aimée, le beau temps, qui paraît revenir un peu à poste fixe, et le repos que j'ai pris me rendent véritablement d'une moins maussade humeur à l'endroit de ma fin de séjour. Je la veux hâter le plus possible ; mais il est quelques obligations indispensables auxquelles je ne saurais trop me soustraire, si je veux que mon laborieux voyage ici porte, pour le présent et pour l'avenir, tous les fruits que j'ai droit d'en attendre. Il faut que ce devoir soit impérieux, en présence des affaires de France et surtout en présence de mon insatiable désir de revoir, et vous et la famille entière, pour que je me résigne à ne pas fixer encore absolument le jour de mon départ. Je ne pense pas que ce soit plus tard que la fin de la semaine ou le commencement de l'autre. On a ici une telle lenteur en toutes choses, que pour finir les moindres affaires, il faut compter par semaines, là où nous autres Français mettrions des jours et même des heures.

Je ramasse d'intéressants matériaux et, si mes lettres

chôment un peu (1), elles n'en auront que plus de prix par leur variété, et les faits qu'elles contiendront. Du Concile, toujours le secret sur les grandes et vraies discussions, et le silence sur les cancans et les commérages.

L'*Union* est toujours très-sympathique, malgré notre légitimisme, qui est encore, non plus un obstacle, mais un inconvénient chez les gens qui ne raisonnent pas. Le fond, ce qui est grand, sage et puissant, est à nous et à notre cause par le cœur et par la tête.

Pour mon compte aussi, je suis enchanté du journal. Il est parfaitement fait, plus au courant que pas un autre, et d'une politique sage et mesurée.

Dites, je vous prie, de ma part qu'on a bien raison de se tenir sur la réserve en face du nouveau ministère. Soyons bienveillants, parce que ce sont pour la plupart d'honnêtes gens; mais qu'on y prenne garde; en doctrine et en fait, c'est l'*Orléanisme*. Nous sommes dans la note exacte; j'en félicite cordialement les amis à qui je laisse peser quelques jours encore le fardeau du travail; mais tenons nous y bien : c'est difficile et nécessaire. Je ne saurais que dire *bravo* à leur justesse de vues et je m'y associe de cœur et d'esprit, en leur demandant d'y rester fermes.

A Dieu, ma chérie! Voilà une lettre toute de politique; elle n'envahit pas le cœur, lequel est exclusivement à celle que jamais, et jusqu'au dernier soupir, je ne remercierai assez tendrement d'avoir lié sa destinée à celle de ce pauvre vieux de cinquante-trois ans, dont elle a

(1) Lettres à l'*Union*.

marqué depuis vingt-sept années (1), chaque minute par un élan de bonheur !

J'avais interrompu ma lettre, chère bien-aimée, pour aller savoir des nouvelles de la jeune princesse. Elle est dans les douleurs et le résultat ne saurait se faire attendre.

J'entrevois donc la proximité du départ : quelle joie !

En attendant, je viens de profiter du soleil pour aller faire le lézard au Pincio. C'est splendide, et j'en ai éprouvé un grand bien après les horribles humidités qui ont tant gâté mon voyage.

J'ai adressé ce matin mes hommages, en vue du départ, au Roi de Naples que je verrai peut-être encore avant de partir d'ici, mais à qui je voulais recommander quelques uns de nos amis. Il apprécie A. et m'en a parlé; que ce cher aîné se rende de plus en plus digne de notre cause ! Elle est vaincue, mais elle a l'honneur, la conscience et Dieu pour elle. Et vous savez, vous, ma C., que cela compense tout.

Et maintenant au plus tôt, ma chérie ! Je voudrais que le chemin de fer eût des ailes plus rapides que sa vapeur.....

18 janvier.

C'est à toi, mon cher R., que je veux confier le plaisir d'apprendre à tous que ton auguste parrain est, depuis hier, à huit heures vingt minutes, père d'une petite princesse qui se porte à merveille. J'ai appris cette

---

(1) M. de Riancey s'était marié à vingt-quatre ans.

bonne nouvelle une demi-heure après, par un envoyé spécial.

J'ai éprouvé une double joie, d'abord pour l'auguste mère, et ensuite pour moi, parce que, le baptême ne pouvant pas être différé de plus de deux ou trois jours, je me mets en route aussitôt pour vous revenir. Ce sera la plus vive allégresse que j'aie éprouvée depuis mon départ.

Quel bonheur j'aurai à vous voir et à vous embrasser ! Juge, mon R., quelle est ta dignité ! Te voilà maintenant le chevalier de deux petites princesses, filles de ton parrain et de ta marraine ! Comme tu devras t'efforcer de prendre en mains leur cause, de les servir, de les défendre et de tâcher de leur rendre leurs trônes ! En attendant, deviens un grand garçon, un bon chrétien et un fidèle gentilhomme.

Bientôt, sans doute, tu vas être « oncle »; voilà encore une responsabilité de bons exemples et de bons conseils que tu es obligé de prendre et que, j'en suis sûr, tu sauras bien remplir.

A Dieu, mon R., embrasse tendrement tout le monde pour moi....

20 janvier.

Chère bien-aimée, c'est un vrai rayon de notre cher soleil que m'apporte votre délicieuse lettre. Oh ! que je vous en remercie, et que je remercie le bon Dieu qui vous maintient, vous et tous les nôtres, en bon état durant ce long exil ! Le mien va finir, j'espère, quoique je laisse encore bien des choses derrière moi, et que votre bonté et votre amour du devoir ne me pressent pas trop pour un retour que je désire tant. Je vais aujourd'hui, sans doute, savoir le jour du baptême de Parme; le lendemain je monte en wagon, et je vous arrive quatre ou cinq jours après selon la neige et le temps.

J'ai écrit sur la chaire de Saint-Pierre la dernière lettre que je compte faire d'ici. Les autres seront non plus de Rome, mais *sur Rome*, et j'aurai des choses bien intéressantes.

Mille remercîments à mes chères filles. Je suis tout heureux de leur aide et je m'en servirai désormais, si vous le voulez bien. Que notre chère **M.** se ménage. Peut-être est-elle délivrée en ce moment de son cher fardeau? Combien je prie pour elle et pour mon cher Em., qui va avoir les devoirs, les grâces, le bonheur et les soucis de la paternité! J'espère que la bénédiction de Pie IX leur facilitera tout.

Remerciez le cher curé; j'apporte une bénédiction spéciale pour nos ouvriers et notre paroisse, et je serai heureux de le leur dire à la réunion, en leur parlant de Rome, du Concile et du Pape.

Ah! chérie, quand donc profiterais-je réellement de cette tendresse qui est ma vie? Je me persuade qu'on n'aime bien les gens, le pays, son foyer, son nid, que quand on a eu le malheur de s'en éloigner. Du moins on les aime une fois davantage.

Que nos amis de l'*Union* reçoivent tous mes remercîments; le journal va à merveille et, ici, on en est enchanté. Quant à moi, je brûle de me retrouver sur la brèche, les relevant de leur longue et fidèle faction.

A Dieu, ma bien-aimée. Que j'aurais de choses à vous dire ! Mais je vous les dirai bientôt cœur à cœur. Et cela vaudra mieux que les plus longues lettres.

Mgr Marie Ephrem est venu me voir hier ; il bénit toute la famille et se rappelle à son meilleur souvenir.

Ce serait une litanie, si je devais vous citer ici tout ce qui se recommande à votre affection et à votre mémoire.

A Dieu ! à Dieu ! Si je sais quelque chose avant la poste, je le mettrai sous ce pli.

Je sors du palais de Parme, chère bien-aimée; le baptême aura lieu samedi à midi, au Quirinal. Mgr le Duc de Parme me prendra à sa suite à onze heures et demie. C'est vous dire que je compte partir dimanche soir. Je fais tous mes préparatifs en ce sens, et quoique je ne sois pas resté longtemps ici, ils m'occuperont assez. Donc à bientôt, ma bien-aimée ! A bientôt, mes chéris, tout ce que j'aime, tout ce pour quoi je vis et je respire !

A bientôt !

Ton Henry.

IV.

LE RETOUR.

Depuis quatre jours aucune lettre n'était arrivée de Rome, mais le secret avait été si bien gardé, le malade avait si bien caché à ses amis la gravité de son état, que ce silence prolongé ne causa aucune inquiétude sérieuse à sa famille. Un télégramme, daté de Munich, lui apprit le 26 qu'avant peu le voyageur si impatiemment attendu serait de retour.

La maison était dans la joie. On avait réservé toutes les réjouissances, toutes les surprises, tous les cadeaux pour cet instant si désiré; on se promettait bien de le fêter joyeusement. Le pèlerin serait entouré, caressé et soustrait pendant quelques jours à ses occupations du dehors; on entendrait de sa bouche la description des monuments, des églises et des fêtes de Rome; on lui demanderait le récit de ses entretiens avec le Souverain Pontife et avec les augustes hôtes de Frohsdorf et de Clarens; on saurait les secrets qu'il n'avait osé confier à la poste; on serait heureux.

On ignorait l'heure de son arrivée et l'on s'attendait à une surprise. Hélas! quelle surprise ce devait être!

Le 27, vers six heures du matin, une voiture s'arrêta devant la porte d'entrée et un coup de sonnette donna l'éveil. Aussitôt chacun se prépare en hâte, la joie au cœur, et se précipite au-devant du voyageur. Mais, chose étonnante ! sa voix ne se fait pas entendre ; il ne quitte pas la voiture ; un domestique étranger l'accompagne.

Les plus prompts arrivent à cet instant, et surpris de ne point le voir paraître, se précipitent vers la voiture. D'une voix profondément altérée, il leur déclare qu'il est paralysé du côté gauche, qu'il ne peut ni marcher ni se remuer. On le sort de la voiture, et soutenu par deux personnes, il rentre péniblement dans cette maison qu'il avait naguère quittée en pleine santé, et dont il ne devait plus sortir que pour aller à sa dernière demeure.

Sa femme arrivait à ce moment, le sourire sur les lèvres ; du plus loin qu'il l'aperçoit, il domine son émotion pour lui dire qu'il a été très-souffrant, mais qu'il va mieux. Conduit dans sa chambre et se voyant entouré de sa famille en larmes, il veut la consoler et essaye de se lever ; mais le mal est plus puissant que sa volonté, et il tombe lourdement sur le parquet.

On le met au lit, on appelle le médecin, et enfin il parle de sa maladie, dont il diminue de beaucoup la gravité pour ne pas effrayer les siens. Du reste, pas une plainte, pas un murmure, pas un regret ; il a vu « le Roi, » il a vu Rome, il a vu le Pape surtout, et il ne croit pas avoir acheté trop cher un tel bonheur.

Rome et le Pape ! il en parla constamment pendant ces deux premiers jours, avec une ardeur, un amour, une éloquence qui parurent extraordinaires, même aux siens, habitués cependant à la vivacité de ses émotions.

Il était heureux, d'ailleurs ; après deux mois d'absence, après plusieurs semaines de maladie dans un pays étranger, après un voyage de quatre jours accompli avec d'extrêmes difficultés, il se retrouvait enfin chez lui, au milieu des chers siens. Il lui semblait que le mal allait céder devant sa joie, et la mort qu'il avait entrevue à Rome — il a dit à sa femme et à ses enfants qu'il avait cru ne plus les revoir — lui paraissait alors éloignée ; elle n'oserait venir le prendre au milieu du bonheur, au sein de sa famille bien-aimée !

Pendant ces deux premiers jours, il parla fort peu du Concile ; on eût dit que ce sujet excitait chez lui des émotions trop vives pour son état, et qu'il n'osait y fixer son attention. Sans doute, d'ailleurs, les médecins le lui avaient défendu. Lorsque la conversation l'y ramenait, on le voyait s'arrêter soudain, comme s'il eût craint de laisser échapper quelque secret. Il avait une foi ardente, inébranlable dans l'assistance de l'Esprit-Saint et une confiance illimitée dans la sagesse de Pie IX ; aussi était-il sans le moindre doute sur l'heureuse issue de l'auguste assemblée. Mais il avait vu de ses yeux les divisions de l'épiscopat ; il avait été le témoin de luttes ardentes entre d'illustres et saints évêques, dans lesquels il s'était habitué à ne considérer que les ministres de Dieu et les successeurs des Apôtres ; certaines paroles, certains faits, résultats de la fragilité humaine dont nulle dignité ne nous délivre, avaient profondément contristé son cœur de chrétien, et il lui en coûtait même d'y faire allusion. On eût dit de ces secrets de famille que, même dans l'intimité, on ne révèle pas

sans déplaisir. Il souffrait visiblement chaque fois que
des interrogations précises ne lui permettaient point une
réponse évasive. Toutefois sa profonde vénération et
son amour pour les vénérables Pères n'avaient en rien
diminué ; il n'y en avait pas un qui ne fût pour lui l'oint
du Seigneur. Ce qu'il regrettait par-dessus tout, c'était
le bruit fait autour du Concile, la divulgation de ces
divisions intestines, qui réjouissaient les ennemis de
sa mère, la sainte Église catholique.

V

LA MALADIE.

Lorsque tomba la surexcitation des premiers jours,
causée sans doute par le bonheur de se trouver au milieu des siens, il éprouva une espèce d'affaissement
physique qui réagit sur son état moral. On lui vit quel-
quefois les yeux pleins de larmes, et, à certains moments,
lorsque ses plus jeunes enfants avaient quitté sa
chambre, il parla du sombre avenir qu'il entrevoyait
pour sa famille et pour ses œuvres. « Je n'achèverai
pas mon *Histoire du Monde*, disait-il ; je ne me servirai
plus de ces membres ; que deviendrez-vous après moi ? »
C'était tout ; pas de faiblesse, pas de plaintes ; que la
volonté de Dieu soit faite ! C'est à cela que se résumaient
ses paroles lorsqu'il était question de son mal.

Et cependant il se voyait frappé dans la pleine maturité de son talent, à un âge où la vie semblait sura-

bonder encore en lui, où l'estime et la confiance générales le récompensaient largement de trente ans d'une vie publique, absolument immaculée ; au moment d'une grande révolution politique en France ; à l'ouverture d'un Concile œcuménique qui promettait à l'Église une nouvelle ère de prospérité ; au milieu d'une famille qui avait besoin de lui ! Son œuvre ne semblait faite qu'à moitié, et il le sentait bien !

Comme le moissonneur qui jette un regard en avant sur ce qui lui reste de son sillon, il aimait parfois à former ses plans pour l'avenir et à les exposer à ses amis. « Après trente-quatre ans de vie publique, me disait-il un jour, je commence à avoir quelque expérience des hommes et des choses ; ma provision de connaissances générales est faite ; il me semble que ce serait pour moi le moment d'aborder les questions spéciales pour lesquelles je me sens le plus d'attrait.» Achever son *Histoire du Monde*, puis faire l'*Histoire de l'Église en France pendant ces soixante dernières années*, tel était son rêve. Outre le plan de ce dernier ouvrage, il avait déjà réuni quelques notes et de nombreuses indications de documents à consulter. Il lui fallait tout laisser inachevé, et cette triste pensée le poursuivit plus d'une fois dans ses insomnies et pendant les longues heures de loisir que lui faisait la maladie.

Mais sa bonne humeur n'en fut presque jamais altérée ; il avait, non pas l'entrain, mais la gaieté de toujours, et cette gaieté était vraiment prodigieuse. Pendant les deux années que j'ai eu le bonheur de passer avec lui, mêlé à sa vie la plus intime, je l'ai constam-

ment vu, quelles que fussent ses occupations, ses décep-
tions, — et certes elles ne lui firent pas défaut, — ou
ses souffrances, le sourire sur les lèvres ; non le sourire
froid et stéréotypé de l'indifférence, mais le sourire
i ntelligent et sympathique de l'ami qui accueille un ami.
Pas un de ceux qui l'ont connu ne me démentira. Aussi
était-il au service de tous les besoins, et, à peu près
chaque jour, je le voyais quitter la table pendant le
déjeuner pour répondre aux demandeurs, donner à
l'un des conseils, à l'autre une recommandation, une
aumône, une consultation de droit, etc.

Cloué sur son fauteuil par la paralysie, forcé de passer dans l'inaction tant de belles heures, qu'il eût si
utilement employées, lui qui depuis vingt ans n'avait
pas pris de vacances, il resta le même, sans impatience
ni colère, répandant, comme autrefois, la gaieté autour
de lui.

C'est qu'il avait pour se consoler cette sublime raison
qu'en ne faisant rien, il faisait la volonté de Dieu :
« Vous êtes tombé sur le champ de bataille, » lui disait un
jour l'un de ses amis, « à Rome, aux pieds du Vicaire
de Jésus-Christ, en combattant pour l'Église, et, vous le
savez, s'il y a les martyrs du glaive, il y a aussi les
martyrs de la plume. »

« Oh non ! » dit-il, « j'ai trop peu fait. Cependant,
si Dieu veut que j'achève mon sacrifice pour sa cause,
que sa volonté soit faite ! Je vous remercie de cette belle
idée ; elle me consolera dans mes douleurs. Mourir pour
l'Église ! Oh ! je n'en suis pas digne. » Hélas ! son humilité le trompait.

Autour de lui, cependant, l'espoir était revenu ; le caractère du mal semblait encore incertain, et bientôt un mieux sensible se manifesta dans son état. Il en profita pour se remettre parfaitement au courant des affaires politiques et pour voir ses amis ; de son fauteuil, il recommença, autant que le lui permettait le médecin, sa vie d'autrefois. Pendant la nuit, il occupait ses insomnies par de pieuses prières et par la méditation de quelque sujet de philosophie ou de quelque question historique. Le matin, à son réveil, il disait sa prière avec sa femme comme avant son départ, puis il suivait la messe dans son missel pour se consoler de n'y point assister. Dans l'après-midi, une conversation gaie ou sérieuse avec ses visiteurs et la lecture de quelque bon livre remplissaient ses moments. Il s'arrêta notamment au dernier ouvrage de M. Leplay (1), cet esprit droit et laborieux, amené par l'étude impartiale des faits à reconnaître que la loi de Dieu est aussi la loi du progrès.

Il était encore dans cette première période de sa maladie, lorsque arrivèrent ses bagages contenant les cadeaux achetés à Rome pour sa famille et pour ses amis. Personne n'avait été oublié, et le cœur, plus encore que le bon goût, avait présidé à tous les choix. Il avait rapporté, entre autres, pour chacun de ses enfants des reliques de leur patron, et pour chacun des curés de son voisinage des reliques du patron de leur église. Il avait pensé à tous ses nombreux parents, à ses amis, aux ouvriers de la société de Saint-François-Xavier sur-

____

(1) *L'organisation du travail selon la coutume des ateliers et la loi du Décalogue.* Chez Dentu, Paris.

tout. Ne sachant quel cadeau faire à ces derniers, il leur avait rapporté des chapelets bénits pour eux par le Saint Père, qui, étonné du nombre, lui dit en souriant, avec sa grâce ordinaire : « Vous avez donc beaucoup d'enfants ? » et lui demanda quelques détails sur la société. Il se faisait un bonheur de pouvoir bientôt les leur offrir en leur parlant de Rome et du Pape.

Il avait voulu se faire aussi à lui-même un cadeau qui lui rappelât cette Rome dont il ne devait plus revoir les sanctuaires bénis. Il s'était procuré une petite reproduction en bronze de la statue de saint Pierre assis sur sa chaire ; il l'avait fait indulgencier, et la voulut garder près de lui pendant toute sa maladie.

D'ailleurs on peut dire qu'il avait laissé à Rome une partie de son cœur ; tout ce qui en venait l'émouvait profondément, et il fallait soigneusement lui cacher toutes les correspondances relatives au Concile et aux dissensions qui s'y manifestaient. Ce n'est pas qu'il ne comprît la nécessité des discussions et même des luttes ; mais il aurait voulu qu'elles restassent cachées dans le secret du sanctuaire ; il avait le cœur brisé de voir le caractère épiscopal diminuer momentanément dans l'estime et la vénération des peuples, et le Concile devenir pour plusieurs une pierre d'achoppement.

C'est ce sentiment qui lui dicta son dernier article, sa dernière « lettre sur Rome. » « Oh ! » nous disait-il en l'écrivant, « comme le monde se trompe, comme les journaux, même les meilleurs, se font illusion sur les sentiments de nos évêques ! En dehors du Concile, ils peuvent se montrer hommes, parfois même ils se montrent hommes de passion ; mais dans la salle conciliaire, les plus ardents me le disaient, ils sont tout autres. Après avoir entendu la sainte messe, récité la prière *Adsumus,* ces pontifes, presque tous sur le point d'aller rendre compte à Dieu de leur vic, se sentent transformés; l'influence de l'Esprit-Saint se fait visiblement sentir; l'homme disparaît; il ne reste plus que l'évêque, le juge de la foi, le successeur des Apôtres. »

Il nous parla longtemps et avecanimation sur ce sujet, quoique nous l'eussions, à plusieurs reprises, supplié de se ménager. Mais ce fut la dernière fois. Le lendemain il se trouva plus faible, plus abattu, et l'on évita soigneusement tout ce qui eût pu ramener ses idées sur cette matière; il le comprit lui-même et n'en parla plus.

Quelques jours auparavant, dans la chambre du malade, j'avais été le témoin d'un spectacle bien simple, mais qui m'avait vivement émotionné. A Rome, M. de Riancey, malgré son état, était allé se confesser la veille de son départ et s'était approché de la sainte Table; et depuis près de quinze jours il n'avait pas eu ce bonheur. Il n'osait demander qu'on lui apportât la sainte communion dans son lit, mais il en avait un ardent désir, et lorsque son confesseur le iui proposa, il se hâta d'accepter.

Le lendemain matin, à six heures, tout était soigneusement préparé dans sa chambre. Une petite table transformée en autel, et portant deux cierges allumés avec un vase où étaient l'eau et le buits bénits; à genoux, à la tête et autour du lit, les enfants du pieux chrétien qui attendait la visite de son Dieu ; aux pieds de sa couche, ses serviteurs également à genoux ; des larmes d'émotion dans tous les yeux : tel fut le spectacle qui frappa les regards du prêtre. Au moment où il parut à l'entrée de la chambre, le saint ciboire à la main, un sanglot mal comprimé lui fit jeter les yeux sur le lit d'où il partait ; deux grosses larmes s'échappaient des yeux à demi fermés du malade, son visage rayonnait et l'émotion soulevait violemment sa poitrine. Impossible de redire avec quels sentiments de foi et d'humilité il récita le *Confiteor* avec l'un de ses plus jeunes enfants, et se signa en recevant la bénédiction du prêtre.

Cette émotion qu'il ressentit alors jusque dans sa chair, il l'éprouvait presque chaque fois qu'il s'approchait de la sainte table, et ce sanglot qu'il ne put dominer, le même prêtre l'avait déjà entendu, quelques jours après son ordination, dans une humble chapelle de village, lorsque pour la première fois il donna la communion à ce pieux ami. Jamais je n'ai vu se réaliser plus sensiblement qu'en lui cette parole du Psalmiste : « *Sitivit in te anima mea ; quam multipliciter tibi caro mea !* Mon âme a soif de vous, ô mon Dieu, et ma chair elle-même soupire après vous (1) ! »

Son premier mot en revoyant le prêtre, quelques heures plus tard, fut un cri de reconnaissance : « Que je vous remercie ! Quel bonheur ! » Ce bonheur, il le goûta deux ou trois fois encore avant d'aller en jouir avec plénitude dans le paradis.

Bientôt cependant la maladie prit un caractère plus

____

(1) Ps. LXII, v. 2.

accentué, et toute illusion fut impossible. Une seconde attaque avait considérablement diminué les forces du malade et l'on en redoutait une troisième. Cependant il semblait robuste encore; nul excès n'avait jamais affaibli sa riche constitution; sa vie avait été trop laborieuse, sans doute, mais régulière comme celle d'un cénobite. Néanmoins le mal semblait ne rencontrer aucun obstacle; son travail sourd et terrible s'accomplissait avec une effrayante rapidité. Ni la science des médecins les plus célèbres et les plus dévoués, ni les soins de sa famille, ni les prières qui de toute part s'élevaient pour lui vers le ciel, ne purent, même un instant, en arrêter la marche. Le cerveau était irremédiablement attaqué.

Cependant l'intelligence gardait toute sa rectitude et toute sa lucidité; et vraiment on l'eût presque regretté à cause de la grandeur du sacrifice. Mais le Dieu de toute justice et de toute bonté, qui a promis de ne point oublier le verre d'eau froide donné en son nom, saura trouver une récompense pour ces longs jours de douleur pendant lesquels notre malade dut, à chaque instant, renouveler le sacrifice de sa vie, l'offrant pour l'Église, pour la France et sa famille.

De jour en jour il se montrait plus tendre encore pour les siens, ne pouvant se lasser de les caresser et de les embrasser comme s'il se fût senti pressé par la mort. On eût dit les caresses fiévreuses d'un malade qui n'est plus maître de lui; mais il n'en était rien, c'étaient les adieux du père et de l'époux.

Le sacrifice était grand et vivement senti, d'autant plus

grand que l'amour était plus profond entre ceux que la
mort allait séparer, et qu'ils étaient plus dignes les uns
et les autres de leur mutuelle affection. Mais, de part et
d'autre, cet amour se confondait avec l'amour de Dieu,
et l'on se résignait courageusement à la séparation.
D'ailleurs on gardait encore quelque espoir, malgré les
pronostics des médecins, et une neuvaine à Notre-Dame
de Lourdes avait été commencée.

VI

L'AGONIE ET LA MORT.

Dans les premiers jours de mars, on vit des mouvements irréguliers et involontaires agiter les membres du
malade et, le vendredi 4, on jugea prudent d'appeler son
confesseur le R. P. Olivaint qui, d'ailleurs, l'avait visité
le dimanche précédent. Il arriva vers six heures du soir
et le malade put encore se confesser; ce fut la dernière
fois. L'esprit était parfaitement lucide, mais l'assoupissement si impérieux qu'à peine pouvait-il achever ses
phrases. Il fut résolu qu'il recevrait la sainte communion
pendant la nuit, cependant non en viatique.

A trois heures du matin, lorsque le prêtre entra dans
la chambre, portant le Saint-Sacrement, il entendit ces
mêmes sanglots, il vit cette même exultation, ces mêmes
larmes d'émotion, qui l'avaient déjà frappé dans ses
précédentes visites. Par un puissant effort de volonté, le
pieux malade put rester éveillé pendant la récitation des

prières auxquelles il répondit lui-même d'une voix
extrêmement faible; lorsque le prêtre prononça ces
mots : *Corpus Domini*, etc., il dit : *Amen*, comme
il en avait l'habitude, mais d'une voix forte et vibrante,
et deux grosses larmes s'échappèrent de ses yeux qu'il
tenait grands ouverts. L'effort avait été trop violent, et
le malade s'assoupit instantanément pendant que la main
du prêtre approchait la sainte Hostie de ses lèvres; il
fallut l'appeler par deux fois et enfin, domptant le mal,
il ouvrit la bouche et présenta sa langue, déjà sèche et
gonflée. Le prêtre le communia, et on le vit dominer le
mal pour faire son action de grâces, qu'il continua pendant assez longtemps, mais interrompue par de fréquents assoupissements.

Vers onze heures le cou se gonfla, la respiration devint pénible, et une pâleur livide se répandit sur la figure
du malade. A midi, il n'entendait plus et ne remuait
plus ; la pâleur augmentait, la bouche était entr'ouverte,
les yeux fermés et le corps tout entier enchaîné par un
sommeil de plomb vraiment effrayant à voir. On courut
chez le curé de la paroisse et chez le médecin. Le curé,
l'un de ses meilleurs amis, arriva le premier et essaya,
mais vainement, d'obtenir du malade quelque signe de
connaissance. Le médecin, qui survint presque aussitôt,
déclara que le malade avait une attaque séreuse et que
probablement il succomberait avant la nuit. Toute ten-
tative pour l'éveiller étant restée inutile, quelqu'un s'avisa
de prononcer, à haute voix et à plusieurs reprises, les
noms de Jésus et de Marie; le malade répondit aussitôt
par des serrements de main très-sensibles. Voulez-vous

l'Extrême-Onction ? lui dit-on, et des serrements de main répétés témoignèrent de son vif désir de la recevoir; mais il retomba soudain dans son effrayant sommeil.

Le prêtre commença les prières, et bientôt, au son de ces formules connues, au nom de Jésus et des saints, le malade parut sortir de son assoupissement. Il essaya de se frapper la poitrine avec les assistants, puis il prit une croix placée sur son lit et, n'ayant pas réussi à la porter à ses lèvres, la pressa contre son cœur. Pendant les onctions, il entr'ouvrit les yeux et tint son regard—regard de moribond morne et fixe — attaché sur le prêtre.

Ses lèvres remuaient, mais presque insensiblement, pour répondre aux prières liturgiques. Peu à peu la voix lui revint et il fut possible de percevoir ses paroles; c'étaient les réponses latines aux paroles du prêtre, qui alors lui donnait l'indulgence plénière *in articulo mortis*. Il fit un effort pour baiser l'image sainte qui lui était offerte, puis, un instant après, reprenant celle qui était sur sa poitrine et dans laquelle était renfermée une relique de la vraie croix, il la porta amoureusement à ses lèvres et la baisa plusieurs fois.

Il y eut alors un nouvel assoupissement, mais de peu de durée. La voix chérie qui, depuis près de trente ans, répétait chaque jour, avec lui, les noms bénis, de Jésus, de Marie et de Joseph, les ayant redits à son oreille, il les répéta plusieurs fois très-distinctement, avec diverses oraisons jaculatoires, qu'il avait l'habitude de réciter. La parole lui manquant de nouveau, un prêtre récita à haute voix les formules des actes de foi, d'espérance et de charité, et après chacun d'eux un serrement de main lui montra que le malade les récitait avec lui du fond du cœur.

On croyait la mort imminente et tous les siens vinrent lui donner un baiser qu'ils croyaient devoir être le dernier ; mais l'assoupissement était tel qu'il s'en aperçut à peine. On profita d'un instant où il revint à lui pour lui demander s'il voulait voir son petit-fils, né depuis quelques semaines seulement, et qu'il n'avait point encore eu la joie d'embrasser. Il répondit, mais sans émotion, qu'il le voulait bien, et l'assoupissement reprit soudain. Lorsque les lèvres de l'enfant touchèrent pour la première et la dernière fois les lèvres déjà décolorées de l'aïeul, rien n'indiqua le moindre mouvement dans ce cœur pourtant si ardent et si tendre.

Ainsi finit cette journée pleine d'angoisses, et qui devait être suivie d'une nuit plus affreuse encore. Les crises se reproduisirent à peu près avec la même violence ; mais le silence de la nuit, les ténèbres du dehors, la lueur pâle des lampes et je ne sais quelle vague inquiétude rendent naturellement plus lugubre le spectacle des derniers efforts de l'âme qui brise ses chaînes ; d'ailleurs la nuit semble être plus particulièrement le temps de la mort. Le malade ne donna que très-peu de signes d'intelligence, et ne parut guère sortir de son état léthargique qu'à certains moments où l'on invoquait à haute voix autour de lui soit le Sacré Cœur de Jésus, soit les saints dont les reliques avaient été placées sur sa couche. Deux fois, pendant cette triste nuit, on crut le moment de sa mort arrivé. La figure un peu bouffie fut envahie par cette pâleur que l'on avait déjà remarquée pendant le jour ; la bouche se contracta ; les lèvres devinrent roides et livides ; les dents étaient serrées, les mains moites, mais chaudes encore, les yeux fermés.

Sous cette figure que la mort semblait marquer déjà de son empreinte, dans ce corps qu'elle enlaçait, que devenait l'intelligence? Était-elle assoupie, elle aussi, ou bien veillait-elle pour offrir à Dieu les angoisses de ce dernier sacrifice? Nul ne le sait, mais on peut croire qu'elle veillait ; car à peine le prêtre eut-il commencé avec les assistants les prières pour la recommandation de l'âme, que l'on vit, comme par l'effet d'un enchantement ou d'un rhythme mystérieux, la vie renaître dans le moribond. Les lèvres - remuaient à chaque invocation, sans doute pour dire : *Ora pro nobis.* Le prêtre s'en étant aperçu, s'approcha de son lit, et lui tenant la main, lui demanda s'il aimait Dieu de tout son cœur, s'il avait regret de l'avoir offensé, s'il avait confiance dans sa bonté infinie, s'il était résigné à sa volonté sainte, enfin s'il voulait recevoir une dernière absolution. A chaque demande le malade avait répondu par un faible serrement de main ; mais à la dernière il serra beaucoup plus vivement la main du prêtre et répondit : Oui ! Pendant que le ministre de Dieu prononçait la formule sacrée, il se signa comme il put, prit dans sa main la relique de la vraie croix et la pressa contre son cœur ; mais il lui fut impossible de la porter à ses lèvres.

Lorsque les prières des agonisants furent achevées, le malade se trouva sensiblement mieux et continua à faire, en son particulier, des prières vocales accompagnées de fréquents signes de croix et de baisers à son crucifix. Quelques instants après, la noble chrétienne, à qui près

de trente années de vie en commun avaient appris à es-
timer, à sa juste valeur, la haute et tendre piété de son
mari, s'approcha de lui pour l'encourager et le consoler
dans ce redoutable passage. La plume ne saurait redire
et le monde ne comprendrait pas le sublime entretien de
ces deux êtres que la mort allait séparer. Il me souve-
nait, en l'entendant, d'Augustin et de Monique parlant
à Ostie des joies du ciel. Sans doute la séparation est
cruelle ; mais l'amour des époux chrétiens est plus fort
que la mort. Celui des deux qui part le premier pour
l'autre vie va contempler face à face le Dieu qui fut le
lien et le centre de leur mutuelle affection, et s'ils ont prématurément perdu quelqu'un de leurs enfants, il va le
retrouver ; d'ailleurs il n'ignore pas que des demeures
célestes où il espère entrer il pourra voir, aimer et se-
courir ceux qu'il laisse ici-bas. La part de celui qui reste
est moins douce assurément ; cependant il demeure ici-bas
avec le même Jésus qui règne au ciel, il le reçoit réellement à la table sainte, et il sait, en lui parlant au fond de
son cœur, que l'âme bien-aimée, dont il est momentanément séparé, le possède et lui parle, elle aussi, dans
les joies du Paradis. La mort divise les corps, les esprits
et les cœurs, ce qu'il y a de principal dans l'amour,
restent unis. Entre l'époux et l'épouse, la mort ne jette
qu'un léger voile, suffisant pour arrêter le regard, mais
qui laisse passage aux paroles venues du cœur.

Vers le matin, le malade parut sortir de son long assoupissement, et lorsque les premiers rayons du jour
éclairèrent sa chambre, on le vit faire un grand signe
de croix et prier. Chacun s'étant alors mis à genoux, la

mère, entourée de ses enfants, récita la formule ordinaire de la prière du matin. Le malade la suivit tout
entière, répondant d'une voix faible, mais pourtant per-
ceptible.

C'était un instant de répit, et il fut donné tout à Dieu ;
le mal reprit immédiatement ses droits, et la journée
ressembla à la triste nuit que nous venons de raconter. Malgré son apparente léthargie, le malade
n'avait pas entièrement perdu connaissance, car une
personne présente s'étant échappée à dire, quoique à
voix basse : il n'ira pas loin, on le vit aussitôt faire un
grand signe de croix et porter son crucifix à ses lèvres.

La nuit du dimanche, la journée du lundi et la nuit
suivante furent beaucoup moins difficiles. L'assoupissement avait comme disparu, le malade pouvait prononcer quelques paroles et se faire comprendre. Pendant
ces longues heures, où son esprit pouvait en toute liberté
réfléchir à la grandeur de son sacrifice et à l'imminence
de la mort qui déjà envahissait ses membres, il ne
laissa point échapper un signe de découragement ni de
mécontentement et se montra satisfait de tout, s'effor-
çant de dire merci pour les plus petits soins qu'il recevait. Il ne parla plus des choses de ce monde, ni de son
journal, ni de ses ouvrages, ni du sacrifice que Dieu lui
demandait en le séparant des chers siens. La prière fut
son unique occupation.

Lorsque le prêtre qui l'assista lui parlait de Dieu, de
ses miséricordes, de la passion de Notre-Seigneur, son
visage semblait s'illuminer, et plusieurs fois, quand cet
ami voulait se retirer, pour ne point le fatiguer, il le re-

tint par la main en lui disant : Encore, encore!

, Une autre consolation pour lui fut de vénérer les saintes reliques dont il possédait un petit trésor, et de donner un dernier baiser à cette reproduction de la chaire de Saint-Pierre, qu'il avait fait indulgencier, et à laquelle il tenait tant. Le calme et la paix régnaient sur ses traits, et s'il éprouva quelques-unes de ces terreurs qui assaillent à la dernière heure les âmes les plus saintes. il n'en laissa rien paraître.

Le lendemain matin, mardi, le mieux était si sensible qu'une lueur d'espoir brilla dans les cœurs. Après la prière faite en commun, il dit à sa femme, qu'il savait privée depuis plusieurs jours du bonheur d'entendre la sainte messe, qu'il la verrait avec plaisir aller un instant à la chapelle voisine. A peine était-elle sortie que, s'adressant tout à coup à l'une de ses filles qui se trouvait à ses côtés, il lui dit d'une voix plus forte et plus lente qu'à l'ordinaire : Je te recommande bien ta mère. Et comme elle en semblait tout étonnée, il répéta : Je te recommande bien ta mère; prends-en soin !

On lui dit aussitôt de ne point s'effrayer, qu'il allait beaucoup mieux. Mais sans paraître écouter ces consolations : Ah ! dit-il, il y a bien des lacunes dans ma vie ! Puis voyant la religieuse qui le soignait détacher son tablier pour aller prendre un peu de repos : Adieu, lui dit-il, et merci! Chacun s'étonnait autour de lui du mieux qui se manifestait, de son calme, et de cette idée d'une mort prochaine, qu'il n'avait point encore exprimée, et qu'il manifestait précisément lorsque l'espérance revenait au cœur des siens.

Après le départ de la sœur, il demanda si sa femme était à la messe, si son fils H. la servait, et pria qu'on les fît venir, ainsi que tout le reste de la famille. Sa femme étant arrivée à ce moment même, il lui parla seul à seule pour lui demander pardon, « de ses inégalités de caractère (1), » et ensuite, appuyant sur chaque syllabe, lui dit : A Dieu ! ce fut tout. A sa demande, ses enfants s'étant agenouillés autour de son lit, il tint longtemps la main étendue sur eux et les bénit ; puis il pria qu'on lui donnât la sainte communion, ce qu'on lui promit pour un peu plus tard, et l'Extrême-Onction, qu'il ne se rappelait pas avoir reçue.

Il s'informa ensuite si l'on avait demandé pour lui au Saint-Père une bénédiction spéciale, si l'on avait averti le « roi, » et commanda, à plusieurs reprises, qu'on envoyât aussitôt une dépêche télégraphique à l'un et à l'autre.

L'ami qui l'avait assisté les jours précédents étant rentré quelques instants après, il lui demanda de nouveau la sainte communion ; mais on lui fit remarquer qu'il ne pouvait la recevoir à cause de son extrême difficulté à avaler. Comme il paraissait un peu inquiet, cet ami lui promit de ne pas le quitter et de faire passer avant tout les intérêts de son âme ; il l'en remercia par deux fois, le sourire sur les lèvres ; puis, sur la recommandation qu'on lui fit de se reposer, il ferma doucement les yeux. Il ne parla plus depuis lors, sinon pour

____

(1) Cette expression, dictée par l'humilité, ne doit pas tromper le lecteur ; M. de Riancey était plus doux encore comme homme privé que comme homme public.

répondre aux questions du médecin, et pour dire à sa femme, qui lui parlait de la Sainte Vierge : « Elle peut me guérir; c'est évident. » Cet acte de foi fut sa dernière parole.

Un instant après, vers midi, il retomba dans l'assoupissement léthargique des jours précédents; sa respiration devint pénible et, entre quatre et cinq heures, commença le râle de la mort. Son confesseur venu, ainsi que plusieurs autres amis, pour consoler la famille dans cette terrible épreuve, lui donna l'absolution, mais sans avoir pu obtenir le moindre signe d'intelligence, et passa la nuit près de lui. A ce même moment, le télégraphe apporta la réponse du Souverain Pontife, qui accordait une dernière bénédiction à son dévoué serviteur, et celle de M. le Comte de Chambord qui perdait en lui le plus fidèle et le plus généreux des royalistes.

Après bien des prières récitées autour du lit où râlait, dans les dernières luttes, le vaillant champion de l'Église et de la royauté légitime, une voix couverte de larmes, mais où vibraient le courage et la foi d'une sainte, dit : Récitons maintenant le *Nunc dimittis;* s'il peut nous entendre, ce sera pour lui une dernière joie !...

Vers sept heures du matin, lorsque les premiers rayons du jour éclairèrent cette triste scène, il n'y eut plus à douter que, cette fois, le dernier moment ne fût décidément arrivé. Le visage du malade était impassible, et rien n'indiquait ni douleurs physiques ni souffrances morales; mais il était évident que la lutte ne pouvait plus guère se prolonger. Tous se mirent à genoux, la mère et les enfants des deux côtés du lit, le prêtre au pied, derrière lui les amis et les serviteurs du moribond, et les prières des agonisants furent commencées. Elles allaient s'achever, lorsque le malade entr'ouvrit les yeux et sembla reprendre quelque connaissance ; le prêtre se hâta de lui donner l'absolution sous condition, puis, les prières s'achevant, notre pieux chrétien rendit doucement son âme à Dieu. Pendant que sa femme et ses enfants déposaient un dernier baiser sur ses restes inanimés, le prêtre récita la belle prière : « Anges du Seigneur, accourez au-devant de lui ; présentez son âme en présence du Très-Haut, etc. »

Je ne dirai rien des funérailles ; les journaux les ont longuement racontées. Toutefois il est un trait que je ne puis omettre. Les ouvriers de la Société de Saint-François-Xavier, établie à Passy, voulurent eux-mêmes rendre les derniers devoirs à leur orateur bien-aimé, en qualité de confrères, et le déposer dans le cercueil ; mais la piété d'un fils, d'un parent et d'un ami dévoué, s'était chargée de ce dernier soin. Le lendemain on les vit en grand nombre assister aux obsèques, et plusieurs même s'exposèrent à des retenues pour remplir ce qu'ils regardaient comme une obligation sacrée envers celui qui les avait tant aimés.

Dans la foule recueillie qui accompagna à l'église le funèbre cortége, foule composée, en grande partie, de ce que la noblesse, la presse et la politique comptent de plus distingué, l'œil remarquait bien des visages mouillés de larmes. C'est que beaucoup, même des plus hautes classes, perdaient en lui un bienfaiteur, en même temps qu'un ami. On y voyait aussi un grand nombre de religieux de tous les ordres, des religieuses, et notamment la maison entière des *sœurs de Bon-Secours* de Passy, qui l'avaient si admirablement soigné.

De Passy, la dépouille mortelle de ce grand chrétien fut transportée au village de Tréon, où chaque année il allait passer quelques semaines. Là aussi l'exemple de ses vertus et ses bienfaits lui avaient gagné tous les cœurs, et à l'arrivée du triste convoi, à neuf heures du soir, malgré un froid très-vif, une grande partie des habitants nous attendaient à la porte de l'église. Dans cette foule recueillie, j'entendis des sanglots et plusieurs s'offrirent à passer la nuit auprès du corps, ce qui eut lieu. Le lendemain le village entier se trouva réuni, ainsi que les curés des paroisses environnantes, et se pressa, avec un religieux recueillement et une visible sympathie, autour de la tombe. L'officiant lui-même ne put dominer son émotion, et lorsqu'il dut prononcer les dernières paroles de la sainte liturgie, les sanglots lui coupèrent la voix.

Pour moi qui venais d'assister à ce triste mais sublime spectacle, je me retirai le cœur profondément ému et répétant les paroles de nos divines Écritures : *Moriatur anima mea morte justorum et fiant novissima mea horum similia :* puisse mon âme mourir de la mort des justes, et ma dernière heure ressembler à *sa* dernière heure (1).

---

(1) *Numer.* xxiii, 10.

VII

HOMMAGES RENDUS A SA MÉMOIRE.

Il nous est impossible de rapporter ici les innombrables témoignages de sympathie, adressés de tous les pays et de toutes les classes de la société à la famille du grand chrétien dont nous venons de redire les derniers jours. Mais il sera doux à ses amis, c'est-à-dire à tous ceux qui ont eu le bonheur de le connaître, de trouver ici comme l'éloge funèbre du pieux défunt, écrit par la plume de ce qu'il y a de plus vénérable et de plus auguste parmi les hommes. Il avait donné toute sa vie à deux causes et il les avait généreusement servies l'une et l'autre ; il était juste que les représentants autorisés de la religion et de la légitimité rendissent à sa mémoire le témoignage qu'il avait été un bon et fidèle serviteur.

A peine la nouvelle de sa mort était-elle arrivée à Vienne, que Mgr le comte de Chambord adressait à M. Adrien de Riancey la lettre suivante :

Vienne, le 10 mars 1870.

J'apprends, Monsieur, le malheur qui vient de vous frapper, et je ne veux pas tarder un instant à vous dire que je m'associe de toute mon âme à votre profonde affliction et à vos justes regrets.

Quelle perte pour l'Église, dont votre si excellent père était un des enfants les plus dévoués, pour la France qu'il aimait comme nous d'un amour filial, pour la grande cause du droit à laquelle il avait voué sa vie entière, et pour moi qui pleure en lui un de mes plus fidèles et de mes meilleurs amis !

Je n'oublierai jamais son noble caractère, sa haute intelligence, son grand cœur, son remarquable talent et les nombreux services qu'il n'a cessé de me rendre jusqu'à son dernier soupir. Du moins, il a eu la consolation, à la fin de sa belle et trop courte existence, de recevoir la bénédiction du Saint-Père et d'entendre de sa bouche des paroles d'encouragement et d'éloge qui l'avaient vivement touché.

Élevés par lui, ses fils se font gloire, je le sais, de suivre toujours ses traces : aussi je compte sur eux comme je comptais sur lui.

Soyez auprès de votre mère bien cruellement éprouvée, auprès de toute votre famille et auprès des collaborateurs de votre père, qui l'aidaient avec tant de zèle dans l'œuvre si utile à laquelle il s'était consacré, l'interprète de ma douloureuse sympathie.

Recevez vous-même l'assurance de ma constante affection.

HENRI.

A M. Adrien de Riancey.

Quelques jours plus tard l'auguste mère du prince traçait, d'une main déjà tremblante et que la mort devait bientôt glacer, les lignes suivantes :

Brunsée, 14 mars 1870.

J'ai été bien péniblement émue en apprenant la mort de M. de Riancey. C'est une immense perte pour toutes les saintes causes, qu'il a toujours soutenues avec autant de talent que de fermeté.

Je demande à sa famille de croire que je m'associe bien entièrement à sa trop juste douleur, aux regrets de mon fils et à ceux si unanimes qu'inspire une vie trop courte, mais si noblement et religieusement remplie.

MARIE-CAROLINE.

A Clarens comme à Froshdorf, comme à Brunsée, le coup fut vivement senti et les princes, dont le regretté défunt avait été l'hôte pendant quelques heures, se hâtèrent d'envoyer à M. Adrien de Riancey et à sa mère le témoignage de leur douloureuse sympathie. Voici la lettre du royal exilé et de celle son auguste épouse :

Monsieur,

Je viens d'apprendre la perte douloureuse que vous venez de faire, et quoique vous ne puissiez en douter, je tiens à vous dire moi-même toute la part bien vive que je prends à ce malheur irréparable. Vous savez combien j'appréciais votre si excellent père, qui a toujours été un si courageux défenseur de toutes les bonnes causes.

Dieu, sans doute, l'a jugé digne d'une prompte récompense ; mais, croyez-le, cette mort si inattendue nous a tous ici bien vivement affectés, et c'est de tout mon cœur que je vous prie de vouloir faire part de ma vive sympathie à madame votre mère et à vos frères. Ma femme s'unit à moi : car, comme moi, elle a su apprécier et regretter celui que vous pleurez aujourd'hui.

Que Dieu donne la force à votre si pieuse mère de supporter cette cruelle épreuve !

Croyez, Monsieur, à tous ces sentiments bien sincères de

CARLOS.

Madame,

Vous me connaissez assez pour savoir combien mon cœur a été douloureusement surpris en apprenant la perte que vous venez de faire. Quoique mon mari ait écrit à votre fils, je tiens à vous dire aussi, bien que vous n'en puissiez douter, que je vous suis bien unie en ces douloureux instants. Que Notre-Seigneur, qui a rappelé à lui ce si fidèle serviteur de la justice, vous donne la force de porter cette lourde croix, car lui seul peut le faire !

Je prie aussi de tout mon cœur pour cette âme qui vous est si chère et qui nous a donné tant de preuves de dévouement.

Je ne veux pas vous entretenir plus longuement, mais, croyez-le, je vous suis unie de cœur et de prières.

Votre bien affectionnée,

MARGUERITE.

Parmi les lettres des nombreux amis que **M. de Riancey** comptait dans les rangs de l'épiscopat, nous ne savons lesquelles choisir ; cependant les deux suivantes nous semblent bien exprimer les sentiments que la nouvelle de sa mort excita dans le cœur de beaucoup d'évêques, et le jugement qui fut porté de lui par tous ceux qui l'ont connu.

Madame,

Hier seulement m'arriva la triste nouvelle qui a plongé tous vos amis dans la plus profonde douleur. Permettez-moi de venir, sans retard, vous exprimer toute ma douloureuse sympathie et mêler mes vifs regrets à ceux de tous les vrais amis de la religion et de la société.

Nous sommes tous atteints, chère Madame, par

le coup qui vous a frappée, et votre deuil est, en ce moment, le deuil de toute la France catholique. Moi, qui ai connu et pratiqué ce noble cœur, cette haute et lumineuse intelligence, cette âme si droite, si chevaleresque et si sincère, je perds un ami; mais nous tous, qui aimons l'Église, l'honneur et la patrie, nous perdons un des plus éloquents défenseurs de toutes ces nobles causes et un des chefs les plus vaillants de cette armée d'élite qui livre, non sans gloire et sans succès, son combat quotidien aux ennemis de Dieu, de l'Église et de son auguste chef.

Pendant trente ans il a été sur la brèche, ne laissant passer aucune occasion de démasquer l'erreur et le mensonge et de revendiquer les droits de la vérité et de la justice. Il a toujours lutté, toujours combattu au premier rang; mais avec des armes si loyales, avec des formes si polies, si chrétiennes, qu'il emporte, j'en ai la confiance, non-seulement l'estime, mais même l'affection de ceux qui furent ses adversaires.

Il haïssait l'iniquité et le mensonge, mais il aimait les hommes, et tout en combattant leurs erreurs avec cette ardeur et cette éloquence intrépides qui cherchent le triomphe du bien et non la popularité, il savait avoir pitié des faibles et des égarés, et laissait aux seuls maîtres des cœurs et des consciences le soin de juger leur bonne foi. Eh bien ! en ce moment il va s'élever, je n'en doute pas, des rangs de ceux qu'il a combattus, un long cri de douleur respectueuse qui consolera ses amis et les encouragera à marcher résolûment sur ses traces et à maintenir haut et sans tache le drapeau qu'il a si bien porté.

Ce sera certainement pour vous, Madame, et pour les siens, une vraie consolation. Mais il en est une autre infiniment plus précieuse au cœur d'une épouse chrétienne, et que vous avez déjà dû profondément ressentir, c'est la grande, la suprême, l'éternelle consolation des enfants de l'Église; c'est la pensée que celui que nous pleurons est allé dans le Ciel recevoir des mains de Dieu la couronne qu'il a si bien méritée par sa fidélité inébranlable et son obéissance filiale à la sainte Église, notre mère à tous.

C'est ici, dans cette Rome, qu'il était venu contempler et admirer dans ses incomparables fètes, c'est auprès du Souverain Pontife, dont il s'est toujours montré le fils dévoué et fidèle, c'est au moment où il allait vénérer, dans la basilique du Vatican cette fameuse chaire de Pierre, dont il avait toujours été l'infatigable défenseur, que s'empara de lui cette douloureuse maladie dont le dénoûment a été si fatal. Il avait si bien travaillé et si vaillamment combattu qu'il méritait l'honneur et la consolation de tomber ici même, au milieu du grand champ de bataille où sont réunis en ce moment tous les évêques du monde catholique, et la consolation d'expirer au milieu des siens et dans le baiser du Seigneur, après avoir reçu une dernière bénédiction du Vicaire de Jésus-Christ. Il a vécu et il est mort en grand chrétien ; il me semble que ces mots résument toute sa vie.

Puissent, chère Madame, ces paroles sorties de mon cœur apporter au vôtre quelque consolation ! et veuillez bien me croire

Votre tout respectueux et dévoué en N.-S. J.-C.,

F. MARIE-EPHREM,

Évêque de Némésis, vicaire apostolique de Quilon.

Rome, Villa Grazioli.

Madame,

Malgré tous les accablements où je suis en ce moment et les commotions qui m'arrivent coup sur coup, et dont la perte de cet excellent ami, M. Henry de Riancey, a été une des plus douloureuses, je ne puis pas ne pas vous dire combien je le regrette et le pleure avec vous. Il était bien, assurément, l'un des plus nobles cœurs et des meilleurs esprits que j'aie connus. Et à combien d'années remontaient déjà nos relations et notre intime et constante amitié ! Je suis donc un de ceux, Madame, qui peuvent le mieux sentir tout ce que vous perdez en lui, et tout ce que perdent ces chers enfants qu'il vous laisse. Nous ne saurons jamais tous assez le pleurer. Mais quelle mémoire noble et sans tache il vous lègue !

J'ai été heureux de voir avec quelle unanimité toute la presse a partagé nos regrets et rendu hommage à cet éminent homme de bien et à ce vaillant athlète catholique. Il est un de ceux qui auront le mieux, en notre temps, combattu, et toute sa vie, les bons combats.

L'Église n'oubliera jamais ses services, et Dieu, j'en ai la ferme confiance, les couronne dans sa justice et sa bonté.

Rien sans doute ne peut consoler ses chers enfants d'avoir perdu un tel père ; mais il faut, en le pleurant, qu'ils le continuent, et qu'ils soient tous et invariablement fidèles à sa mémoire et à ses principes. Je veux qu'ils sachent bien que la tendre affection que j'ai toujours eue pour ce noble et cher ami, je la garderai à jamais à tous ses enfants.

Veuillez agréer, Madame, l'hommage de mes douloureux et dévoués respects.

FÉLIX,

Évêque d'Orléans.

Enfin l'auguste Pie IX a bien voulu donner lui-même comme une consécration suprême à tous ces éloges, en adressant à M. Adrien de Riançey le bref suivant :

PIE IX, PAPE.

Cher fils, salut et bénédiction apostolique,

La religion de votre illustre père et son rare dévouement au Saint-Siége, qui l'ont toujours poussé à consacrer tous ses efforts et toute la puissance de son talent à la défense de l'Eglise et de ses droits, Nous avaient inspiré pour lui trop d'estime et trop d'affection pour que Nous n'ayons pas été vivement affligé de sa perte. Aussi Nous est-il aisé de comprendre de quelle profonde douleur vous accable, vous et votre excellente mère, la mort de celui auquel vous étiez si étroitement unis par les liens de l'amour filial et de l'amour conjugal. Mais, héritier de sa piété comme vous l'êtes, vous adorez dans cet événement la volonté de la divine Providence; vous savez que le sacrifice de votre douleur peut être d'un grand secours pour votre cher défunt, et vous vous soutenez en songeant à la récompense promise à ceux qui n'ont point rougi de confesser le nom du Christ devant les hommes et qui ont courageusement combattu pour sa cause.

C'est pourquoi, pendant que vous-même vous vous appliquerez de toutes vos forces à obtenir pour son âme, purifiée de toutes les souillures de la terre, la récompense méritée, Nous ne doutons pas que vous ne soyez fortifié et consolé, tant par la pensée de cette couronne immortelle, que par ce lien de charité plus parfaite, par lequel le très-pieux défunt, quoique désormais invisible aux yeux du corps, demeure cependant plus étroitement uni aux siens et implore plus efficacement pour eux, auprès de Dieu, les secours de la grâce céleste. Nous aussi, Nous les demandons pour vous en abondance et Nous vous en donnons un gage, en même temps qu'un témoignage de notre paternelle bienveillance, par Notre bénédiction apostolique que Nous vous accordons très-affectueusement à vous, cher fils, à votre noble mère et à toute votre famille.

Donné à Rome, auprès de Saint-Pierre, le 7 avril de l'année 1870, la vingt-quatrième de Notre pontificat.

PIE IX, Pape.

PIUS P. P. IX.

Dilecte fili, salutem et apostolicam benedictionem.

Clarissimi parentis tui religio ac præcipua huic sanctæ sedi devotio, quibus constanter actus omnia studia sua omnesque ingenii vires convertit in Ecclesiæ iuriumque ipsius defensionem, eum adeo carum Nobis fecerunt et æstimatum, ut ipsius iactura gravissime offici debuerimus. Facile idcirco intelligimus quanto mœrore tu et egregia genitrix tua urgeamini ob huiusmodi viri decessum cui filialis et coniugalis amor vos arctissime coniungebat. Verum hæredes, ut estis, pietatis eius, sicuti in tristi hoc eventu divinæ Providentiæ placitum veneramini, sic ultro animadvertetis efficacissime suffragari posse optimo defuncto doloris vestri sacrificium, et simul erigemini a consideratione præmii iis promisi, qui Christi nomen confiteri non erubuerunt coram hominibus et pro causa eius strenue decertarunt. Quamobrem dum ipsi omni ope subvenire studebitis, ut citius terrena qualibet sorde detersus promeritum assequatur præmium, non dubitamus quin confirmandi ac recreandi sitis commentatione, cum immarcescibilis istius coronæ tum perfectioris illius caritatis vinculi, quo religiosissimus

18

defunctus, licet a corporeo subductus obtutu, suis coniungitur iisque impensius a Deo gratiæ celestis implorat auxilia. Nos hæc vobis copiosissima ad-precamur et eorum auspicem paternæque Nostræ benevolentiæ testem Apostolicam Benedictionem tibi, Dilecte Fili, tuæque egregiæ genitrici, totique familiæ tuæ peramenter impertimus.

Datum Romæ, apud sanctum Petrum, die 7 aprilis, anno 1870, Pontificatus nostri anno vicesimo-quarto.

PIUS PAPA IX.

Dilecto Filio
Adriano Comiti de Riancey
Lutetiam Parisiorum.

TABLE DES MATIÈRES

Paris. — Imprimerie Gesset et Ce, rue Racine, 26.